DIE GRAUE EDITION
JÜRGEN DAHL
BITTERES LACHEN

Für Ingrid König
27.7.2001
Jürgen Dahl

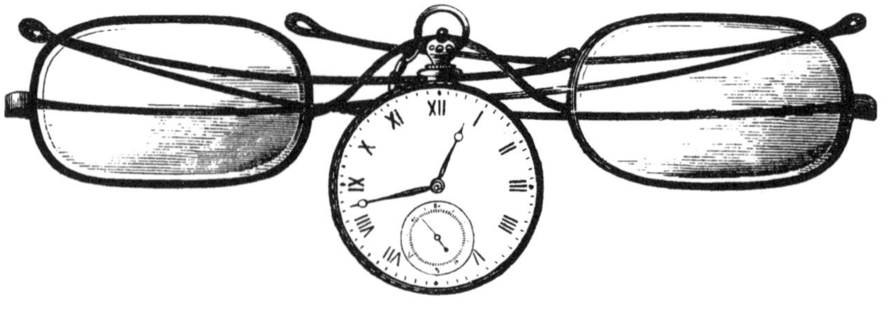

JÜRGEN DAHL

BITTERES LACHEN IM GRÜNEN BEREICH

ESSAYS UND GLOSSEN
EINES SKEPTIKERS

DIE GRAUE EDITION

DIE GRAUE REIHE 32

Schriften zur Neuorientierung in dieser Zeit
Herausgegeben von Prof. Dr. Walter Sauer und
Dr. Dietmar Lauermann in Zusammenarbeit mit der
Prof. Dr. Alfred Schmid-Stiftung, Zug/Schweiz

Prof. Dr. Alfred Schmid-Stiftung, Zug/Schweiz
SFG-Servicecenter Fachverlage GmbH, D-72127 Kusterdingen
ISBN 3-906336-32-8

Schutzumschlag: Werbe-Gilde Bock, Baden-Baden
Satz und Druck: F. W. Wesel, Baden-Baden
Buchbinderische Verarbeitung: G. Lachenmaier, Reutlingen

Inhalt

Zum Stand der Dinge

Bitteres Lachen im grünen Bereich

Als die Steinzeit zu Ende ging und die Bronzezeit schon vor der Tür stand, befaßten sich die begabtesten Steinzeitler damit, ihre Messer und Pfeile nicht mehr nur anzuspitzen und zu schärfen, sondern unglaublich kunstvoll zu verzieren und auf eine Weise auszuformen, die an die äußersten Grenzen dessen ging, was man mit Steinen überhaupt machen kann.

Endzeit, dekadente Meisterschaft, so bewundernswert wie unbrauchbar. Vor ein paar Wochen stellte ein deutsches Automobilwerk auf dem Pariser Autosalon den Bugatti 118 vor, der nicht nur ein sündhaft teures und ziemlich dickes Auto ist, sondern, o Wunder, der erste Achtzehnzylinder in der Geschichte des Autos überhaupt. Ein Acht-zehn-zylinder! Von wahren Begeisterungsstürmen wußte die Presse zu berichten und erörterte nicht einmal andeutungsweise die Frage, wozu und für wen es eigentlich einen Achtzehnzylinder geben müsse und ob er nicht in gewisser Weise jenen schönen, aber unbrauchbaren Steinzeitmessern ähnele, mit denen man damals die Technik auf die Spitze trieb und dabei übrigens eher an religiöse Verrichtungen als an das Zerteilen von Bärenfleisch dachte? Auch die Begeisterung für den Bugatti enthält ja ein Element religiöser Verzückung.

Endzeit also, letztes Aufflammen, und wer in die Begeisterungsrufe über den Achtzehnzylinder nicht einstimmen mag, dem bleibt nur ein Lachen, ein hilfloses, bitteres, ohnmächtiges Lachen – ein sardonisches Lachen, in dem der Zorn mitschwingt.

Der Spielverderber, der da lacht, findet noch viel zum Lachen: Da ist es gelungen, aus den in der Kuhmilch herumschwimmenden Schleimhautzellen des Euters erste Vorstufen einer neuen Kuh zu erzeugen, was nichts anderes heißt, als daß man künftig aus dem Speichel einer Mutter die neue Niere für das mißglückte Kind züchten wird, und man weiß nur nicht, ob es dann noch ein Gesundheitssystem geben wird, das die Kosten übernimmt, da ja bereits das gegenwärtige an den unermeßlichen Fähigkeiten der Medizin zu scheitern beginnt.

Endzeit. Da nutzt man den hohen Stand der Technik, um in Diskotheken einen nachgerade schamanischen Lärm zu erzeugen, und während die Zahl der mählich ertaubenden Jugendlichen schon in die Millionen geht, arbeitet man fieberhaft an der Entwicklung von Apparaturen, mit denen man die Narren wieder hörend machen kann, auch dies natürlich auf Kosten der Krankenkasse.

Wieso aber bleiben, außer ein paar sardonisch Lachenden, alle so ruhig? Wieso findet man bei der Feststellung, so könne es nicht weitergehen, zwar niemals ernstlichen Widerspruch, aber andererseits auch nicht die geringsten Anzeichen für ein Nachdenken darüber, was denn statt dessen zu geschehen hätte? Denkt jemand, wenigstens im stillen, manchmal an Begriffe wie „Verzicht" oder „Aufhören"? Wieso enthält nicht einmal die Regierungserklärung eines frischgebackenen Kanzlers auch nur den Schatten einer Vorstellung – von Vision gar nicht erst zu reden – davon, daß es mit der Vorherrschaft des Bescheuerten auf allen Lebensgebieten ein Ende haben sollte und ob man dieses Ende fatalistisch zu erwarten oder irgendwie in geordnete Bahnen zu lenken gedenkt?

Statt dessen wird uns Kontinuität angedroht, und selbst die Grünen scheinen mit ihren Turnschuhen zugleich die Skizzenbücher weggeworfen zu haben, in denen sie einst immerhin Umrisse einer veränderten Gesellschaft mit neuen Zielen und anderen Methoden entworfen hatten.

Kontinuität heißt: Kontinuität in der Zustimmung zur institutionalisierten Gier, zum Wahn der Machbarkeit, zur Anbetung alles dessen, was riesengroß, blitzschnell und noch nie dagewesen ist. Kontinuität des Deliriums also, ungeachtet der näherrückenden Gefahr des Zusammenbrechens.

Mit wünschenswerter Deutlichkeit sagt die Regierungserklärung: „Ökonomische Leistungsfähigkeit ist der Anfang von allem." Zu deutsch: Am Anfang ist das Geld, und das Geld ist alles und alles ist Geld, amen. Und da die ökonomische Leistungsfähigkeit, wie wir tagtäglich aus der Zeitung lernen, am leichtesten durch die Abschaffung von Arbeitsplätzen zu erlangen ist, so braucht uns um die Zukunft so lange nicht bange zu sein, wie es noch Arbeitsplätze zum Abschaffen gibt. Logisch, daß der Gipfel der ökonomischen Leistungsfähigkeit erreicht sein wird, wenn es gar keine Arbeitsplätze mehr gibt.

Das Training für die ökonomische Leistungsfähigkeit, die der Anfang von allem ist, kann gar nicht früh genug beginnen. Auf der Höhe der Zeit befinden sich folglich jene Eltern, die ihren Kleinen einen PC aufs Zimmer stellen. „Revolution im Kinderzimmer" nennt das eine Computerzeitschrift, lobt die Initiative der Eltern und konstatiert, daß „die schulische Ausbildung für wettbewerbsfähige Kenntnisse der Kinder nicht ausreiche" und daß in den USA schon die Kindergärten mit Computern ausgestattet sind; denn, so spricht der Fachmann vom Massachusetts Institute of Technology, „mit dem Computer können die Kinder ihre Phantasien ausleben". Fragt sich nur, was sie tun, wenn der Strom ausfällt.

Bitter lacht da der Spielverderber. Was ihm an Bedenken kommt zur Wettbewerbsfähigkeit der Kinder und zu ihrer Phantasie, die sie am Computer „ausleben" können, das macht ihn nur verdächtig als einen von vorgestern, über den die Zeit hinweggehen wird und den man längst vergessen haben wird, wenn, übermorgen, in großangelegten Studien die Ursachen für Neurosen, Verhaltensstörungen, emotionale Verarmungsphänomene und soziale Inkompetenz erforscht werden.

Also, noch einmal gefragt: Warum bleibt alles so ruhig? Warum wird schöngeredet und hingenommen, was Anlaß zu äußerster Wachsamkeit und skeptischer Prüfung zu sein hätte? Will man sich nicht blamieren? Vielleicht. Jedenfalls hilft allen, die das Widerwort scheuen – und den anderen, denen es gar nicht in den Sinn kommt, erst recht – eine Floskel, die dabei ist, zum geflügelten Wort zu werden, weil sie so vielseitig anwendbar ist. Sie lautet: Es ist alles im grünen Bereich.

Will sagen: Der Zeiger schlägt nicht ins rote Feld aus, sondern zittert verläßlich im grünen, die Maschine läuft, es darf weitergemacht werden. Nicht von ungefähr ist das ein Bild aus dem Apparatewesen. Denn auch den Apparat des großen Ganzen können und müssen wir laufen lassen, können höchstens mit dem Blick auf den Zeiger prüfen, ob alles einigermaßen störungsfrei vor sich geht.

Der Apparat des großen Ganzen ist so kompliziert, daß auch die, die an seinen Schaltstellen sitzen, nicht mehr genau wissen, wie er eigentlich funktioniert. Unzweifelhaft ist nur, daß mit der Kompliziertheit auch die Anfälligkeit für Störungen rapide zugenommen hat. Eingriffe sind entweder unmöglich geworden oder mit so viel Risiko verbunden, daß sie sich von selbst verbieten. Dem Nachdenken und dem Justieren ist der Apparat kaum mehr zugänglich, und wenn einstmals die Farbe Grün für die fröhliche Überzeugung gestanden hat, es ließe sich auf Wunsch und bei Bedarf etwas ändern, so steht sie heute für die Gewißheit, daß der Apparat am besten läuft, wenn man nichts ändert: Es ist alles im grünen Bereich.

Wie weit unser Leben, das private und das soziale, apparatförmig geworden ist, wird uns kaum mehr bewußt, weil die Gewöhnung daran so einschläfernd war. Der Knopfdruck, einst begeistert begrüßt als Befreiung des Menschen vom Joch des Handelnmüssens, von Tätigkeiten und Anstrengungen, ist nach und nach, im Großen wie im Kleinen, zur typischen Verrichtung geworden, die alles Leben in Gang hält, von der Heizung bis zur Kommunikation, vom PC im Kinderzimmer bis zum Atomkraftwerk. Alles, was man einst sich einfallen lassen oder selbst tun mußte, haben sich die jeweiligen Konstrukteure einfallen lassen und haben es vorgetan und wir brauchen nur noch auf den Knopf zu drücken, um den Apparat in Bewegung zu setzen.

Die Illusion, daß damit eine Vereinfachung und Verbesserung des Lebens verbunden sei, kommt schnell abhanden, wenn man genauer hinsieht. Da sieht man die Leute verzweifelt vor Fahrkartenautomaten stehen, da sieht man Fähigkeiten und Fertigkeiten dahinschwinden, die, wenn überhaupt je, nur unter größten Schwierigkeiten wiederzuerwecken wären, und da lösen sich Millionen Arbeitsplätze in nichts auf, was nichts anderes heißt, als daß Millionen von Menschen die Möglichkeit genommen wird, sich, auch wenn sie nicht über die Qualifikation eines Diplomingenieurs verfügen, an einem bescheidenen Platz in der Gesellschaft nützlich zu machen und damit ihr Brot zu verdienen und ihr Leben gelingen zu lassen.

Lautlos sind zum Beispiel Abertausende, vielleicht Hunderttausende solcher Arbeitsplätze fast über Nacht verlorengegangen, als die Post ihre Briefsortierung automatisierte und das Heer der Sortiererinnen und Sortierer plötzlich auf der Straße stand. Sie waren zu langsam und zu teuer und wurden deshalb durch Apparate ersetzt – was übrigens weder zu einer Senkung der Postgebühren geführt hat noch zur Abschaffung jener Wochenendruhe, derzufolge ein samstags aufgegebener Brief seinen Empfänger erst dienstags erreicht – ein hübsches Exempel dafür, daß solche Neuerungen nicht aus irgendeiner drängenden Notwendigkeit heraus installiert werden, sondern einfach deshalb, weil es zu schade wäre, die technischen Möglichkeiten, da es sie nun einmal gibt, ungenutzt zu lassen. Die Mittel erobern sich ihren Zweck, und notfalls erfinden sie ihn. Es gibt einen batteriebetriebenen Papierkorb, der, wenn man etwas hineinwirft, „Tor!" schreit. Voraussetzung für das Gedeihen der Apparate ist freilich, daß jemand dafür zu zahlen bereit ist. Ökonomische Leistungsfähigkeit ist der Anfang von allem. So kommt es zum Beispiel, daß die Deutsche Bahn, ungeachtet aller ausgefeilten technischen Möglichkeiten des Sanitärwesens, an allen kleineren und kleinen Bahnhöfen oder Haltepunkten die Toiletten schließt oder so vernachlässigt, daß niemand sie mehr betreten mag. Es wäre die schlichteste Höflichkeitspflicht eines öffentlichen Verkehrsunternehmens, daß es seine auf verspätete Züge wartenden Gäste in die Lage versetzt, ihre Notdurft zu verrichten. Da aber das, was die Gäste dafür vielleicht zu zahlen bereit wären, nicht ausreicht, einen Abtritt zu bauen und zu unterhalten, bleibt der Gast mit seiner Not allein. Es gehört zu den unaufhebbaren Grundbedingungen des Daseins, daß die Menschen aufs Klo müssen – aber wenn dies die Funktionalität und Rentabilität des Apparates stört, darf es ignoriert werden, und uns bleibt nichts, als die Beckenmuskeln zusammenzupressen und sardonisch zu lachen: Es ist alles noch im grünen Bereich.

Selbst so zweifelsfrei schwachsinnige Teilsysteme wie das des Steuerwesens tun ihren Dienst. Es gibt seriöse Experten, die einleuchtende und stimmige Vorschläge dafür erarbeitet haben, wie man das Steuersystem zugleich gerechter und unendlich viel einfacher gestalten könnte. Aber die Steuererklärung, die auf eine DIN-A4-Seite paßt, bleibt eine Utopie, weil das Gewebe der Regeln inzwischen so kompliziert geworden ist, daß man nicht wagen darf, es aufzulösen: Der Zeiger würde wild ins rote Feld ausschlagen und darin länger verweilen, als ein Gemeinwesen vertragen kann. So ist auch hier die Kontinuität verbürgt und die Anwendung hausväterlicher Vernunft vorderhand ausgeschlossen.

Die Unübersichtlichkeit des Apparats und die Unmöglichkeit von Eingriffen bringen es mit sich, daß jeder sich in seinem Zahnradgehäuse oder in seiner Achsnabe einrichten kann, ja muß. Verantwortung trägt er nur noch bruchstückweise, teilt sie mit anderen. Für das Mißlingen einer Blinddarmoperation mag gerade noch der Operateur verantwortlich sein – für ein Desaster wie das des Schnellen Brüters kann man niemanden verantwortlich machen, und den Namen seines Erfinders und leidenschaftlichen Protagonisten Wolf Häfele kennen nur noch ein paar ältere Damen und Herren. Die Verantwortung verkrümelt sich im Apparat. Je gigantischer der Unfug, um so aussichtsloser, seinen Urheber dingfest zu machen. Während Wolf Häfele längst in Rente ist, müssen wir den Anblick eines Kühlturms ertragen, der, weil inzwischen als Kletterwand genutzt, mit einem riesigen, kitschigen Alpenpanorama bemalt wurde. Der Gemeinderat von Kalkar trägt die Verantwortung dafür, aber wer vermöchte ihn zu derselben zu ziehen?

Die Individuen also richten sich in ihren Gehäusen ein, und da die ökonomische Leistungsfähigkeit der Anfang von allem ist, gilt ihre Hauptsorge dem Kontostand, auf daß dieser im grünen, also im schwarzen Bereich bleibe.

Unausweichlich ist dies mit dem Computer und mit den Techniken und Praktiken des modernen Kommunikationswesens verknüpft und insofern sind ja die Fitmacher im Kinderzimmer durchaus im Recht, wenn sie schon früh auf die Führerscheinprüfung für die Datenstraßen vorbereiten.

Das Merkwürdige ist, daß sich auf diesem Feld das Wirkliche mit dem Unwirklichen zu einer Art Legierung verbindet, auf die unterschiedlichste Weise. Selbst etwas so Konkretes wie der Handel mit Waren ist mit Hilfe einer weltumspannenden Kommunikation und ihrer Apparate zu einem – freilich bitterernsten – Spiel geworden, bei dem nichts eigentlich Brauchbares zustande kommt, also Wirkliches produziert und verkauft wird, sondern nur noch „Optionen“ und viele andere Scheinbarkeiten unter unverständlichen englischen Bezeichnungen durch den Äther gejagt werden. Wieso damit Geld zu verdienen ist, bleibt dem Laien ein Rätsel, da ja nichts produziert wird, was mit diesem Geld aufzuwiegen wäre. Es ist ein Handel mit Phantomen, der aber offenbar seinen Mann ernährt, ihn freilich auch in den Abgrund stürzen lassen kann.

Daß das Fernsehen zu Verwechslungen von Wirklichkeit und Unwirklichkeit führen kann, ist schon länger bekannt: Kriminalfilme können für die Wirklichkeit gehalten, wirkliche Vorfälle als Kriminalfilm mißdeutet werden. Mit der Zahl der Kanäle ist aber auch diese Verwechslungsgefahr größer geworden, und es ist jenen Kindern kaum ein Vorwurf zu machen, die, wenn sie jemanden umgebracht haben, hinterher ganz verwundert sind, daß er wirklich tot ist. Die Vermischung von facts und fiction ist zur Kunstform geworden, und wenn das PC-Spiel „Heulende Motoren“ eine Simulation mit stimmungsvollem Sound und einem hohen Maß an Realismus und detailgetreuer Steuerung verspricht, dann darf man sich nicht wundern, daß es Individuen gibt, die auf der richtigen Straße vergessen, daß sie nicht im PC-Spiel fahren.

Zur Scheinkommunikation im Geschwätz des Internet, zu den Scheinorgasmen der Pornohotlines, zur Scheinkreativität all derer, die sich tagtäglich einen Wust von Unsinn einfallen lassen müssen, damit dieser reißende Strom von verbalem und bildlichen Müll niemals stocke – zu all dem fügt sich nahtlos der Wust von verkäuflichen Gegenständen, die zu keinem anderen Ende erschaffen werden als dem, verkäufliche Gegenstände zu erschaffen; denn nur so bleibt der Laden am Laufen, und ökonomische Leistungsfähigkeit ist der Anfang von allem. Daß bei menschlichen Tätigkeiten Müll anfällt, ist unabwendbar; daß die Tätigkeit zahlloser Menschen in den zivilisierten Staaten darin besteht, Müll als Ware zu produzieren, ist ziemlich neu und hat erst in unseren Jahren einen Stand erreicht, der den Müll zum vielleicht wichtigsten Wirtschaftsfaktor macht.

Man nennt das heute „trash", und in Musik und Literatur ist es schon eine Stilrichtung geworden. Sinnend betrachtet der Spielverderber das neue Funkrufgerät mit 14 verschiedenen Melodien und Vibrator („Eilige Nachrichten vibrieren am Körper"), wirft es in den elektrisch betriebenen Papierkorb, der daraufhin „Tor" schreit, und lacht sein sardonisches Lachen: Es ist alles im grünen Bereich. Das Lachen ist nur eine der möglichen Reaktionen auf die Sturzwellen des Unfugs, auf die absolute Vorherrschaft des Geldmachens, auf die Gelassenheit, mit der dies als Kontinuität begrüßt wird, auf die blinde Gier, die dahinter steckt, in die Kinderzimmer eingeschleust wird und ihren Siegeszug noch nicht beendet hat. Eine andere, genau so hilflose Reaktion ist die der Verachtung für dieses zynische Funktionieren, und die Verachtung in die Tat umgesetzt nennen wir Vandalismus oder sinnlose Gewalt. Für die, die sie begehen, ist sie offenbar nicht sinnlos, sondern wenigstens für den Augenblick entlastend. Jenen anderen, die sich an ihren Illusionen, an der gähnenden Leere ihrer Wichtigkeiten glauben satt essen zu können, wenn sie nur immer mehr und mehr davon hinunterschlingen, haben die Vandalen zumindest dies voraus: daß sie ehrlich sind.

Ökonomische Leistungsfähigkeit ist der Anfang von allem, also auch der Anfang vom Ende – selbst wenn offenbar niemand ans Aufhören denkt, sondern immer nur ans Weitermachen. Ohrenbetäubend sind der Jubel und die flotten Sprüche derjenigen, die das Sagen haben und uns die Stichworte des Zukunftstheaters aus den Kulissen zurufen: Achtzehnzylinder, Organzüchtung, World Wide Web, Transrapid, Globalisierung, Multimedia, DaimlerChryslerDeutschbankBankersTrust . . . Das schlägt über unseren Köpfen zusammen, daß uns Hören und Sehen vergeht wie in einer World Wide Disco – was übrigens eine Täuschung ist, weil es nur zwanzig von hundert Weltbewohner wirklich betrifft.

Was uns bleibt, ist ein verzweifeltes, bitteres Lachen angesichts einer globalen Verwüstung, die erst dort steckenbleiben wird, wo, wie wir aus dem Verkehrswesen gelernt haben, alle Beschleunigung schließlich steckenbleibt: im Stau – und wo alle Größe, die sich aufbläht, schließlich endet: im Kollaps.

Zwölfzylinder, schadstoffarm

Von den Aporien des sogenannten Umweltschutzes

I

Als im vorigen Jahr die Februarstürme übers Land fegten, gab es im Fernsehen eine denkwürdige Nachrichtensendung: Auf die Bilder von der Verwüstung und auf die Kommentare mit der verzagten Frage, ob dies alles wohl menschengemachtes Unheil sei, folgte die Meldung, ein Gremium von Experten habe für den Rest des Jahres die Aussicht auf ein vierprozentiges Wirtschaftswachstum errechnet, und man sehe der näheren Zukunft so optimistisch entgegen wie schon lange nicht mehr.

„König Belsazer machte ein herrliches Mahl tausend seiner Gewaltigen und Hauptleute und soff sich voll mit ihnen. . . . Und da sie so soffen, lobten sie die goldenen, silbernen, ehernen . . . hölzernen und steinernen Götter. Eben zu derselbigen Stunde gingen hervor Finger wie von einer Menschenhand, die schrieben dem Leuchter gegenüber auf die getünchte Wand in dem königlichen Saal. Und der König ward gewahr die Hand, die da schrieb. Da entfärbete sich der König und seine Gedanken erschreckten ihn, daß ihm die Lenden schütterten und die Beine zitterten."

Der Prophet Daniel, Kapitel 5. Die Zeichen an der Wand werden heute vom Fernsehen geschrieben, aber ehe wir erschrecken können, sind sie schon ausgelöscht von den nächsten Zeichen, und die Frage, ob wir uns die Stürme, die das Land verwüsteten, selbst gemacht haben, wird verdrängt von der Verheißung eines vierprozentigen Wirtschaftswachstums – was schon deshalb eine Art Zynismus ist, weil ja nach der absurden Rechenweise der Ökonomen noch die Särge der Sturmopfer zum erhofften Wirtschaftswachstum beitragen.

Die Zynismen blühen in Zeiten des Umbruchs und des Scheiterns. Am beklemmendsten sind jene, die gar nicht als Zynismen gemeint und auf den ersten Blick auch gar nicht als solche kenntlich sind. Es *ist* aber ein Zynismus, wenn man angesichts des Menetekels an der Wand eben dasjenige preist, vor dem die Unheilszeichen warnen, wenn also das Wirtschaftswachstum begrüßt wird, wiewohl es doch eben dieses Wachstum ist, das uns, wenn vielleicht nicht streng meteorologisch, so doch in einem metaphorischen Sinne, die verheerenden Stürme beschert.

Ein anderer Zynismus der heimlichen Art wird an jeder Straßenecke ausgeschrieen:

„Umweltschutz fängt zu Hause an!“

Das soll sagen: Was immer es zu beklagen gibt an Verschmutzung und Zerstörung – wir alle sind schuld daran, denn wir sind es, die Auto fahren und Sprays gebrauchen, Wäsche waschen und Plastiktüten nach Hause schleppen, hygienische Verpackung fordern und Saft aus Aluminiumdosen trinken. Wir sind Sünder allzumal, soll das heißen, und wenn denn ernstlich an einen Wandel gedacht werden müsse – soll das heißen – so hätte er eben dort zu beginnen, wo das ganze Zeug benutzt und verbraucht und weggeworfen wird.

Wir zucken schuldbewußt zusammen und finden, daß sich das ganz plausibel anhört, – aber es ist der schiere Zynismus, ein Hohn auf die Wirklichkeit, so wie sie ist, und damit ein Hohn auf uns, von denen man offenbar glaubt, wir vermöchten gar nicht wahrzunehmen, daß man uns nur ablenken will.

Der schlichteste von allen Gründen, die den Spruch vom Umweltschutz, der zu Hause anfangen soll, diskreditieren, liegt in der Mengenfrage beschlossen:

Auf gutgemeinten Merkblättern wird uns vorgerechnet, wie viele Kilowattstunden Strom eingespart werden, wenn wir in mühseliger Kleinarbeit ein Kilogramm Aluminium – weniger nehmen die Sammelstellen nicht an – aufgehäufelt und abgeliefert haben. Nur wer dies je unternommen hat, weiß, was ein Kilogramm Aluminium ist. Es müßte ihn entmutigen, wenn ihm zu Ohren käme, daß allein in Westdeutschland im Laufe eines Jahres dreieinhalb Milliarden Kilogramm erzeugt und verbraucht werden.

Aber unverdrossen lehren uns die ökologischen Optimisten, auch Kleinvieh mache Mist – was ja gewiß nicht zu bestreiten ist – und es komme eben darauf an, mit kleinen Schritten zu beginnen und derart zum großen Ganzen vorzudringen. Und sie fügen hinzu, es habe ja zum Beispiel die große öffentliche Erregung über die schädlichen Treibgase in den Sprayflaschen sehr schnell dazu geführt, daß die zivilisierte Menschheit ihren Achselschweiß nunmehr umweltfreundlich bekämpft. Das ist wohl wahr. Aber während sich die kosmetische Wende vollzog, bestätigte die Deutsche Bundesbahn ungerührt, sie halte an ihrem Plan fest, die Triebköpfe ihrer neuen Hochleistungszüge mit den unentbehrlichen Fluorchlorkohlenwasserstoffen zu kühlen. Und ganz Absonderliches begab sich in Italien: Dort beschloß man, dem internationalen Abkommen über die Reduzierung der FCKWs beizutreten, sie also möglichst zu verbannen – und dann verkaufte man die dieserhalb schrottreif gewordenen Kühlschrankfabriken den Chinesen, denen nun gar nichts anderes übrigbleibt, als endlich die Großproduktion von Fluorchlorkohlenwasserstoffen in Gang zu setzen. Dagegen erscheinen die Spraydosen als läßliche Sünde, die kaum den Lärm verdient hat, den man darum machte.

Das sind nur Beispiele, freilich solche von symbolischem Wert. Sie künden vom Primat der Wirtschaft, und sie verdeutlichen die Ohnmacht aller privaten Anstrengungen, die, umgekehrt proportional zu der Mühe, die sie bereiten, und zu dem Verzicht, den sie oft bedeuten, das große Ganze nur unmerklich beeinflussen. Da kann es wiederum nur zynisch klingen, wenn ein Einfluß auf die neunte Stelle hinterm Komma schon als Schritt auf dem richtigen Weg in die richtige Richtung deklariert wird.

Selbst wenn sich aber mit solchem Trippeln eine statistisch meßbare Wirkung erzielen ließe, so bliebe doch ein anderer Zynismus davon ganz unberührt: Die Mahnung, daß Umweltschutz zu Hause anfange, entspricht dem Hinweis an einen Gefesselten, er habe doch immerhin die Möglichkeit, mit den Augenlidern zu klappern.

Will sagen: Es sind nur einige sehr begrenzte Lebensbereiche, innerhalb deren der einzelne zum sogenannten Umweltschutz beizutragen vermag. Außerhalb dieser Bereiche hat uns das moderne Leben so fest im Griff, daß wir nicht im entferntesten hoffen dürfen, wir könnten mit jenem Slogan Ernst machen auf eine Weise, die die Welt verändert und die Umwelt rettet. Daß Umweltschutz zu Hause anfange, ist ein Hohn auf die allseits anerkannten und in Kraft befindlichen Normen des Produzierens, des Konsumierens, des Lebens überhaupt, denen wir, auf Gedeih und Verderb, zu weitgehender Fügsamkeit verpflichtet sind:

In einer Welt, in der zur Herstellung eines Autos nicht weniger als 400 000 Liter Wasser gebraucht werden, ist es lächerlich, die Leute zu ermahnen, sie sollten das Eierwasser zum Blumengießen verwenden, um Wasser zu sparen.

In einer Welt, in der ganze Volkswirtschaften nur deshalb florieren, weil sie die Abwässer ihrer Fabriken, ihrer Agrarbetriebe und ihres Tourismus ungeklärt in Flüsse und Meere leiten und umgehend Konkurs anmelden müßten, wenn sie es nicht dürften, – in einer solchen Welt hat es etwas Tragikomisches, wenn man die Leute ermahnt, keine Medikamente ins Klo zu werfen.

In einer Welt, die derart auf die Elektrifizierung aller täglichen Verrichtungen angelegt ist, daß nicht einmal eine Überweisung von einem Konto auf ein anderes ohne Stromverbrauch vonstatten gehen kann, ist es ziemlich hoffnungslos, Strom sparen zu wollen, indem man das Flurlicht ausmacht, wenn es nicht gebraucht wird.

In einer Welt, die bis ins kleinste Detail auf das Vorhandensein und die Möglichkeiten des Autoverkehrs eingerichtet ist, ist es schier unmöglich, durch individuelle Verzichte auch nur die Steigerungsrate aufzufangen. Es genügt ja nicht, ein paar unnötige Fahrten zu vermeiden, wenn jede Tube Zahnpasta, die man kauft, auf vielfache Weise ihren Anteil am Verkehrsaufkommen hat.

Wenn wir den Weg zum Automaten um die Ecke nicht mit dem Auto, sondern zu Fuß zurücklegen, dann ist das aus Gründen der Leibesertüchtigung sinnvoll, ändert aber überhaupt nichts daran, daß wir direkt und indirekt zwangsweise beteiligt bleiben an einer Lebensführung, deren Grundprinzip die Beförderung und deren Lebenselixier folglich das Benzin ist. Es steckt in jedem Ei, in jedem Glas Wein, in jedem Buch. Das sind nur Beispiele dafür, daß wir unausgesetzt und noch im Schlaf unübersehbar vielen und zum großen Teil unsichtbaren Nötigungen ausgesetzt sind, denen gegenüber die Aufforderung zu umweltfreundlichem Verhalten der blanke Hohn ist.

Natürlich können wir einen Ziegelstein in den Klosettspülkasten legen, um den Wasserverbrauch zu verringern, wir können mechanische Uhren statt der batteriebetriebenen benutzen und Fliegenfänger anstelle von Insektensprays.

Aber das sind Marginalien im Privatleben, die bestenfalls die Illusion erlauben, wir hätten zum großen Ganzen unser Scherflein beigetragen.

Dahinter steht die Hoffnung und manchmal auch die Verheißung, daß all diese Kleinigkeiten, diese Tricks und Aufmüpfigkeiten doch dereinst, wenn sie nur um sich greifen würden, in ihrer Summe den großen Aufstand, die ökologische Wende herbeiführen könnten.

Aber die Hoffnung ist eitel, die Verheißung bleibt hohl, denn jeder Versuch, die engen Grenzen privater Entscheidungen zu überschreiten, scheitert an technischen, gesellschaftlichen, beruflichen und anderen Nötigungen.

Vor allem aber befestigt jene Parole einen fundamentalen und systemerhaltenden Irrtum. Die Welt, so besagt dieser Irrtum, ließe sich wohl wieder in Ordnung bringen, wenn man nur etwas mehr auf Sauberkeit und Sparsamkeit achtete und wenn sich alle Gutwilligen in diesem Ziel zusammenfänden, die weniger Gutwilligen einfach mitreißend auf den Weg zur Umweltfreundlichkeit. Die Welt, so meint der Irrtum, könne im Grunde so bleiben, wie sie ist, es müsse in ihr nur etwas weniger giftig, etwas weniger riskant und etwas weniger rabiat zugehen, Einbußen an Wohlstand und Wohlleben seien nicht zu befürchten.

Die Autos sollen etwas langsamer fahren, die Katalysatoren und Filter aller Art noch etwas effizienter werden, die Nahrungsmittel selbstverständlich naturbelassen und rückstandsfrei, die Deponien besser abgedichtet und die Müllverbrennungsanlagen garantiert kein Dioxin ausstoßen. Dabei sollen alle Besitzstände erhalten bleiben, alle Bequemlichkeiten, alle Gewohnheiten, das ganze moderne Leben mit seiner Automatik, mit den apparativen Hilfen, mit dem mehr oder weniger lautlosen Funktionieren aller Abläufe, und was immer sich als störend oder unsicher oder gesundheitsschädlich erweist, das wird da nur als eine demnächst zu beseitigende Unvollkommenheit angesehen. Hochgemut schreit die Werbung diese Weisheit aus:

„Bei diesem Zwölfzylinder wurde vereint, was unvereinbar schien. Verbessert, was als vollkommen galt: schier unendliche Kraft und maßvoller Verbrauch. Niedriges Gewicht trotz großzügiger Auslegung. Dabei langlebig und schadstoffarm ..." (BMW)

Oder: Umweltschutz fängt mit dem Zwölfzylinder an.

Über alles läßt man mit sich reden, über Grenzwerte und Schadstoffilter, über Energiesparhäuser und solarbetriebene Taschenrechner, über Kläranlagen und biologischen Pflanzenschutz, neuerdings sogar über Müllvermeidung, was der Wahrheit schon näher kommt – aber unbehelligt und unbeschädigt soll eine Weise des Produzierens und Konsumierens erhalten bleiben, der wir zwar alle Mißhelligkeiten letzten Endes verdanken, von der man gleichwohl inständig hofft, sie möge Bestand haben. Alle rufen nach dem Ausweg, aber alle meinen nur das Weitermachen. Kaum je der Gedanke daran, daß, wer zu weit gegangen ist, umkehren muß oder gar: verkommen kann. Es ist, als ob der ertappte Taschendieb fordert, man möge ihm die Fortsetzung seiner Karriere gestatten, weil er nichts anderes gelernt hat und ein Berufswechsel die Existenz seiner Familie gefährden würde.

Die Errungenschaften der Zivilisation haben zumindest darin Suchtcharakter, daß ihr Fehlen als lebensgefährlich empfunden würde und der Gedanke an einen Verzicht Verzweiflung hervorruft, während die Vorstellung von weiterer Steigerung Euphorie erzeugt.

Nichts darf langsamer gehen, alles soll nur noch schneller werden, nichts darf mühevoller werden, alles soll noch selbsttätiger vonstatten gehen. Verlorengehen dürfen nur

– und gehen verloren, Stück für Stück – jene Erlebnisse und Verrichtungen, zu denen es keiner Apparate bedarf: der Trunk aus der Quelle, das Bad im See, die Stille der Nacht.

„Die Größe des Fortschritts bemißt sich nach der Masse dessen, was ihm alles geopfert werden mußte.“

Nietzsche. Aber die Verwandlung der Welt in einen Freizeitpark, in welchem die Stille der Nacht, falls Nachfrage besteht, mit Hilfe eines Tonbandgerätes erzeugt wird, schreitet fort, und wo es Mißlichkeiten zu beklagen gibt, taucht nur selten der Gedanke auf, daß der Teufel gar nicht im Detail steckt, sondern in den Fundamenten haust.

II

Der grundsätzliche Irrtum, daß die Risiken und Mißgeschicke der Industriezivilisation nur Defekte sind, die sich vermeiden oder notfalls reparieren lassen, und der weitere Irrtum, dies sei ohne Verminderung der erlangten zivilisatorischen Errungenschaften möglich, – diese Irrtümer prägen nicht nur das Konzept des Umweltschutzes, der angeblich zu Hause anfängt, sondern bilden auch die Präambel für alles, was auf der Ebene darüber als sogenannte Umweltpolitik firmiert.

Die Gesetzgebung der Industrieländer unternimmt den in seiner Verlogenheit schon fast wieder rührenden Versuch, erkannte Notwendigkeiten des Schutzes von Erde und Leben pro forma, ansatzweise, in handlichen Portionen zu berücksichtigen, wobei sie aber peinlich genau darauf achtet, das Florieren einer freien Produktion und die Lebensgewohnheiten der Konsumenten unangetastet zu lassen.

Das ist die Lebenslüge einer Industriezivilisation, die nach hundert Jahren pausenlosen Fortschreitens zwar endlich beginnt, die Verwüstungen wahrzunehmen, die sie angerichtet hat, aber immer noch darauf besteht, sie und nur sie selbst sei imstande, den Schaden wieder zu beheben, und zwar mit den prinzipiell gleichen Mitteln, mit denen sie ihn hervorgerufen hat. Die Brandwunde soll ausgebrannt werden. Das muß mißlingen, und es mißlingt tagtäglich vor unseren Augen. Selbst im punktuellen Gelingen spiegelt sich doch nur das große Scheitern: Die Filteranlage im atomaren Endlager löst das Problem nicht, sondern steht geradezu für die ewige Unlösbarkeit, und der Katalysator produziert Wolken feinsten Platinstaubes, von denen niemand behaupten kann, er wisse, daß sie unschädlich seien.

Die Gründe für das Scheitern aller „Umwelttechnik" entsprechen ziemlich genau denen, die den privaten Umweltschutz so hoffnungslos machen: Auch hier ist es die Beschränkung auf kleine und oft genug ganz unbedeutende Bereiche der Produktion und des Lebens, die das Bemühen um Umweltschutz zur Farce macht, auch hier hemmt das Bestreben, am Prinzipiellen nichts zu ändern, jeden Schritt, der in die Richtung einer Neuordnung führen könnte.

Die Ratlosigkeit bedient sich der Juristen und der Techniker. Zusammen mit den Politikern entfalten sie eine Betriebsamkeit, die stets an der Oberfläche bleibt. Als der Bundesumweltminister im Kabinett ein Programm zur Verminderung des Kohlendioxid-Ausstoßes vorstellte, bemerkte der Wirtschaftsminister, dies erfordere „einschneidende Maßnahmen". Er meinte das aber nicht als Ausdruck vernünftiger Entschlossenheit, sondern als schlagendes Gegenargument.

Wo ein Gift überschwappt – eines von Zehntausenden – errechnet man einen Grenzwert und erläßt eine Verordnung, auf daß er eingehalten werde. Wo Risiken drohen, konstruiert man Monitore und elektronische Steuerungen und bedroht mit Strafen die, die sie im Ernstfall außer Kraft setzen.

Wo der Lärm die Leute neurotisiert, entwerfen die Techniker Schallschutzwände (zweifellos das Häßlichste und Absurdeste, was sie je entworfen haben) und man legt fest, ab wieviel Dezibel die Bürger diesen Schutz beantragen dürfen. Wo der Dreck unerträglich wird, ersinnt man Filter und schreibt ihren Einbau vor. Und so weiter.

Aber ganz abgesehen davon, daß solche Notbehelfe meist auf den erbitterten Widerstand derjenigen stoßen, die dadurch ihre Produktionsfreiheit oder ihre Wettbewerbsfähigkeit oder – letztes verzweifeltes Argument – die Arbeitsplätze gefährdet sehen, abgesehen davon also sind das alles nur Umbuchungen, die die Not an irgendeiner anderen Stelle um mindestens so viel vergrößern, wie sie zuvor verringert worden ist.

Denn all diese Notbehelfe müssen ja wiederum produziert und transportiert und eines Tages entsorgt werden, sie vergrößern nur den Verbrauch von Stoffen und Energie und den Anfall von Giften und Abfällen, – und beschleunigen damit gerade das, was sie zu verhindern vorgeben: den Konkurs des ganzen Unternehmens.

Wo die sogenannte Umweltpolitik am Werk ist, kommt auf die unübersichtlichste und oft mit Fleiß verschleierte Weise alles zusammen, was sich als Hindernis für vernünftiges Handeln nur denken läßt, und längst nicht immer läßt sich ausmachen, wer oder was schließlich verhindert hat, daß das Vernünftige geschieht:

- die Rücksicht auf die verbriefte Freiheit des Produzierens,
- der Druck der Interessenten,
- die Gültigkeit von Rechtsnormen, von denen viele aus grauer Vorzeit stammen und nicht den Schutz der Erde, sondern das Florieren der Volkswirtschaft zum Ziel hatten,
- die Strukturen einer Wirtschaft, die stets den kurzfristigen

Erfolg honoriert und jeden in die Pleite treibt, der seine Entscheidungen mit den Interessen der Enkel und Urenkel in Einklang zu bringen sucht,
- die gnadenlose Herrschaft der Wirtschaft über die Politik, mithin: des Geldes über das Nachdenken,
- und schließlich auch die Unsicherheit darüber, was denn nun eigentlich das wirklich Vernünftige wäre. Es gehört ja zu den Fatalitäten der Industriezivilisation, daß ihre Machenschaften einerseits so miteinander verflochten sind und andererseits ein so großes und unabschätzbares Potential von Folgen haben, daß leicht Ungewißheit aufkommen kann, wie denn am besten weiter zu verfahren wäre.

Computer, Pestizide, Talsperren, Gentechnik, Atomkraftwerke, Satelliten – wer weiß denn wirklich, was all diese bewirken und wo und wie, und sicher ist nur, daß alles sehr viel mehr und sehr viel andere Folgen hat als man dies zu Anfang meinte. Seit mindestens fünfzig Jahren ist ein Teil dieser Folgen so groß, so unhandlich, so überraschend, daß jene, die sie bewirkt haben, nur noch sprachlos davor stehen, was immer sie in ihrer Sprachlosigkeit plappern mögen.

Was keineswegs heißt, daß die Ohnmacht der Umweltpolitik ausschließlich auf Unwissenheit beruht. Es wäre aber schon ein schöner Fortschritt (und ein kleiner Sieg der Redlichkeit), wenn die Politiker und ihre wissenschaftlichen Berater, die fließend über Umweltfragen reden und weittragende Entscheidungen fällen, wenigstens diesen Teil ihrer Unwissenheit einbekennen und, vor allem, als einen ganz wesentlichen Aspekt ihrer Entscheidungen verinnerlichen könnten; denn die fatalsten Entscheidungen werden zweifellos nicht aus der Unwissenheit selbst geboren, sondern aus der mangelnden Einsicht in diese Unwissenheit.

Schlichter gesagt: Eine Entscheidung ist um so verhängnisvoller, je schlauer sich derjenige dünkt, der sie trifft. Unsere

Atomtechniker zum Beispiel waren vor vierzig Jahren ziemlich fest davon überzeugt, alles Wichtige über die Atomtechnik zu wissen; was davon alles falsch war, wissen sie erst heute und immer noch nicht genau. Mit den Gentechnikern wird es nicht anders gehen.

Die Umweltpolitiker aber, weit entfernt davon, die lebensgefährlichen Unsicherheiten als konstituierendes Element ihrer Entscheidungen zu berücksichtigen, sind schon froh, wenn sie den jeweiligen Kenntnisstand auf einem Gebiet erreicht haben und glauben wirklich, sie wüßten etwas. Da sie selbst dies immer erst später wissen, ist es nicht übertrieben, zu sagen, daß alle Umweltgesetzgebung immer zu spät kommt, und angesichts der anderen Hindernisse, die einer vernünftigen Entscheidung im Wege stehen, darf man hinzufügen, daß sie immer zu wenig bewirkt.

Was, alles in allem, nichts anderes bedeutet, als daß die Umweltgesetzgebung bis heute in selbstverschuldeter Ohnmacht verharrt, – denn natürlich ist die Unwissenheit über die eigene Unwissenheit selbstverschuldet.

Freilich: Wenn die Politiker ein realistisches Bild vom Zustand der Welt hätten, wenn sie – wenigstens in einer stillen Stunde daheim – imstande wären, sich das Ausmaß der Bedrohtheit des Lebens vor Augen zu führen, wenn sie endlich vom Entsetzen gepackt würden, blieben sie gleichwohl gelähmt.

Denn das, wofür sie aus besserer Einsicht dann streiten müßten – der Abbau, die Reduzierung auf menschliches und irdisches Maß, die Bescheidenheit, die sich am gegenwärtigen Besitzstand gemessen als klägliche Armut ausnähme, der Rückzug auf das Lebensnotwendige und der Abschied von der Schwelgerei, – das wären Ziele, über die ein Politiker nicht einmal laut nachzudenken wagen könnte, ohne seine politische Existenz aufs Spiel zu setzen.

Noch kann man nämlich, selbst von besonnenen Verteidigern des Industrialismus, die Meinung hören, es sei den Menschen noch nie so gut gegangen wie heutzutage, und alle Mahnungen zur Umkehr seien nichts anderes als ein intellektueller Luxus, den sich eben nur gelangweilte Zivilisationsmenschen leisten könnten, gewissermaßen als prickelnden Ersatz für die herkömmlichen Lebensnöte, die ja die Zivilisation von ihnen genommen habe.

Man könnte freilich, wenn man denn schon die Psychologie bemühen will, auch mutmaßen, den Leuten sei einfach schlecht geworden in ihrem Überfluß und eben deshalb spürten sie um so genauer, daß die Völlerei am Ende ungesund ist und daß das große Fressen, wenn man es nicht beendet, mit dem Platzen der Bäuche enden wird.

Abgesehen aber von der seelischen Befindlichkeit der Wohlhabenden ist die Behauptung, es sei „uns“ noch nie so gut gegangen wie heute, wieder einer jener Zynismen, die die letzte Zuflucht im Stadium des Scheiterns bilden.

Zynisch ist es, Wohlstand und Überfluß zu preisen, während wir zugleich im eigenen Dreck ersticken und die halbe Welt in bitterer Armut versinkt. Vierzigtausend Kinder verhungern tagtäglich in dieser Welt.

Die Hungrigen, sagt da der Zynismus, sind selber schuld, wenn sie hungern, und jedenfalls tun wir alles, was in der Macht der Marktwirtschaft steht, um ihren Hunger zu stillen.

Aber der Zynismus vergißt, daß dieser Hunger von uns gemacht ist, indem wir die Kontinente erobert und ausgeplündert haben und ihren Bewohnern unsere Pharmazie und unsere effiziente Form von Landwirtschaft und Handel aufgedrungen haben. Indem wir so die hergebrachten Strukturen und Strategien des Lebenskampfes mit der Natur abschafften, haben wir erst jene Armut und Hilflosigkeit hervorgebracht, die wir einerseits in teilnehmenden Worten beklagen, andererseits ganz ungeniert als einen unerschöpflichen Markt nutzen, als wäre der von uns zermürbten Dritten und Vierten Welt wirklich mit Pestiziden und Atomkraftwerken und freier Weltwirtschaft aus ihrem Dilemma zu helfen.

Aber auch die Industrieländer sind ja dem lebensbedrohenden Kollaps weit näher, als die Mehrheit ihrer Einwohner sich nur träumen läßt. Vergiftung, Zerstörung, Verschwendung haben einen Grad erreicht, angesichts dessen das Weiterleben, solange sich an diesem Leben nichts ernstlich ändern soll, nur noch als eine immer wieder verlängerte Kette von Notlösungen zu denken ist, die allenfalls aufschiebende Wirkung haben.

Das heißt zugleich, daß jedes Land mit seinen jeweils akuten Problemen zurechtzukommen sucht und jeweils im kleinen Bereich dieses Problems eine vorläufige, für Monate oder für ein paar Jahre ausreichende Reparatur vornimmt.

Auf internationaler Ebene wiederholt sich hier, was den „Umweltschutz" schon im privaten und nationalen Bereich versagen läßt: daß die Symptome nicht einmal kuriert, sondern nur kaschiert werden, daß man Besitzstände hegt und Gewohnheiten zäh verteidigt, daß man sich auf juristische und technische Finten verläßt, und daß dies alles schmerzlos bleiben muß, also am Prinzip nicht das geringste verändern darf.

Und eine weitere Schwierigkeit kommt hinzu, die im privaten und nationalen Umweltschutz noch als überwindbare Unvollkommenheit gelten mag, im internationalen aber bis auf weiteres eine folkloristische Konstante bleiben wird: das ist die Uneinigkeit der Beteiligten.

Die Nordseekonferenz im Frühjahr 1990 war die bühnenreife Darstellung dieses Dilemmas, ein groteskes Melodram: Ernsthafte Fachleute aus allen Nordseeländern setzten sich zusammen, konstatierten besorgt, daß es abendländischem Gewerbefleiß geglückt sei, die gewaltigen Wassermassen dieses Meeres so nachhaltig zu vergiften, daß bald kaum mehr Leben darin möglich sein wird, auf unabsehbare Zeiten hinaus. Sodann schob einer dem anderen und dieser dem Dritten die Schuld zu, man warf sich Prozentzahlen an den Kopf, wehrte sich damit erfolgreich gegen die Zumutung, am Strom des eigenen Unrats etwas zu ändern und trennte sich schließlich ergebnislos, wohl wissend, daß die Nordsee zwar keine Chance mehr hat, daß es aber die letzte Chance der Küstenländer und ihrer Hintersassen ist, um den Preis der endgültigen Zerstörung der Nordsee das Florieren ihrer Industrien noch um eine kleine Spanne zu verlängern.

Ganz falsch ist es ja nicht, wenn geltend gemacht wird, daß durchgreifende Änderungen die Existenz der Staaten gefährden. Denn da der technische Fortschritt seit mehr als hundert Jahren wie selbstverständlich das Privileg für sich in Anspruch genommen hat, Luft und Wasser mit seinen Absonderungen zu verschmutzen, und da noch vor zwanzig Jahren ernsthafte Ingenieure behaupteten, sie vermöchten bis auf die zweite Stelle hinterm Komma auszurechnen, wie hoch ein Schornstein sein müsse, um die Verschmutzung der Luft zu verhindern, – so wird es nun, da all diese Rechnungen als der Humbug entlarvt sind, als der sie nachdenklichen Laien schon damals galten, – so wird es nun zum Zusammenbruch der ganzen Kalkulation kommen, wenn man das alte Privileg der Vergiftung zu streichen genötigt ist.

So wie auch eine Landwirtschaft, die jahrzehntelang die Mißhandlung der Böden nach dem Prinzip der Hoffnung auf Verdünnung begangen hat, zusammenbrechen müßte, wenn man ihr das Privileg der Brunnenvergiftung entzöge.

Widerstreitende Interessen und im Ernstfall sogar wirklich: existentielle Nötigungen verhindern, daß irgend etwas geschieht, was wenigstens als Auftakt und ernster Versuch einer umfassenden Wende angesehen werden könnte.

Wenn es, so wie die Dinge liegen, nicht einmal möglich erscheint, innerhalb eines kleinen, vergleichsweise freundschaftlich verbundenen Kreises wie der Europäischen Gemeinschaft Einigkeit etwa über die zuträglichen Grenzwerte von Schadstoffen und über die Verfahren zu ihrer Vermeidung zu erzielen, so wird man sich nicht wundern dürfen, daß die Uneinigkeit auf der höchsten Ebene, also unter den Ländern dieser Erde, noch größer und noch hoffnungsloser ist.

Jedes dieser Länder hat seine eigenen Interessen, seine eigenen Lebensformen und Gewohnheiten, seine eigenen Nöte und seine eigenen Notlösungen, und die Hoffnung wäre kindisch, daß es gelingen könnte, Brasilien und England und Irak und Kenia und Rußland und China mit ihren unterschiedlichen Ansprüchen, Religionen und Lebenszielen je dahin zu bringen, daß sie die Umweltprobleme im Sinne der einen Erde und ihres Weiterbestandes lösen, durch Vernunft und Verabredung, durch freien Handel oder gerechten Ausgleich.

Natürlich kann man globale Pläne machen, Haushaltspläne für die Erde als Ganzes – aber es wäre verwegen, zu hoffen, daß solche Pläne in Teheran und Peking, in Bagdad und Buenos Aires gleichermaßen gebilligt würden. Die Lebensstrategien werden, je näher die Bedrohungen rücken, um so egoistischer von allen Beteiligten je für sich entworfen werden, und vielleicht sind es letzten Endes doch noch die australischen Ureinwohner (soweit wir sie nicht zum Zwecke der Urangewinnung dem Suff überliefert haben), deren Strategie sich als die erfolgreichste erweist.

Von allen angeborenen Schwächen der Umweltpolitik ist freilich auch global gesehen die verhängnisvollste der abwegige Wunsch, es möge alles irgendwie beim alten bleiben oder möglichst noch besser werden:

Die Industrieländer, grob gerechnet ein Viertel der Weltbevölkerung, verbrauchen drei Viertel aller Ressourcen dieser Welt und haben nicht die Absicht, ihre Ansprüche zu vermindern, ihre Lebensweise grundsätzlich zu ändern.

Die Entwicklungsländer mit drei Viertel der Weltbevölkerung, verbrauchen nur ein Viertel der Weltressourcen und wünschen inständig, weit mehr als bisher an den Segnungen der Zivilisation beteiligt zu sein. Würden diese Länder auch nur den Bruchteil an Wohlergehen fordern, der ihnen gerechterweise schon deshalb zustünde, weil sie es waren, die hundert Jahre lang für nicht viel mehr als Glasperlen und ein paar Medikamente die Rohstoffe für die Erhaltung des westlichen Wohlstandes geliefert haben, – würden sie nur diesen gerechten Anteil fordern, so hätte das Unternehmen Welt sogleich Konkurs anzumelden.

Woraus man einerseits folgern könnte, daß die Industrienationen es zur Vermeidung des Zusammenbruchs weiterhin darauf anlegen sollten, daß der größere Teil der Menschheit unter sehr viel weniger komfortablen Bedingungen lebt als die „entwickelten" Länder, – oder andererseits: daß wir zu teilen, und das heißt: uns ganz beträchtlich einzuschränken hätten, um es mit schmerzlichen Verzichten dem Rest der Welt zu ermöglichen, daß er sich wenigstens von der bittersten Not befreit.Das würde übrigens nicht so sehr heißen, den anderen etwas zu schenken und ihnen die Schulden zu erlassen, als vielmehr: daß wir sie nicht länger als „Markt" mißbrauchen unter dem Vorwand, es sei ihnen am besten geholfen, wenn sie ihre Nahrungsmittel und Rohstoffe bei uns gegen Medikamente, Waffen und Pestizide eintauschen.

Die Armen arm zu lassen, erscheint kaum mehr vorstellbar, weil sie mehr und mehr die Möglichkeit gewinnen, sich notfalls mit der Kraft der Verzweiflung ihr Teil zu nehmen. Die Abwehr solcher Zudringlichkeiten, wohl auch mit Waffengewalt, wäre dann ein Teil jener Überlebensstrategie, die auf den Egoismen der Völker beruht und notwendig in einen Weltbürgerkrieg mit ungewissem Ausgang mündet.

Die andere Möglichkeit: mit den Armen zu teilen und sie womöglich gar in Ruhe zu lassen, statt ihnen unentwegt den Firlefanz der Zivilisation zu verhökern, würde bedeuten, die Regeln und Freiheiten eines durch nichts gehemmten Welthandels außer Kraft zu setzen – und es ist keine Instanz zu denken, die dies bewerkstelligen könnte.

So wird denn alles seinen Gang gehen: die Verwüstung der Erde durch die Industrienationen, die Ausrottung der allerletzten Überbleibsel fremder, bewundernswerter Kulturen, die die Erde nie wiedersehen wird, die Selbstzerstörung der sogenannten Dritten Welt aus dem verständlichen Wunsch, auch einmal so in Saus und Braus zu leben wie die Eroberer von gestern und die Handelsherren von heute, – und wenn man recht hinsieht, dann hat die letzte Phase, in der jeder sich selbst der nächste ist, schon längst begonnen . . .

III

Das große Fressen geht zu Ende. Der Tisch ist mit Abfällen übersät, die Teller hat man, manche noch halbvoll, an die Wand geworfen, der Wein fließt in Strömen, vieles davon auf den Boden, die Schüsseln sind noch halb gefüllt, doch manchen Gästen ist längst schlecht geworden, sie rufen nach dem Magenbitter und weisen das Dessert zurück. Unterm Tisch hocken ein paar Hungrige und suchen etwas aufzuschnappen von dem, was vom Tisch fällt. Manchmal tasten sie nach den Stuhlbeinen, um sich daran aufzurichten.

Das Industriezeitalter geht zu Ende. Es hat bis an die Grenze der Denkbarkeiten fast alle Träume erfüllt, mit denen es begann. Wir können fliegen, sogar bis zum Mond und vielleicht bald noch weiter. Wir haben die Chemie zu einer Art von Zauberei entwickelt, mit der wir Kranke heilen und Pflanzen ernähren und Klosetts desinfizieren können. Wir haben einen weltumspannenden Verkehr, der es uns möglich macht, die Güter dieser Welt beliebig zu befördern, hin und her, wir haben elektrisch betriebene Lockenwickler und ein Kommunikationssystem, das der Aufhebung von Raum und Zeit immer näher kommt. Wir haben dies und vieles mehr, und wir haben auch das Problem gelöst, die dafür nötige Energie zu gewinnen: Nachdem das Holz der Wälder verbraucht war, haben wir die Wälder unter der Erde zu nutzen begonnen und sind dabei, in wenigen Jahrzehnten das Erdöl aufzubrauchen, das sich über Jahrmillionen in uralten Gesteinsschichten aufgespeichert hat.

Wir haben uns aber mit all dem in eine Abhängigkeit gebracht, die nicht weniger bedeutet, als daß dieses erfolgreiche und bequeme und produktive moderne Leben stets am seidenen Faden des Funktionierens aller so trickreich eingefädelten Verknüpfungen hängt, – Abhängigkeit auch davon zum Beispiel, daß die gefährlichen Abfälle der Vergangenheit nachträglich „entsorgt" werden und die Abfälle der Gegenwart und der Zukunft überhaupt noch untergebracht werden können. Das ist nur einer jener Punkte, an denen wir nun unübersehbar an die Grenzen der menschlichen Möglichkeiten und an die Grenzen der Erde selbst stoßen.

Jedem Erfolg, den wir mit dem Fortschritt errungen haben, steht ein Scheitern, eine Vernichtung gegenüber, und es hat den Anschein, als wären alle Erfolge stets nur unverläßlich, müßten unausgesetzt gegen ein Mißlingen geschützt werden, während die Vernichtung stets so gut wie endgültig ist.

Jede Produktion bedeutet zugleich einen Verbrauch, und kein Rezyklisierungs-Trick kann verhindern, daß die steigende Produktion mehr und mehr von der Welt unbrauchbar macht, auf alle Zeiten. Das große Fressen endet mit leeren Tellern.

Wir basteln aus dem Genmaterial der Natur neue Geschöpfe zusammen – was riskant ist –, während die herkömmliche Flora und Fauna der Erde rapide dezimiert wird – was sich nie wieder rückgängig machen läßt.

Wir haben mit den Metallen aller Art eine Technik entwickelt, die vom Kugelschreiber bis zur Weltraumrakete reicht – aber die Abfälle dieser Metalltechnik durchseuchen unsere Welt, dringen aufs feinste verteilt bis in unsere Lungen, unser Trinkwasser, unsere Böden, unsere Nahrung – und sind daraus nie wieder zu entfernen.

Noch ist Leben möglich, oft freilich in einer reduzierten Weise. In den Industrieländern sind zahllose, sehr schlichte Bedürfnisse des täglichen Lebens nur noch ersatzweise zu erfüllen, und daß man Mineralwasser aus allen Weltgegenden in Flaschen kaufen kann, wird als eine Errungenschaft genossen, der gegenüber der Umstand in Vergessenheit gerät, daß das heimische Wasser ohne vorherige Behandlung überhaupt nicht mehr zu genießen ist. Und so weiter. Noch ist Leben möglich. Aber von Jahr zu Jahr mehren sich die Zeichen dafür, daß immer weniger davon möglich sein wird, daß die lange zurückgezwungenen Kräfte der Erde ihre Rechte geltend machen werden. Wer Ohren hatte zu hören, der hörte aus jenen Februarstürmen die von Menschen nicht mehr beherrschbare Gewalt heraus – auch wenn die Experten mit den vorsichtigsten Floskeln den Eindruck zu zerstreuen suchten, es kündige sich hier schon die befürchtete Klimakatastrophe an.

Noch ist Leben möglich. Aber die Risiken sind ins Unmäßige vergrößert worden. Die Fähigkeit der Menschen, den ganzen Erdball in ein Feuermeer oder eine Giftwüste zu verwandeln, ist so vielförmig und so unausweichlich, daß es gar nicht einmal eines teuflischen Entschlusses, sondern nur eines banalen Versehens bedürfte, um das Ende herbeizuführen.

Das Industriezeitalter geht zu Ende. Es hinterläßt eine geschundene Erde mit geschundenen Bewohnern, von denen ein Teil am Rande der Vernichtung lebt, während der andere sich einer Völlerei ergeben hat, von der man immer noch nicht wahrhaben will, daß sie gar nicht mehr die Spitze des Fortschritts, sondern schon der Anfang des Elends ist.

Noch treten smarte Forschungsminister lächelnd vor die Kameras und verkünden, daß die Weltraumforschung, die Gentechnologie, die Computerei, die Hochgeschwindigkeitszüge und die Kommunikationssatelliten den Weg zu einem immer besseren Leben bahnen werden. Aber gleich hinter dem Lächeln der Forschungsminister, die unverdrossen die lebensrettende Macht von Wissenschaft und Technik beschwören, werden schattenhaft die Bilder von zerbröselnden Fabriken, von überwucherten Autobahnen, von verrostenden Pipelines sichtbar, und der Boden, auf dem all das gebaut ist, beginnt zu wanken, während die Macht der Stürme von Mal zu Mal größer wird.

Und immer noch, obwohl dies alles absehbar und zu einem beängstigenden Teil schon Wirklichkeit geworden ist, immer noch spricht man vom Umweltschutz, als gelte es nur, in einem weiteren Sinne, die Kanalisation funktionsfähig zu erhalten, und man tut so, als sei dies möglich, und als müsse und werde es stets für jede Art von Lebensführung – also auch für die unsere – eine angemessene Form von Umweltschutz geben, – während doch in Wahrheit diese Lebensform der Änderung bedarf.

Änderung nun eben nicht in dem Sinne, daß man das Altglas zum Container bringt und Aluminiumpapier sammelt und noch für den letzten Auspuff einen Katalysator erfindet, sondern Änderung in einem fundamentalen, heute vielleicht noch gar nicht vorstellbaren Sinne, Änderung zu einer Weise des Lebens, die mit den Kräften der Selbstregulation der Erde und ihrer Natur in Übereinstimmung ist.

Mag sein, daß hinter allen Beschwörungen des Umweltschutzes und hinter dem Frohmut der Forschungsminister doch schon die Verzweiflung lauert, die weiß, daß das alles nur noch Bühnendekorationen sind, die man mühsam mit immer neuen Flickreparaturen standfest zu erhalten versucht. Mag sein, daß dahinter schon das Wissen steckt, daß „Umweltschutz", so wie er bei uns derzeit verstanden und praktiziert wird, nur der letzte Versuch ist, sich gegen das absehbare Scheitern der Menschenpläne aufzubäumen, und daß er erfolglos bleiben muß, selbst wenn es gelänge, ihn über alle Grenzen hinweg als globales Ereignis ins Werk zu setzen.

Der Gedanke an die Katastrophe drängt sich auf. Es müsse, so kann man hören, die Katastrophe abgewartet werden, die dann die Änderung herbeizwingt, – und unter der Katastrophe versteht man den großen Knall, der, möglicherweise, einen Teil der Probleme durch die schlichte Vernichtung derselben löst und eine dezimierte Welt zurückläßt, in der sich, vielleicht, weiterleben läßt.

Daran ist wohl so viel richtig, daß die Kräfte der Vernunft gelähmt sind, kein Plan mehr denkbar ist, dem sich alle Völker dieser Welt aus freien Stücken unterordnen möchten oder, gefangen in den Zwängen ihres Überlebens, unterordnen könnten.

Was immer vernünftig erscheint, würde, innerhalb der selbstgeschaffenen Abhängigkeiten, an anderer Stelle etwas Unerträgliches, Unzumutbares bewirken und würde ja auch zuallererst voraussetzen, daß die hehren Prinzipien freien Produzierens und Handelns zumindest teilweise außer Kraft gesetzt werden müßten.

Der Gedanke, es könne eine Art von globaler Vernünftigkeit geben, die alles wieder aufs richtige Maß bringt, ehe der Planet selbst das Ende der Zumutbarkeiten bekanntgibt, ist tollkühn, kaum realistischer indessen die daraus folgende Vermutung, es könne und müsse eine schlimme, aber doch gewissermaßen reinigende Explosion geben, die mit ihrem Donnerschlag die Dinge wieder ins Lot bringt.

Es mag zwar die Möglichkeit, das Risiko einer solchen Katastrophe geben, doch ist es viel wahrscheinlicher, daß an irgendeiner Ecke der Welt, in irgendeinem Winkel des Menschenhauses ein vergleichsweise kleines Mißgeschick passiert, daß dieses aber, weil ja alles mit allem auf unauflösliche Weise zusammenhängt, Folgen und Folgefolgen hat, die nach und nach die Strukturen und Abhängigkeiten des zivilisierten Lebens außer Funktion setzen.

Es wäre vermessen, die Prognose zu wagen, wo die Schwachstelle liegen könnte, die sich derart bemerkbar macht und dann den schleichenden, stolpernden Zusammenbruch einleitet. Die Welt – so könnte es kommen – fällt der Völlerei zum Opfer, die man auf ihre Kosten gelebt hat, aber indem sie ihr zum Opfer fällt und vieles von ihrer Schönheit, ihren Geschöpfen und Schätzen dahingeht, erneuert sie sich auch und wird mit etwas weniger, mit weniger Geschöpfen und Schönheit und Schätzen zurechtkommen.

Es wird, als notwendige Folge der Völlerei, eine große Armut sein, und wenn man konstatiert, daß damit Not und Tod und Untergang für viele Menschen verbunden sind, dann ist das kein zynischer Gleichmut, sondern ein Realismus, hinter dem sich tiefe Trauer über das Dahingegangene verbirgt, auch wohl Zorn auf jene, die dies herbeigeführt und bis zum bitteren Ende mit siegessicheren Reden begleitet haben, womöglich auch mit Hohn auf die sogenannten „Apokalyptiker“, denen man ihren Realitätssinn als Effekthascherei vorwirft und ihre Trauer als Neurose.

Nur die Armut kann uns retten. Nur wenn uns einfach die Mittel fehlen, so viel Unfug in so großem Umfang zu begehen, wie wir es hundert Jahre lang getan haben, ist an ein Weiterleben zu denken, bei dem die unvermeidlichen Fehler in einer Größenordnung bleiben, innerhalb derer die Natur zur Selbstheilung fähig bleibt. Nicht die fachmännische Bedienung der Megamaschine, auch nicht die punktuelle Korrektur durch Bürgerbeteiligung oder Ethikkommissionen oder einen endlosen herrschaftsfreien Diskurs, schon gar nicht eine Marktwirtschaft, die den höchsten Triumph ihrer Gestaltungsfreiheit im Waffenhandel feiert, vermöchte zu leisten, was die Armut leistet: die Nötigung zum Verzicht.

Und da niemand freiwillig in den Stand der Armut treten wird, wenn die Reichtümer so griffbereit liegen und die Methoden zu ihrer Nutzung so wohlfeil sind, so wird eben diese Armut heraufziehen müssen als ein unausweichliches Verhängnis.

IV

Ist das ein düsteres Bild? Natürlich, wenn man es mißt an der vollautomatischen Schlaraffenwelt, deren baldige Heraufkunft man uns immerzu in Aussicht stellte, mit nahezu kostenlosem Atomstrom, einer schier allmächtigen Medizin, Freiheit von allen Nöten und als einzige Not nur noch die der Entscheidung, wie man seine Freizeit herumbringt.

Ein düsteres Bild ist es auch angesichts dessen, was vom gewesenen Reichtum der Welt immerhin noch existiert, aber mit wachsender Beschleunigung verdirbt und vergeht und kurz vor Toresschluß noch verpulvert wird. Der Blick auf die Reste ist voll Wehmut, der Blick auf die letzten Eskimos, auf die letzten Pirole, auf Pflanzen, die es bald nicht mehr geben wird, auf mecklenburgische Seen, bisher durch die Armut vor dem Schlimmsten bewahrt, jetzt der Habgier ausgeliefert und dem Verderben preisgegeben, – Wehmut und Zorn darüber, daß die Zumutungen, die wir an die Erde gestellt haben, offenbar längst, wie ein Suchtgift, zugleich das Vernichtende und das Lebensnotwendige darstellen, von dem wir leben müssen, auch wenn damit das Überleben um so mehr gefährdet wird.

Wehmut darüber, daß alle Versuche, mit dem sogenannten Umweltschutz eine Aufhebung des Urteils, eine Begnadigung zu erwirken, zum Scheitern bestimmt sind und nur noch die Frage bleibt, ob dieses Scheitern sich etwas früher oder etwas später vollzieht.

In dieser Lage gewinnt die Mahnung, den Umweltschutz zu Hause anfangen zu lassen, plötzlich eine ganz neue Bedeutung. Aus der proklamierten Pflicht wird ein individuelles Recht: das Recht des einzelnen, sich dem, was den Untergang herbeigeführt hat und noch begleitet, womöglich zu entziehen. Es ist eine Art von passivem Widerstand, hoffnungslos, aber ehrenwert, ein Boykott der Partisanen, Verweigerung des Gehorsams wenigstens dort, wo die Selbstbehauptung noch möglich geblieben ist und letzte Reste einer Lebensform zuläßt, die sich gegen den tödlichen Mummenschanz rundum möglichst absondert, gegen die Zwänge und gegen die Verlockungen.

Da wird der Umweltschutz, der zu Hause anfängt, zu einem Akt der Selbstbehauptung, der nicht mehr darauf rechnet, die Welt zu retten, der aber die eigene Würde rettet, mit einem Kilogramm Aluminium, mit einer Armbanduhr zum Aufziehen, mit einem Ziegelstein im Spülkasten, und dies nicht als schicke Öko-Tat zur illusionären Selbstberuhigung, sondern als verzweifeltes Aufbegehren.

Das ist kein privatistischer Rückzug. In einer Welt, in der die Mehrheiten unentwegt für die Fortsetzung der Völlerei optieren und die offenkundigsten Einsichten, die fundiertesten Erkenntnisse, die stichhaltigsten Mahnungen nicht in die Tat umgesetzt werden können, weil die Gemeinwesen durch Kommerz und Egoismus stranguliert sind, in einer solchen Welt bleibt eben nur ein lächerlich schmaler Raum, innerhalb dessen sich die Gegenwehr wenigstens symbolisch bemerkbar machen kann.

Das ist kein Rückzug, sondern ein Vorstoß bis an die äußersten Grenzen des Möglichen. Und wenn er die Welt nicht rettet, so rettet er doch ein Stück Leben in dieser Welt.

Übermorgen knallt es

Die Kleinfeuerungsanlagenverordnung
als Gleichnis betrachtet

29. Dezember 1989. Übermorgen knallt es. Mit Raketen wird das neue Jahr begrüßt, und am Himmel wird viel Feuer sein, gelbes und rotes und blaues. Von weitem, zum Beispiel vom Mond aus, wird das sehr lustig aussehen, aber vielleicht sieht es auch so aus, als versuche die Nordhalbkugel der Erde, sich anzuzünden, was ja der Wahrheit sehr viel näher käme – und etwas weiter südlich leuchten die brennenden Tropenwälder.

Es wird aber doch auch Vorsorge getroffen. So gibt es seit zwei Jahren eine „Kleinfeuerungsanlagen-Verordnung", nach welcher der Betrieb eines offenen Kamins „nur bei besonderen Anlässen" erlaubt ist. Was besondere Anlässe sind, wird freilich nicht erläutert. Hochzeiten? Führerscheine? Oder reicht die Lust auf Bratäpfel? Die Unsicherheit ist groß, und sicher ist nur, was der Schornsteinfeger in seinem Kleinfeuerungsanlagen-Merkblatt schreibt: „Jede Benutzung Ihres Kamins trägt zur Aufheizung der Erdatmosphäre bei."

Da hat man also wieder einmal eine Umweltsündergruppe aufgespürt: Essen womöglich Müsli, fahren Kat und mit demselben die Cognacflaschen zum Container – und dann sitzen sie abends scheinheilig am Kamin und tragen zur Aufheizung der Erdatmosphäre bei.

Und wir setzen uns dazu und denken nach, während draußen die Sylvesterraketen krachen und auf dem Mond den Anschein erwecken, als wollte die Nordhalbkugel sich anzünden. Und wie wir so nachdenken und überall die Funken sprühen sehen, draußen und im Kamin, da wird uns klar, daß die Kleinfeuerungsanlagen-Verordnung nichts anderes als ein Gleichnis ist, so daß man sie vielleicht als Sylvestergeschichte vorlesen sollte, um fürs neue Jahr die Lehren daraus zu ziehen.

Erste Lehre: Auf der Höhe unserer Zivilisation müssen wir, um dem Ungemach zu entgehen, das diese Zivilisation über uns gebracht hat, auf die urtümlichste Annehmlichkeit verzichten, die vor aller Zivilisation am Anfang der menschlichen Gemütlichkeit stand: das offene Feuer, bei dem man zusammensitzt, aus besonderem Anlaß, oder aus gar keinem anderen Anlaß als dem, daß man sehen will, wie ein Scheit verbrennt und wie die Funken tanzen. Was, als Gleichnis genommen, bedeutet: Alle Wohltaten und Bequemlichkeiten, die ersonnen worden sind, haben unsere sogenannte Umwelt (die ja in Wahrheit unsere Welt ist!) so verhunzt und so in Gefahr gebracht, daß wir auf die einfachsten Dinge verzichten müssen. Wir können nach Toronto faxen, aber nicht mehr im Fluß baden, wir können Atomenergie erzeugen, aber die Früchte unserer Felder nur noch mit Vorsicht genießen, wir können die schwierigsten Dinge tun, aber mit den ganz einfachen wird es immer schwieriger, und wenn wir uns vor den Kamin setzen und ins Feuer sehen, dann kommt der Schornsteinfeger und mault darüber, daß wir die Erdatmosphäre aufheizen und die Umwelt gefährden. Weit haben wir's gebracht ...

Zweite Lehre aus der Kleinfeuerungsanlagen-Verordnung: Just bei den geringfügigsten Vergehen gegen die Umwelt mangelt es nicht an Verordnungen und Strafen, während das große Sündigen unbehindert bleibt. Auf dem Wegwerfen von Blechdosen steht empfindliches Bußgeld und das Betreiben eines offenen Kamins anstelle einer Ölheizung ist verboten. Aber der Betrieb von Abermillionen Autos ist erlaubt und wird nicht einmal durch ein Tempolimit so eingeschränkt, daß der Schadstoffausstoß in Grenzen bleibt. Für den mit Recht gefürchteten Treibhauseffekt gibt es zahlreiche Ursachen – Waldverbrennung, Methangas aus Faulschlamm und Viehzucht, Stickstoffdüngung, Verbrennung von Kohle und Erdöl, Verunreinigung der Atmosphäre durch die Abgase der Flugzeuge – aber nur die offenen Kamine haben mit ernstlicher Reglementierung zu rechnen und damit, daß zwischen begründeten Anlässen und unbegründeter Mutwilligkeit unterschieden wird. Niemand wird gefragt, warum er nach Amerika fliegt und die Luft verpestet, aber Blechdosen darf er nicht wegwerfen und den Kamin soll er nur zu Weihnachten anmachen.

Das Verfahren läuft unter dem irreführenden Motto „Umweltschutz fängt zu Hause an", – er fängt in Wahrheit da nicht an, sondern endet bestenfalls zu Hause und kann dort erst enden, wenn die tausendfachen Nötigungen beseitigt sind, die unsere Zivilisation, so wie sie von Wissenschaft und Technik und einer florierenden Wirtschaft nun einmal eingerichtet worden ist, mit sich bringt. Da wird uns, Umweltschutz fängt zu Hause an, ein schlechtes Gewissen suggeriert, das uns hindern soll, die großen Sünden zu tadeln, weil wir uns selber die kleinen anrechnen lassen müssen. Für die einschlägigen behördlichen Verbote gilt das genauso wie für die wohlgemeinten Empfehlungen, Aluminiumfolie zu sammeln oder aufs Fahrrad umzusteigen: In einer Welt, die bis ins letzte Detail aufs Auto hin entworfen ist, bleibt einem gar nichts anderes übrig, als einzusteigen, und das Altaluminium, gemessen am Volumen der Produktion, kann nicht zu mehr dienen als dazu, einen willkommenen Vorwand für die unverminderte Weiterproduktion abzugeben.

All diese Verbote und Empfehlungen schüren die Illusion, es werde sich, wenn wir nur alle tapfer unsere kleinen Opfer bringen und keine Blechdosen wegwerfen und den Kamin nur im Notfall benutzen, schon alles regeln lassen, vorausgesetzt, wir hindern Technik und freie Wirtschaft nicht am Weitermachen. Sie werden's schon wieder richten, sollen wir denken.

Aber das sind leere Versprechungen. Denn alle Detailkorrekturen, alle Grenzwerte, alle Filter und Katalysatoren ändern ja nicht das Geringste am Prinzip der Veranstaltung, die darauf angelegt erscheint, die natürlichen Ressourcen dieser Welt, den Menschen eingeschlossen, so schnell wie möglich zu verpulvern oder auf sonst eine Weise unbrauchbar zu machen, mit dem absehbaren Ende, daß die Welt als solche unbrauchbar wird. Am Ende aller Filtertechnik, um ein Beispiel zu nennen, stehen doch wieder Filterstäube – und ratlose Deponiedirektoren, die nicht wissen, wohin mit dem Dreck.

Und hinter allen mehr oder weniger ernstgemeinten Versuchen, die Folgen der Technik mit den Mitteln der Technik auszuputzen, steht, als ob sich das von selbst verstünde, der Anspruch, daß weder die Freiheit des Produzierens noch die Freiheit des Welthandels noch die Freiheit des Konsumierens auch nur im mindesten eingeschränkt werden dürften. Womit just dasjenige für unantastbar erklärt wird, was die eigentliche Wurzel allen Übels ist.

Zugleich wird damit die phantastische Hoffnung geweckt und genährt, es sei denn wirklich die Rettung der Welt ohne alle Abstriche am gegenwärtigen Besitzstand zu haben. Die Welt, so denkt man wohl, müsse erheblich sauberer, weniger giftig und weniger gefährlich werden, aber sie müsse dabei genauso bequem und genauso rentierlich bleiben wie sie jetzt ist. Daß beides zusammen gar nicht zu haben ist, wissen wahrscheinlich diejenigen am genauesten, die am lautesten das Gegenteil verkünden, um die Kundschaft bei Laune zu halten. Denn wenn sich herumspricht, daß jene Hoffnung eitel und der Ausweg in ganz anderer Richtung zu suchen ist, dann kann es ziemlich ungemütlich werden.

Wenn man die Kleinfeuerungsanlagen-Verordnung, gleichnishalber, an den Flammen mißt, die die Welt nach und nach verzehren (und die durch fast jeden Korrekturversuch womöglich noch weiter geschürt werden – denn auch ein Katalysator muß produziert und entsorgt werden), dann wird sie kenntlich als Absurdität: Der Schornsteinfeger erhebt seinen Besen und beschwört unter Absingung von Verwaltungs-Paragraphen die Flämmchen in den Kaminen, während rundum auf der ganzen Welt über nichts anderes nachgedacht wird, als darüber, wie man die Flammen des großen Feuers noch anfachen, das heißt: die Produktion steigern könne.

Das führt zur dritten Lehre aus der Kleinfeuerungsanlagen-Verordnung: Das Feuer, im weitesten Sinne der Energie, die wir zum Unterhalt unserer Zivilisationsmaschine benötigen, ist ja wirklich, vom Kamin bis zum Atomkraftwerk, das Problem, das am Ende aller Sackgassen lauert, wenn wir, den Versprechungen der Techniker folgend, bis dahin vorgedrungen sind.

Für alles, was wir tun, für alles, was nicht von selber wächst und geschieht, brauchen wir das Feuer, die Energie, für Videogeräte und Autos, für die Erzeugung von Tiefkühlkost und für die Herstellung von Plastikschüsseln, auch für jene Filter und Katalysatoren, dann für die Fortschaffung des Abfalls, für Kläranlagen und fürs Recycling, und je mehr wir tun und je mehr Folgen dieses Tuns wir zu beseitigen haben, um so mehr Feuer brauchen wir, unmäßig viel, und um so mehr, je kühner unsere Pläne werden, und um so mehr, je dringlicher wir genötigt sind, zu den eigenen noch die Versäumnisse einer von wenig Skrupeln geplagten industriellen Vergangenheit gutzumachen, die Deponien von vorgestern notdürftig abzudichten.

Dies sei, so sagen uns die Atomtechniker, auch angesichts abnehmender Vorräte von fossilen Brennstoffen das geringste Problem. Dem Ingenieur sei nichts zu schwör, scherzen sie gern, aber uns gefriert das Lächeln auf den Lippen – denn wenn es überhaupt eine Lösung dieses Problems gibt, dann liegt sie sicher nicht in der Atomenergie, und wenn sie anderswo gefunden werden sollte, dann wird sich erst zeigen, daß damit nichts getan ist.

Daß Tausende von Atomkraftwerken in aller Welt, mit ihren Risiken, mit ihrem strahlenden Abfall, kein Ausweg sind, liegt auf der Hand. Der astronomische Kapitalbedarf, der immense Bedarf an Rohstoffen etwa für die Herstellung feinster Edelstähle, die dann nach zwanzig Jahren, wiederum von feinsten Edelstählen umhüllt, in Salzkavernen enden, der ungeheure Energiebedarf, den gerade diese Form der Energieerzeugung selber hat, bevor ein Überschuß erzielt werden kann, die niemals zu beseitigenden Gefahren des Betriebes und der Abfall-Lagerung, – das alles macht es schier unmöglich, dem Industrialismus, an den wir uns so gewöhnt haben, mit Hilfe der Atomenergie zu immerwährendem Gedeihen zu verhelfen.

Gelänge es aber, eine Methode der Energieerzeugung zu finden, die solche Beschwerlichkeiten nicht kennt, die auf gleichsam himmlische Art die Sonne und den Wasserstoff dazu nutzt, die Zivilisationsmaschine anzutreiben, so würde sich zeigen, daß auch dies kein Ausweg aus dem Dilemma ist. Denn jene himmlische Energie würde uns die Fortsetzung des Unfugs erlauben, den wir jetzt mit der Energie anstellen. Das heißt, wir würden auch mit der Kraft der Sonne oder des Wasserstoffs doch nur fortfahren, die Vorräte der Erde auszubeuten, die Natur, soweit sie nicht domestiziert oder vernichtet ist, weiter zu domestizieren und zu vernichten, solange noch die Gesetze des freien Konsumierens in Kraft sind – und sie würden in Kraft bleiben, bis eine Gewalt sie hinwegfegt, die größer ist als die Vernunft, denn wenn die Vernunft etwas ausrichten könnte, hätte man irgendein Zeichen davon doch schon bemerken müssen, seit deutlich geworden ist, wie es um die Erde steht und was wir ihr angetan haben; stattdessen ist aus allem Umweltgeschrei doch nur herauszuhören, daß man's gerne etwas sauberer, etwas leiser, etwas weniger gefährlich hätte, aber, bitteschön, sonst unverändert automatisch und bequem: Saubere Autos, ungiftige Pestizide, unschädliche Waschmittel.

Aber mit unserer technisch-industriellen Lebensform verhält es sich ja nicht so, daß sie nur zu unsauber wäre und bei einiger Umsicht risikoärmer betrieben werden könnte, sondern sie krankt daran, daß sie in allem und allem weit über das Maß der Erde und über das Maß des Menschen hinausgegangen ist und ans Aufhören zu denken hätte, statt daran, mit welchen Tricks und Finten man noch ein wenig weitermachen kann. Wir frönen einer Völlerei, die nur als hundertjähriger Ausnahmezustand, als eine Episode der Erdgeschichte verwirklicht werden konnte, und auch dies nur in einem kleinen Teil der Welt. Die Ansprüche der westlichen Zivilisation, ihre Gier, ihre Prasserei, ihre Ausschweifungen könnten, wenn erst der Rest der Welt seinen gerechten Anteil forderte, schon jetzt nicht mehr aufrechterhalten werden, ohne daß der Lebensraum der Erde zusammenbräche.

Ebenso undenkbar freilich, daß auf die Dauer das Wohlergehen einer Minderheit vor dem Hintergrund weltweiten Hungers Bestand haben könnte, und noch weniger denkbar, daß auf der Basis des üblichen Welthandels und aller damit verbundenen Freiheiten der Händler so etwas wie ein vernünftiger Ausgleich zustandekommen könnte, – nicht zu reden von den Welthändeln aller Art, die dies verhindern würden und deren Abschaffung vorderhand nicht zu erhoffen ist.

Übermorgen knallt es. Raketen und Böller steigen gen Himmel, sie sollen die bösen Geister vertreiben. Früher läutete man zu diesem Behuf die Glocken, das war billiger, stank nicht und trug nicht zur Erwärmung der Erdatmosphäre bei. So ähnlich wird es kommen müssen, wenn es eine Zukunft geben soll: daß wir auf vieles wieder verzichten, was uns derzeit lebensnotwendig erscheint. Und da nicht zu erwarten steht, daß der sogenannte Umweltschutz sich jemals auf die Ebene des schlichten Verzichts erheben wird, so werden die Verhältnisse ihn erzwingen. Wer da fürchtet, dies komme einem Rückfall ins Mittelalter gleich, der sollte sich, wenn er die Raketen steigen sieht, inständig wünschen, daß es nicht ein viel tieferer Fall wird: von den Höhen der High-Tec direkt ins Neandertal.

Und wir sitzen derweil an der Kleinfeuerungsanlage, halten die Verordnung ein und starren in die kalte Asche – und auch dies ist ein Gleichnis, allerdings eines, dessen Zeit noch nicht gekommen ist.

Woran dürfen wir sterben?

Von Rausch und Tragik der Medizin

In den zivilisierten Ländern der Welt steht am Ende eines jeden Menschenlebens ein schlechter Scherz – der Totenschein. Die außerordentliche Genauigkeit, die dieses rosarote Formular fordert, bildet einen grotesken Gegensatz zu der Schlampigkeit, mit der es von den Ärzten ausgefüllt wird – oft genug vom eilig herbeigerufenen Notarzt, der sich mit einem Blick auf den Leichnam und mit ein paar Auskünften der Hinterbliebenen zufriedengibt. Aber auch die Klinikärzte und die Hausärzte sind überfordert, wenn die Obrigkeit ihnen auferlegt, binnen weniger Minuten ein ganzes Krankheitsschicksal aufzuarbeiten und, auf ein paar Stichworte verkürzt, in den drei Rubriken darzustellen, die der Fragebogen vorgibt: Aktueller Anlaß des Ablebens, ursächliches Grundleiden und mitursächliche Krankheiten.

„Bitte den Krankheitsverlauf in der richtigen Kausalkette angeben", heißt es da barsch, aber allzu oft liegen die Glieder dieser Kette ganz unordentlich herum und sind von Menschenhand nicht leicht zu ordnen. Das einzige, was bei einem Toten keinen Zweifel leidet, ist die Tatsache, daß sein Herz nicht mehr schlägt. Vielleicht ist dies ein Grund dafür, daß in der Statistik der Todesursachen die Herz- und Kreislaufkrankheiten den ersten Platz einnehmen...

Akribische Nachforschungen, die man immer wieder unternommen hat, zeigen jedenfalls, daß auf die Totenscheine kein Verlaß ist. Da werden Würgemale und Messerstiche übersehen, Tumore bleiben unerkannt, und die Forderung nach der „richtigen Kausalkette" erstickt jeden Versuch, die

Multikausalität eines Krankheitsgeschehens anzudeuten. Mindestens ein Drittel, vielleicht gar die Hälfte aller Totenscheine sind fehlerhaft bis dorthinaus.

Angesichts der Tatsache, daß der Tote unwiderruflich tot ist, wäre das nicht weiter schlimm, fände nicht Blatt 4 des Formularsatzes seinen Weg schließlich zum Statistischen Bundesamt in Wiesbaden, wo all die richtigen und falschen Zahlen zu einer ungemein verläßlich wirkenden Tabelle verarbeitet werden. Kaum eine Woche vergeht, ohne daß uns Kostproben daraus schon zum Frühstück in der Zeitung serviert werden. Da erfahren wir von Amts wegen, woran wir sterben werden, und das Müsli bleibt uns im Halse stecken:

Mehr als 30 000 Menschen fielen im Jahre 1995 dem Darmkrebs zum Opfer, fast 12 000 starben an Prostatakrebs, 430 000 erlagen einer Krankheit des Kreislaufsystems, fast 20 000 einer Leberzirrhose; 5124 überlebten ihren Oberschenkelhalsbruch nicht, und rund 24 000 Menschen gingen durch Mord und Selbstmord und den davon kaum sauber zu unterscheidenden Straßenverkehr zugrunde; dessen Opfer freilich werden nur mitgezählt, wenn sie sich mit dem Sterben beeilen: Wer länger als vier Wochen weiteratmet, zählt nicht mehr als Verkehrstoter, sondern gerät in irgendeine „Krankheits“-Rubrik.

Eine ehrwürdig alte Todesursache kommt in dieser scheinbar peinlich genauen statistischen Diagnose längst nicht mehr vor: das, was man früher Altersschwäche nannte. Da verlischt ein Menschenleben, weil seine Zeit erfüllt ist. Nicht an einer Krankheit stirbt der Altersschwache, sondern daran, daß das Zusammenspiel vielfältiger Körperfunktionen schließlich an irgendeiner Sollbruchstelle sein natürliches, unabwendbares Ende erreicht. Die Statistik hat für diese Todesart keine Rubrik.

Das ist um so bemerkenswerter, als weit über die Hälfte aller Todesfälle, nämlich fast sechzig Prozent, jene betrifft, die älter sind als fünfundsiebzig. Sie sterben statistisch gesehen nicht mehr, weil das Menschenleben nun einmal begrenzt ist, sondern sie sterben an einer Krankheit, die es zu bekämpfen gilt.

Folgerichtig werden uns die Sterbeziffern in pädagogischer Absicht präsentiert. „Darmkrebs ist kein Schicksal“ heißt es dann, oder: „Herzkrankheiten sind der Killer Nummer Eins“ – alles ist entweder, zumindest auf lange Sicht, heilbar oder durch vernünftige Vorsorge vermeidbar. Eigentlich, so muß man fürchten, eigentlich dürfen wir gar nicht sterben, das Sterben ist eine Panne. Die Pannenhelfer sind allenthalben eifrig tätig und in der Zentralwerkstatt arbeitet man fieberhaft daran, das Alters- oder Sterbe-Gen dingfest zu machen, das uns die dämlichen Verschleißerscheinungen beschert und das ausgerottet gehört.

Bis es so weit ist, müssen wir, als Notbehelf, die Risikofaktoren beachten, die uns pausenlos eingehämmert werden:

Wir sollen, natürlich, nicht rauchen – das ist das Wichtigste für Herz und Lunge und Augen und überhaupt; ferner dürfen wir keine gesättigten Fettsäuren zu uns nehmen und sollen auch sonst alles Fette möglichst meiden; scharfe Gewürze können den Darmkrebs begünstigen, Kaffee muß im Zweifelsfall als schädlich gelten. Beim Alkohol ist die Lage unklar, weil nicht ausgeschlossen scheint, daß er in kleineren Mengen begrenzte positive Wirkung entfalten kann. Sport ist gut, Aufenthalt in frischer Luft immer anzuraten und ein Spaziergang vor dem Schlafengehen stärkt Leib und Seele. Salz ist schlecht, Laufen ist besser als Stehen, Liegen ist besser als Sitzen und so fort.

Das alles sind Empfehlungen, deren Befolgung sich möglicherweise auf die Statistik auswirken würde, die aber das

Krankheitsschicksal des Einzelnen nicht verläßlich bestimmen können. Statistik ist kein Ersatz für Ursachenforschung. Wir sind umgeben von zahllosen Mitmenschen, die gegen alle guten Ratschläge handeln und trotzdem fröhlich umherlaufen, und wir kennen andererseits viele Verblichene, denen die Beachtung der Risikofaktoren überhaupt nichts genützt hat. Kein Grund, um tollkühn über alle Stränge zu schlagen, aber ein Grund, nicht blind ergeben in Askese zu versinken, sondern eher in Nachdenken über den gnadenlosen Zynismus, der aus solchen Empfehlungen spricht, aus dem, was sie sagen gleichwie aus dem, was sie verschweigen.

Wir würden ja wirklich gern vor dem Schlafengehen einen Gang an der frischen Luft machen, aber wo, bitteschön, ist das heutzutage noch möglich? Wir würden ja gern im Liegen arbeiten, um die Zahl der Wirbelsäulenerkrankungen zu mindern, aber wo finden wir ein Büro mit einem Sofa vor dem Computer? Wir würden uns ja gern aller ungesunden Hast und Eile enthalten, aber wo finden wir die Firma, in der Hast und Eile nicht zu den selbstverständlichen Voraussetzungen rentierlichen Wirtschaftens gehören?

Viele Empfehlungen der Mediziner, auch solche der Ernährung, lassen sich unter den Nötigungen der modernen Arbeitswelt gar nicht befolgen. Und andersherum: Viele Zumutungen dieser Arbeitswelt werden von den Ärzten schlicht ignoriert. Der grassierende Hang zu Rationalisierung und Automatisierung und Computerisierung ist verbunden mit immer stärkeren Anforderungen, mit Ängsten und Krämpfen, die unabsehbare psychosomatische Folgen haben. Das kommt in den ärztlichen Empfehlungen so wenig vor wie die zur Selbstverständlichkeit gewordene Nötigung, mehrere Stunden des Tages eingezwängt in winzigen, schlecht belüfteten Kisten zu verbringen – und dies auch noch bei äußerster Anspannung und beständiger Lebensbedrohung. Wohngifte und Nahrungsgifte, denen wir ausgesetzt sind, künstlich beleuchtete Arbeitsstätten, künstlich belüftete Büros, all das wird als unabwendbar hingenommen, während wir die Liste der Risikofaktoren als Sündenregister lesen sollen: Wir sind selbst schuld, wenn wir krank werden, denn wir rauchen und gehen nicht spazieren.

Unnachsichtig ist man in solchen Kleinigkeiten, und blind bleibt man, wo die sonst so lautstark und effizient agierenden ärztlichen Standesorganisationen Gelegenheit hätten, die Vernunft derer einzufordern, die die Strukturen und Umstände unseres Lebens weitgehend bestimmen. Von einem Plädoyer der Ärzte für ein Tempolimit hat man zum Beispiel noch nicht gehört, wiewohl sie doch sehr unmittelbar konfrontiert sind mit den Folgen der Tatsache, daß es keines gibt.

Die Ermahnungen, gesund zu leben, sagen uns aber nicht nur, daß wir selbst schuld sind, wenn wir krank werden, – sie sagen uns auch, daß wir, wenn wir die Ratschläge mißachten, der Solidargemeinschaft der Versicherten zur Last fallen. Damit bekommen die Empfehlungen, die scheinbar so fürsorglich das Schicksal des Einzelnen meinen, etwas Moralisches, sie geraten zur gesellschaftlichen Schuldzuweisung.

Am liebsten würde man natürlich die Sünder einzeln zur Verantwortung ziehen. Solche Vorschläge sind tatsächlich manchmal zu hören. Die Raucher zum Beispiel sollen zahlen. Sie sind an ihren Rauchwolken leicht zu erkennen, ihr Tun ist in der Tat höchst unvernünftig – aber noch unvernünftiger wäre es, ihnen eine Abgabe aufzuerlegen. Aus zwei Gründen:

Zum ersten bliebe eine solche Abgabe eine schreiende Ungerechtigkeit, wenn man nicht auch anderes Fehlverhalten entsprechend besteuern würde. Daß zum Beispiel jeder zweite Patient, der in einer Unfallklinik auf den Operationstisch kommt, beim Sport verunglückt ist, würde es rechtfertigen, die Solidargemeinschaft durch eine Sport-Sonderabgabe von diesen vermeidbaren Kosten zu befreien. Auch hätte man bei Organtransplantationen mindestens eine Selbstbeteiligung zu fordern, wenn die Leber durch den Suff, die Niere durch Medikamentenmißbrauch und das Herz durch Leistungssport kaputtgegangen ist.

Weiteres Nachdenken lehrt freilich, daß der Versuch, auf diese Weise Gerechtigkeit herzustellen, ins Aschgraue führt und eine verwaltungstechnisch gar nicht zu bewältigende Aufgabe wäre; es müßte ermittelt, geprüft und kontrolliert werden, weit ins Privatleben hinein, und es müßten Kausalverknüpfungen aufgedröselt werden, die allenfalls mit Hilfe der Chaostheorie zu entschlüsseln sind. Das begänne bei der Frage, wieviel gesättigte Fettsäuren einer zu sich zu nehmen pflegt, und könnte enden bei einer Abschätzung – und entsprechenden Besteuerung – der Krankheitsrisiken des Massentourismus ins exotische Ausland, aus welchem bekanntlich ein amerikanischer Pilot seinerzeit das erste Aidsvirus mitgebracht hat.

Aber noch aus einem anderen Grunde wären Sonderabgaben wegen Fehlverhaltens ganz widersinnig, und dafür liefern die Raucher das einzige gut untersuchte Beispiel:

Volkswirtschaftler sind nämlich bei genauem Nachrechnen zu dem Ergebnis gekommen, daß die Raucher wegen ihrer geringeren Lebenserwartung für die Krankenkassen eher billiger sind als die Nichtraucher, aus dem einleuchtenden Grunde, daß sie eben früher als diese und dann auch noch schnell an einem Raucherleiden sterben, während die Nichtraucher ein höheres Alter erreichen und just in der Endphase, die der Raucher gar nicht mehr erlebt, für ihre Zipperlein und ihren Alterskrebs so unmäßig viel Geld verbrauchen, daß jede Krankenkasse sich glücklich schätzen müßte, einen hohen Anteil rauchender Mitglieder zu haben.

Erst recht gilt dies für die Rentenkassen. Das Rentenwesen würde zusammenbrechen, wenn es die Raucher nicht gäbe: Wenn alle Menschen so alt würden wie die Nichtraucher, wären die Renten nicht mehr finanzierbar.

Man darf diesen Gedanken verallgemeinern: Jede Art von Vorsorge und jede Art von Heilung erzeugt schließlich eine immer größer werdende Anzahl von Menschen, die in dem endlich erreichten hohen Alter erst recht der medikamentösen und medizintechnischen Zuwendung bedürftig sind. Wenn wir uns also nach den Empfehlungen der Ärzte richten und wenn diese Empfehlungen tatsächlich, aufs Ganze gesehen, die Lebenserwartung weiter erhöhen, dann wird das schließlich die Krankenkassen und die Rentenkassen vor unüberwindliche Probleme stellen.

Das ist *ein* Aspekt der Tragik medizinischen Handelns: Etwas, was ethisch voll gerechtfertigt und für den Einzelfall vertretbar erscheint, verstößt doch aufs Ganze gesehen zugleich gegen ein anderes, höheres Prinzip, nach welchem die Lebenszeit des Menschen begrenzt ist und das Hinausschieben dieser Grenzen nicht beliebig fortgesetzt werden kann, bei Strafe des Zusammenbruchs der Gesellschaft.

Man könnte es auch so sagen: Wer „gesundheitsbewußt" lebt und dabei alt wird, belastet die Gesellschaft ganz erheblich, während all jene, die durch eine ungesunde Lebensweise ihr früheres Ableben befördern, die Gesellschaft vor dem Kollaps retten. Alle gesundheitliche Aufklärung, alle Vorsorgeuntersuchungen dienen einem legitimen individuellen Egoismus, der geflissentlich übersieht, daß jeder „Erfolg" ein Schritt in die Richtung des Zusammenbruchs ist.

Gar manches „Fehlverhalten", an dessen Besteuerung man denken könnte, würde sich bei näherem Zusehen als sozial nützlich erweisen und würde eher eine Belohnung verdienen (so wie es englische Lebensversicherungsgesellschaften gibt, die starken Rauchern eine höhere Rente gewähren), während manches anerkannte Wohlverhalten, das nur dem Einzelnen nützt, mit einer Abgabe zu belegen wäre, welche die höhere Lebenserwartung, also die höheren Rentenzahlungen in die Rechnung einbringt.

Man könnte einwenden, daß es inhuman ist, an eine Sicherung des Rentenwesens durch billigende Inkaufnahme unzeitiger Todesfälle bei ungesunder Lebensweise auch nur zu denken. Das Fatale ist nur, daß dann die Inhumanität an einer ganz anderen Stelle doch wieder zum Vorschein kommt – dort, wo schließlich die prinzipiell existierenden Möglichkeiten des Heilens von der Gesellschaft nicht mehr bezahlt werden können, so daß sie nur den Wohlhabenden zugute kommen. Hier besteht die Inhumanität nicht nur in einer kaum zu rechtfertigenden Bevorzugung der Reichen, sondern auch darin, daß sich Tragödien abspielen werden, wenn etwa die Familienmoral den Einsatz von Haus und Hof zugunsten eines Familienmitgliedes (mit einer Wahrscheinlichkeit von 60 % eines sehr alten) fordert: Großvaters neues Herz ruiniert eine ganze Generation.

Das Fazit lautet, daß der Kampf gegen die Krankheiten jedenfalls oberhalb einer nicht genau festzulegenden Grenze in sich „inhuman", das heißt: nicht menschengemäß ist, weil diese Abschaffung eines natürlichen Regulationsmechanismus durch keine menschengemachte Alternative aufgefangen werden kann. Wenn alle Geborenen bis ins hohe Alter am Leben bleiben, brechen Gesundheitsfürsorge und Altersvorsorge zusammen.

Bevor dieser Zusammenbruch dadurch herbeigeführt wird, daß wir zum Beispiel alle der Krebsstatistik zu entrinnen suchen (um dann doch irgendwann in einer anderen Rubrik auf- oder abzutauchen, denn der Tod, sagte meine Großmutter, will eine Ursache haben, und die Mortalität der Bevölkerung, sagt die Statistik, beträgt unterm Strich hundert Prozent), – bevor wir durch Selbstkasteiung erreicht haben, daß wir ein hohes Alter erleben, zwar eines mit Inkontinenz, Demenz und Muskelschwund wegen Bettlägerigkeit, aber bei bester medizinischer Betreuung (für die es freilich heute schon an Geld und Betreuern mangelt), – bevor es endlich so weit ist, sucht die Medizin den Zusammenbruch auch auf andere Weise zu befördern.

Die pharmazeutischen und medizintechnischen Fortschritte, bei denen gar kein Ende abzusehen ist, haben einen Rausch des Heilens erzeugt, der zu immer phantastischeren Anstrengungen führt. Es sind Therapien möglich geworden (und werden weiter möglich), die zwar unmäßiges Geld verschlingen, einzeln für sich aber als heroische Tat, als „Sieg" über eine Krankheit gefeiert werden können. Die absonderlichsten Krankheiten können behandelt werden und werden behandelt, auch wenn dies, wie beim Morbus Gaucher, eine Million pro Jahr und Patient kostet; die Verpflanzung von Organen als Ersatz für funktionsunfähig gewordene ist längst klinischer Alltag; das Heranzüchten von Ersatzorganen, auf welche zweifelhafte Weise auch immer es erfolgt, soll der nächste Schritt sein, an dessen Gelingen nicht zu zweifeln ist. Und inzwischen haben die Genetiker die Vorarbeit für eine weitere humanitäre Großtat unabsehbaren Ausmaßes geleistet: die Erkennung und Heilung genetisch bedingter Defekte.

Es ist natürlich sowohl ein Rausch des Forschens, der Hilfsbereitschaft und der Nächstenliebe, als auch einer des Geldes. Das hat zwei einleuchtende Gründe:

Nirgendwo sonst in der Waren-Welt ist der Bedarf für die angebotene Ware – und damit der Geldbedarf – so unabweisbar ethisch zu begründen. Es müßte jedem der Atem stocken, der sich einfallen ließe, den Tod eines kranken oder genetisch nicht hinreichend ausgestatteten Menschen als Naturereignis billigend in Kauf zu nehmen, wenn es dagegen ein Mittel gibt. Und nirgendwo sonst als im Angesicht des Todes läßt sich die Befriedigung des humanitär begründeten Bedarfs so ins schier Grenzenlose steigern, denn des Erfindens ist kein Ende und die Erfinder brauchen nicht an das Geld zu denken, das für ihre Erfindungen ausgegeben werden muß, sondern nur an den Anteil davon, der zu ihnen zurückfließt. Die Ethik zwingt geradezu, wenn sie immer nur auf den Einzelfall bezogen wird, zur Realisierung aller Möglichkeiten.

Die übergeordnete, gleichfalls ethische Frage, wie das alles zu bezahlen sei, pflegte der verstorbene Transplantationsmediziner Rudolf Pichelmayer mit der pfiffigen Gegenfrage zu beantworten: ob man denn den Tod eines 24jährigen Herzpatienten gutheißen wolle? Wer könnte da mit Ja antworten?

Aber der galoppierende Zusammenbruch eines Gesundheitssystems, in welchem solche unseligen Fragen und Gegenfragen überhaupt auftauchen können, ist in vollem Gange. Und obwohl sein Ende abzusehen ist, werden daran noch Notoperationen vorgenommen, die man schwachsinnig nennen müßte, wenn man nicht sähe, daß sie aus der schieren Verzweiflung geboren sind. Die schlichte Wahrheit ist, daß das System nicht überleben kann, weil es unbezahlbar wird, und es wird unbezahlbar in dem Maße, wie man immer noch den Wahn pflegt, so oder so ähnlich könne es weitergehen:

Die Krankenkassenbeiträge gelten inzwischen nur noch für den Fall, daß wir gesund bleiben; wenn wir wirklich krank werden, müssen wir zuzahlen, und während wir den Krankenhäusern mit einem sogenannten Notopfer beistehen sollen, wird zum Beispiel unverdrossen dafür geworben, das Transplantationswesen durch Organspenden weiter und weiter zu fördern, – als hätten wir alles Geld der Welt, um jeden einzelnen Menschen so lange wie möglich am Leben zu erhalten, und notfalls, wenn er schon gestorben ist, durch eine Reanimation wiederzuerwecken, die ihn, und sei es als Lebendpräparat, weiter vegetieren läßt, – koste es was es wolle an Leid und Geld. Es ist ein Rausch des Weitermachens und ein Weitermachen im Rausch – und wieder klafft hier der tragische Zwiespalt zwischen der Pflicht, im Einzelfall zu helfen, und der anderen sittlichen Pflicht, übergeordnete Prinzipien zu respektieren, sowohl das grundsätzliche Gefährdetsein des menschlichen Lebens als auch die Lebensauffassung einer Gemeinschaft, die noch andere Dinge zulassen, erleben, erledigen, erschaffen, erreichen möchte als die Lebensverlängerung für alle Kranken.

Das unauflösliche ethische Dilemma offenbart sich am deutlichsten in der provozierenden Frage: Würden Sie denn Ihre Frau sterben lassen wollen, wenn das im Prinzip abwendbar ist?

Eine erste Antwort könnte lauten: Ja, wenn sie es wünscht, würde ich das respektieren. Da dies den Fragenden kaum zufriedenstellen wird, müßte man hinzufügen, daß seine Frage das schlichte philosophische Prinzip illustriert, daß ethische Probleme niemals kasuistisch, das heißt am Beispiel eines Einzelfalles zu entscheiden sind. Was unter Berücksichtigung aller, aber auch aller Randbedingungen und Zusammenhänge geboten ist, das läßt sich nicht aus dem Einzelfall ableiten.

Vor Jahren verunglückte der Sohn eines prominenten Politikers auf einer italienischen Autobahn. Sein Leben, so hieß es, habe nur gerettet werden können, weil zufällig ein gut ausgestatteter Notarztwagen in unmittelbarer Nähe war. Theoretisch ließe sich daraus die Forderung ableiten, daß auf allen Autobahnen in kurzen Abständen dienstbereite Notarztwagen stationiert werden müßten. Viele Menschenleben könnten damit gerettet werden. Daß dies eine unerfüllbare Forderung ist, liegt auf der Hand.

Sie ist aber gar nicht prinzipiell unerfüllbar, sondern nur deshalb, weil man das Geld, das dafür nötig wäre, doch lieber anderweitig ausgeben will und das Menschenleben nun wieder nicht so hoch schätzt, daß man eine Kosten-Nutzen-Rechnung nicht wenigstens im Hinterkopf anstellen möchte.

Ganz ähnlich ist die Lage im Gesundheitswesen. Die sogenannte Deckelung der Ausgaben bedeutet ja nichts anderes, als daß man sich nicht mehr nach den Krankheiten richten möchte, die tatsächlich zu behandeln wären, sondern nach dem Geld, das man dafür zur Verfügung hat, an sich ein durchaus vernünftiger hausväterlicher Standpunkt, dem nur der Makel anhaftet, daß er den Unterschied zwischen Arm und Reich, den wir doch gerade aus dem Gesundheitswesen zu verbannen gehofft hatten, wieder in Kraft setzt.

Übrigens würde der Verzicht auf Magnetschwebebahnen, Feuerwerke, Gummibärchen, Eurofighter und anderen zivilisatorischen Unfug an der Situation kaum etwas ändern, würde nur den Konkurs hinausschieben; denn das Gesundheitswesen ist so in seinem Rausch befangen, daß es ohne Zögern unter dem Gesichtspunkt des Heilens, Helfens und Verdienens alles, aber auch alles verprassen könnte, was wir über das Lebensminimum hinaus aufzubringen imstande sind. Es würde uns bei Wasser und Brot vegetieren lassen, ehe es nach anderen Wegen der Heilung oder nach einem Weg der Selbstheilung vom tragischen Rausch sucht, oder ehe es den Gedanken zuließe, daß der Tod zum Leben gehört und daß es eher unflätig ist, einem Neunzigjährigen einen Herzschrittmacher einzupflanzen.

In dem jetzt noch anerkannten System steckt die zusätzliche Komplikation, daß die Methoden, mit denen wir das Geld für seine Erhaltung verdienen, überwiegend geeignet sind oder daraufhin verändert werden, den Krankenstand zu erhöhen. All die Herzinfarkte, Krebse, Unfälle, Allergien,

Wirbelsäulenschäden, Querschnittslähmungen und psychischen Defekte kommen ja nicht von ungefähr. Einen wesentlichen Teil unseres Einkommens verdienen wir zu keinem anderen Ende als dem, daß die Schäden repariert werden können, die beim Geldverdienen entstehen.

Das ist ein Teufelszirkel, oder besser gesagt: eine Spirale, die uns immer weiter hinaustreibt ins Unmögliche, und für die nur das Ende zu denken ist, daß ihr die Fliehkraft abhanden kommt, was in diesem Falle heißt: das Geld.

Dann wird es kalt. Dann wird es, allen Beteuerungen zum Trotz, dahin kommen, daß nur die Begüterten sich leisten können, was sie an Medizin zu brauchen glauben, während man den anderen irgendeine bescheidene Form von „Grundversorgung“ zuteilt.

Mit einem freundlichen Achselzucken, doch ohne Wehmut, wird man dann vielleicht manchmal daran denken, daß all die aufwendigeren Wohltaten der Medizin aus den Beiträgen eben jener Grundschullehrer, Raumpflegerinnen und LKW-Fahrer zur Blüte gebracht worden sind, die dereinst nicht mehr zu den Nutznießern zählen werden.

Aus dem tragischen Rausch gibt es offenbar nur den Ausweg der totalen Ernüchterung, das Ende der Unbescheidenheit, vielleicht mit einer anderen Medizin, jedenfalls aber ohne den stieren Blick auf die Ziffern der statistischen Lebenserwartung.

Dann mag es auch vorkommen, daß man einmal darüber nachdenkt, ob es eigentlich angemessen ist, den Begriff der „Lebenserwartung“ immer nur auf die Länge des Lebens zu beziehen, ohne den Inhalt des Lebens in den Blick zu nehmen.

Es gibt keine Statistik darüber, wie viele der Menschen, die statistisch am Leben sind, in Wahrheit gar nicht mehr leben wollen, weil ihnen das Leben für die Statistik viel zu mühsam ist. Gar mancher wünscht sich, daß man ihm lieber den Tod leicht mache als das Leben so schwer, daß er sich mit einer notariell beglaubigten Willensbekundung gegen seine Erhaltung wehren muß.

Noch hat die Medizin in ihrem Rausch nicht begriffen, daß ihre Verfügungsmacht über den Tod auch die Verpflichtung mit sich bringt, das abgelebte Leben vor der Entwürdigung zu schützen und den Tod nicht nur zähneknirschend hinzunehmen, sondern ihn als einen großen Arzt zu respektieren. Und schließlich auch den Wunsch desjenigen zu respektieren, um den es da geht und der die einzig wirklich authentische Vorstellung davon hat, was „ärztliche Hilfe" für ihn bedeutet.

Die Ernüchterung also, der Ausstieg aus dem tragischen Rausch – wäre das unmenschlich?

Es wäre menschlich, weil es nicht mehr nur um den verbissenen Kampf gegen den Tod ginge, in dem noch der Komapatient auf der Intensivstation als Sieg und sein Sterben als Niederlage gesehen wird, sondern um Beschränkung, Einsicht und Einverständnis. Für das Leben wäre solches Einverständnis wahrscheinlich gesünder, im weitesten Sinne, als der hypochondrische Eifer, mit dem wir unsere Cholesterinwerte in Ordnung zu halten suchen und unser Leben – mit schlechtem Gewissen – an „Risikofaktoren" orientieren.

Die Ernüchterung ist nicht ohne Schmerzen zu haben – dazu war der Rausch zu tief. Wir sind zu weit gegangen – und haben doch nichts daran geändert, daß der Tod seine Ursache haben will und daß die Mortalität der Bevölkerung unterm Strich hundert Prozent beträgt.

... und ein Blick in die Zukunft

Mit Optimismen in die Zukunft

Von den Futurologen, die uns noch vor wenigen Jahren den technischen Hochglanz der Zukunft verführerisch abgemalt haben, hört man nicht mehr viel, und es klingt eher wie das Resümee einer Ratlosigkeit, welche auch die Prophetenzunft befallen hat, wenn eine World Future Society in Bethesda bei Washington unlängst verlauten ließ, es seien für demnächst oder etwas später Kleincomputer zu erwarten, die wir uns in den Körper einbauen lassen können, um die Leistung unserer Gehirne zu steigern, – ein hübsches Gleichnis jedenfalls für die nicht ganz abwegige Vermutung, daß unsere Gehirne allein, so wie sie sind, die Unbill wohl nicht mehr abzuwenden vermögen, die sie selbst ausgeheckt haben, – ein Exempel freilich auch für die immer noch verbreitete andere Vermutung, dem ganzen Schlamassel sei mittels High-Tech zu entkommen: Computergehirne in Hülle und Fülle, Automatisierung noch und noch, Recycling natürlich, – und man wartet nur noch auf den „Aufschwung“, auf den Großen Regen, der das alles sprießen läßt und nicht nur die gegenwärtig sichtbaren Probleme löst, sondern auch jene, die aus den Problemlösungen neu entstehen werden.

Immerzu wird die jeweils nächste Sackgasse als Königsweg in die Zukunft angepriesen, obwohl die Prinzipien, nach welchen dann das Scheitern erfolgt, inzwischen allgemein bekannt sind. Es reicht schon ein solarbetriebener Taschenrechner, um die Kalkulationen als betrügerisch zu entlarven, bestenfalls als Selbstbetrug derjenigen, die noch ein bißchen weitermachen wollen, weil sie nichts anderes gelernt haben und nichts Neues lernen mögen.

Daß die Abfälle der Atomkraftwerke nicht unschädlich zu machen sind, sondern sich zu dräuenden Gebirgen häufen, weiß inzwischen jedes Kind. Daß das partielle Recycling aufs Ganze gesehen nicht mehr als eine Beschwörungsformel ist, die den Raubbau eher rechtfertigt und fördert, statt ihn zu beenden, ist kein Geheimnis mehr. Daß die sogenannte Freisetzung von Arbeitskräften nicht durch eine Freizeitgesellschaft aufzufangen ist, in welcher die Freigesetzten durch die Produktivität der übrigen erhalten werden können, läßt sich leicht errechnen, und im Ernst glaubt niemand mehr an die Verheißung, daß florierende Industriestaaten dem unterentwickelten Teil der Welt jenen Wohlstand ermöglichen könnten, der allein imstande sein soll, die Flutwelle der verheerenden Menschenvermehrung zu stoppen.

Träume sind das, ziemlich abgestandene, muffige Träume von gestern und vorgestern, die zwar immer noch von den öffentlichen Händen finanziert und von Politikern und Experten feilgeboten werden, in Wahrheit aber längst zerstoben sind.

Die stolzen Bekundungen der Apparatebauer, der Chemiker, der Mediziner, der Elektrizitätswerke, die uns davon überzeugen wollen, wie gräßlich altmodisch und unbequem es ohne sie zuginge, lassen sich auch andersherum lesen. Sie haben uns abhängig gemacht, ohne ihre Apparate und Medikamente und Spülmittel wären wir ziemlich hilflos, und wenn es sie nicht gäbe, würde das ganze moderne Leben schnell in sich zusammensacken – was aber kein Anlaß zu irgendwessen Stolz ist, vielmehr zu der ernüchternden Einsicht, daß wir in hundertfünfzig Jahren der Modernisierung nur die Abhängigkeit von den Naturgewalten gegen die Abhängigkeit von den Technikgewalten eingetauscht haben, was auf die Länge viel gefährlicher ist, und was übrigens keineswegs zufällig mit einer immer noch weiter sich steigernden Reglementierung aller Lebensabläufe verknüpft ist.

In all den technischen Potenzträumen kommt vor allem dies nicht vor: daß jede Fortsetzung der gegenwärtigen Praktiken, allen Katalysatoren und Filtern zum Trotz, den weiteren Verbrauch von Welt besiegeln und damit die Verwüstung vollenden würde, die der Optimismus des Fortschritts so schnell und nachhaltig ins Werk gesetzt hat.

So ist denn auch, neben dem ersten, naiven Optimismus des Weitermachens eine zweite Variante von Optimismus erstanden, der das Grundprinzip der Machbarkeit auf eine andere Weise zu verwirklichen trachtet: An den bisherigen Verfahrensweisen sollen verständige Änderungen vorgenommen werden, Energiesteuern sollen den Verbrauch verringern helfen, freiwillige Verzichte aller Art sollen hinzukommen, es soll Windräder und Sonnenkollektoren geben, auch Kühlschränke ohne Fluorchlorkohlenwasserstoffe. Das sind lauter ungemein sympathische, gleichwohl – an ihren Auswirkungen gemessen – rührende Vorschläge und Versuche. Es ist die Suche nach einem sowohl schmerzlosen wie auch automatisch wirksamen Steuerungsprinzip. Aber das Wesen der Industriezivilisation besteht gerade darin, daß sie potentiell grenzenlos ist, im Gegensatz zur Natur kein immanentes Regulierungsprinzip besitzt und sich jeder Steuerung von außen widersetzt. Sie zielt stets auf den rabiaten Verbrauch.

Auch dieser zweite Optimismus, der auf vernünftige und einverständliche Mäßigung hofft, rechnet, unterm Strich, mit ungefähr gleichbleibenden Lebensbedingungen und glaubt, in globalen Entwürfen einen Rahmen beschreiben zu können, innerhalb dessen das Leben so weitergeht wie bisher, nur etwas sparsamer und etwas sauberer. Auch dieser Optimismus drückt sich am Ende um das Eingeständnis, daß es gar nicht mehr um sanfte Änderungen gehen kann, sondern nur noch um einen dramatischen, in seinen Dimensionen heute kaum vorstellbaren Abbau alles dessen, was wir als Inbegriff zivilisierten Lebens zu sehen gewohnt sind.

Die ökologische Vernunft, wenn sie denn furchtlos angewendet würde, erzwänge ja nicht nur den Verzicht auf den Großteil einer Produktion, die derzeit immer noch technisch möglich und vernünftig erscheint, sondern auch das Ende eines aberwitzigen, wenngleich rentierlichen Welthandels, und sie setzt bei all dem eine Einigkeit der Staaten und Völker voraus, von der uns die Staaten der Europäischen Gemeinschaft doch schon Woche für Woche demonstrieren, daß sie offenbar gar nicht zu erlangen ist

Kein Zweifel, daß der zweite Optimismus, da er immerhin Änderungen vorsieht und mit der Einsichtsfähigkeit ganzer Erdteile rechnet, menschenwürdig ist in dem Sinne, daß er tapfer Strategien entwirft und die Hoffnung nicht fahren läßt, wo das sprachlose Entsetzen, die stumme Ratlosigkeit, die ohnmächtige Wehmut nicht mehr nach Rechtfertigungsgründen zu suchen brauchen.

In eben diesem Entsetzen, in dieser Ratlosigkeit liegt aber eine dritte Art des Optimismus verborgen. Dieser Optimismus hat den Vorzug, sowohl der irdischen Realität des Jahres 2000 als auch der unwandelbaren Verfaßtheit des Menschen genauer zu entsprechen als jede andere Hoffnung. Nicht ausgeschlossen, daß eine solche Perspektive, nähme man sie ernst, am Ende auch die Aussicht auf realistischere Handlungsvorschläge eröffnen könnte.

Dieser Optimismus setzt darauf, daß die Auspowerung der Erde an ihr natürliches Ende gekommen ist, und daß mit den Mitteln dieser Auspowerung zugleich die Ansprüche dahinschwinden, deren unablässige Steigerung den Raubbau zu rechtfertigen schien. Der Optimismus bekennt das Scheitern aller, auch der wohlgemeinten Fortschrittsstrategien und weiß, daß es nicht nur „so“ nicht weitergeht, sondern auch nicht so ähnlich.

Gemeinhin gilt die Vorhersage des Scheiterns als „Pessimismus“ und das Hoffen darauf als zynisch. Aber wäre es denn nicht in Wahrheit zynisch und pessimistisch, anzunehmen, daß es so weitergeht, – mit dieser Wirtschaftsordnung, die offensichtlich um so besser floriert, je mehr Armut und je mehr Leichen sie produziert, mit dieser Technik, die das Delirium des Verbrauchens nicht nur ermöglicht, sondern offenbar ins Unendliche zu steigern trachtet und jeden Vorschlag zur Mäßigung ablehnen muß, weil sie nur in einem ständigen „Aufschwung“ lebensfähig ist?

Müßig zu erörtern, ob diese Gesetzmäßigkeit „der Technik“ vom Wesen her innewohnt oder ob es nur die törichten Menschen sind, die mit ihr nicht richtig umgehen: Tatsache ist, daß sie außer großer Bequemlichkeit für wenige noch größere Not für viele hervorgebracht hat, und daß ihre Vollstrecker daraus keinen anderen Ausweg wissen als: noch mehr Technik, noch weiter gesteigerter Verbrauch der Weltschätze, noch größere Gebirge von unbrauchbaren und gefährlichen Resten, noch größere Abhängigkeit vom Funktionieren zahlloser Apparaturen, denen die Menschen längst als funktionierende Bestandteile einverleibt worden sind, so daß Leben nur noch möglich ist als Folgsamkeit den Apparaten gegenüber.

Was hat der Optimismus des Scheiterns dem entgegenzusetzen? Zunächst nichts weiter als die Erwartung, daß die Maßlosigkeit sich selbst ad absurdum führt, daß der Kraftmeierei die Luft ausgehen wird, und daß dies noch eben rechtzeitig geschieht, kurz bevor das fünfhundertste Atomkraftwerk seinen Betrieb aufnimmt und kurz bevor es gelingt, das Recycling so weit zu treiben, daß man aus fünf kaputten Menschen einen funktionsfähigen zusammenbastelt, also kurz bevor die Welt am fatalen Doppelsinn von „toll“ endgültig zugrunde geht, weil niemand mehr zu unterscheiden weiß, was toll im Sinne des Grandiosen und toll im Sinn des Wahnwitzes ist.

Da erscheinen die gigantischen Projekte plötzlich als Lachnummern: Nichts alberner als eine in jeder denkbaren Hinsicht unsinnige Magnetbahn, von der man sich das Heil für den Standort Deutschland verspricht; nichts absurder als der Gedanke, daß es mit der Automobilproduktion wieder aufwärts gehen könnte; nichts lächerlicher als jene amerikanische Elektronenschleuder, die 87 Kilometer lang werden sollte und nun – seht die Zeichen an der Wand! – bei Kilometer 28 als eine von vielen technologischen Ruinen liegengelassen wurde. Und nichts tragischer als eine Hilfe für die sogenannte Dritte Welt, durch welche nur die Zahl derer vergrößert wird, die in fünf oder zehn oder zwanzig Jahren verhungern werden.

Der Optimismus, so wie er hier gemeint ist und sich auf die Aussicht richtet, daß die Erde und irgendein Teil der Menschheit überleben und anders weiterleben wird, setzt darauf, daß der unausweichliche Schrumpfungsprozeß sich vollziehen wird, bevor die große Destruktion vollendet ist. Ein bescheidener Optimismus, fürwahr, aber nach Lage der Dinge der einzig realistische.

Der Einwand, dies werde ein schmerzhafter Prozeß sein, ist kein Einwand, sondern eine nüchterne Feststellung; und man kann ja nicht sagen, daß die derzeit noch laufenden Anstrengungen, die Erde mit Profit zu demolieren, nicht mit Schmerzen aller Art verbunden wären. Niemand kann erwarten, daß wir dem selbstgemachten Desaster mit heiler Haut entrinnen dürfen.

Wenn sich der Optimist, über das Bild des Scheiterns hinaus, überhaupt noch eine Art von Vision erlaubt, dann die, daß es Lebensformen, Lebensmuster geben könnte, die aus dem schieren Zwang der Umstände einem Maße verpflichtet bleiben, welches nicht der Mensch setzt und immer wieder erweitert, sondern die Natur selbst, ein für allemal.

Das ist nicht zu verwechseln mit dem Bild einer bukolischen Idylle, aber es ist verbunden mit dem Wissen, daß die Naturwelt als Fundament des Lebens nie fraglich wird, während wir jetzt für alle Gefälligkeiten, die uns die Zivilisation erweist, mit der Furcht bezahlen müssen, die Summe dieser Wohltaten könne die Welt auslöschen.

Und wer unter solchen Verhältnissen den Kampf aller gegen alle ums Überleben heraufziehen sieht, der möge eingedenk bleiben, daß sich brutaler Egoismus und egoistische Brutalität in unserer wohlhabenden Zivilisation weit ungehemmter zu einer großen Macht entwickelt haben als in jeder ärmeren Kultur zuvor.

Was aber tut der, der dem Optimismus des Scheiterns anhängt? Er beginnt, Abschied zu nehmen. Das ist kein Fatalismus, sondern die sehr schlichte Erkenntnis, daß einer, der gegen Windmühlenflügel kämpft, nur als komische Figur enden kann, so achtbar seine Motive sein mögen.

Der Optimist beginnt Abschied zu nehmen, und er entzieht sich, wo immer er es vermag, dem Mummenschanz, der um ihn herum aufgeführt wird und der weithin immer noch als der erhaltenswerte Gipfel menschlicher Kultur gilt. Und wenn der Optimist, der das Ende dieses Irrwegs erwartet, den Versuch unternimmt, sich gegen die Nötigungen und Verlockungen von draußen die Reste unprogrammierter und unprogrammierbarer Lebensformen zu bewahren und vielleicht sogar dafür zu werben, dann schlägt ihm Gelächter entgegen. Denn alle wollen, dass es aufwärts gehe. Wohin auch immer.

Illusionen, Illusionen . . .

In zwanzig Jahren ist die Welt wieder in Ordnung – zum allergrößten Teil jedenfalls . . .

Gegen Aids wird ein Impfstoff zur Verfügung stehen. Luftschadstoffe aller Art werden durch ein neues Verfahren beseitigt, und dieses Verfahren wird „flächendeckend" eingesetzt. Gegen den Krebs gibt es eine Therapie, bei welcher die Krebszellen kurzerhand in normale Zellen umfunktioniert werden. Für die Fluorchlorkohlenwasserstoffe gibt es einen Ersatz, der garantiert weder die Ozonschicht gefährdet noch die Atmosphäre erwärmt. Die meisten Verpackungsmaterialien werden biologisch abbaubar sein, und die Siedlungsabfälle werden durch neue Recyclingtechniken um die Hälfte vermindert. Regenerative Energien wird es geben, der Wärmehaushalt der Erde kommt wieder ins Lot, Eiweißstoffe werden künstlich hergestellt, Kohlenhydrate desgleichen. Die Autos kommen mit zwei Drittel des bisherigen Benzinverbrauchs aus, für Abwässer gibt es endlich absolut perfekte Klärtechniken, und falls immer noch zu viel Kohlendioxid in der Luft ist, gibt es auch dafür ein Luftreinigungsverfahren.

Es wird eine Lust sein zu leben, zumal bereits in fünfzehn Jahren – Zitat – „eine Planungs- und Fertigungstechnik genutzt wird, mit der im Einklang mit Natur und Umwelt Städte entwickelt und ausgebaut werden können." Es wird eine Lust sein zu leben. So verheißt es uns die eben veröffentlichte Deutsche Delphi-Studie; sie beruht auf den Prognosen von eintausend deutschen Wissenschaftlern, vom Bundesministerium für Forschung und Technologie kurz „die deutsche Fachwelt" genannt. Die deutsche Fachwelt also ist mit großer Mehrheit der Ansicht, daß innerhalb der nächsten zwanzig Jahre, teilweise auch schon sehr viel eher, die schlimmsten Krankheiten besiegt, und die drückendsten Umweltprobleme gelöst werden können, und als Dreingabe wird man in fünfzehn Jahren in der Lage sein, durchtrennte Nervenstränge wieder aneinanderzunähen.

Da staunt der Laie: So nahe, wie es die deutsche Fachwelt sieht, hatte er das wissenschaftlich-technische Paradies doch nicht vermutet. Es ist ja wirklich fast das Paradies, – denn alle etwa noch verbleibenden Probleme lassen sich mit den inzwischen erlangten Mitteln leicht lösen: der Hunger in der Welt, der dramatische Anstieg der Bevölkerungszahl durch die synthe- tischen Proteine und Kohlenhydrate, die Arbeitslosigkeit durch den steil ansteigenden Bedarf an Laboranten sowie an Personal für all die neuen Luft- und Wasser-Kläranlagen. Und mit Krieg und Folter und Egoismus und Mafia und all den anderen Brutalitäten wird es natürlich ein Ende haben, wenn endlich, spätestens in siebzehn Jahren, die drängende Frage geklärt ist, ob Neutrinos eine Ruhemasse haben ...

Nein, ruft die deutsche Fachwelt entrüstet, so haben wir das nicht gemeint, – da müßten sich schon die Menschen ändern!

Richtig. Und wie wäre es denn dann, fragen wir so einfältig, wie wir als Laien eben sind, wenn sich zuerst einmal die deutsche Fachwelt änderte, wenn sie, beispielsweise, nicht mehr ihre Forschungsmittel dadurch zu erlangen trachtete, daß sie die Entwicklung des Reparaturwesens linear fortschreibt, lauter Wohltaten in Aussicht stellt und die Illusion nährt, es könne alles so weitergehen, nur ein bißchen umweltschonender. Wie wäre es – wir fragen nur mal so –, wenn die deutsche Fachwelt den Anfang damit machte, einzusehen und anderen begreiflich zu machen, daß man der Gier des Verbrauchens und dem hilflosen Elend des größten Teiles dieser Welt nicht dadurch beikommen kann, daß die Autos um ein Drittel sparsamer und die Proteine künstlich hergestellt werden; wenn sie, die deutsche Fachwelt, laut und deutlich sagen würde, daß es angesichts einer vor Abgründen stehenden Welt fundamental anderer Strategien bedürfte als nur des Versuches, mit neuen Filtern die Luft zu reinigen und für die, die es sich leisten können, neue Krebstherapien zu ersinnen, andere Strategien und eine Veränderung des Denkens, die unausweichlich sind, wenn nicht die ganze Veranstaltung namens Welt in einem chaotischen Gemetzel untergehen soll, längst ehe man imstande ist, den privilegierten Industriestaatlern die Nerven wieder zusammenzuflicken, die ihnen bei der Fahrt mit ihren benzinsparenden Autos kaputtgegangen sind.

Was aber die prognostische Zuverlässigkeit der Delphi-Studie angeht, so wäre an frühere Versuche dieser Art zu erinnern. Vor 25 Jahren gab es zum Beispiel eine amerikanische Delphi-Studie, nach deren Voraussagen bis heute unter anderem folgende Fortschritte erreicht sein müßten: Automatisierter Großstadtverkehr, zuverlässige Wettervorhersagen, Energie aus Kernfusion, Schaffung primitiver Formen von künstlichem Leben, regionale Steuerung des Wetters, lückenlose Immunisierung des Menschen gegen alle Bakterien- und Viruserkrankungen, und: Drogen zur Erhöhung der Intelligenz.

Wir warten immer noch darauf, und mit den Verheißungen der neuen Delphie-Studie wird es uns nicht besser ergehen. Aber darauf kommt es gar nicht an. Denn der eigentliche Zweck einer solchen Studie liegt nicht darin, realistische Voraussagen zu liefern, sondern: die unrealistische Hoffnung zu bestärken, daß es „die Fachwelt“ schon richten werde, wenn man ihr nur das Geld gibt; und daß wir inzwischen weitermachen dürfen, ganz unbehelligt von bösen Vorahnungen oder gar Skrupeln, ob denn das, was wir tun, das Richtige sei. In zwanzig Jahren ist die Welt wieder in Ordnung. Sagt die Fachwelt und hält die Hand auf.

Orakel für die Katz

In die Zukunft schauen zu können, haben die Menschen sich immer gewünscht. Sie haben Orakel befragt, Eingeweideschau betrieben und Gänseblümchen gezupft. Viel hat das nicht gebracht, und auch die neueren Methoden wissenschaftlicher Prognose waren kaum erfolgreicher. Der von Jahrzehnt zu Jahrzehnt avisierte Sieg über den Krebs ist immer noch nicht in Sicht, die Energiegewinnung aus Kernfusion, die längst gelungen sein sollte, muß dem nüchternen Betrachter inzwischen als eine Fata Morgana erscheinen, an deren Realität zu glauben nur noch jene Physiker behaupten, die arbeitslos würden, wenn man die Versuche einstellte. Statt dessen ist mit Aids ein drückendes Weltproblem aufgetaucht, das kein Zukunftsforscher vorausgesehen hat, das freilich auch von keinem Zukunftsforscher als Menetekel dafür gewertet worden ist, daß oft gerade das Wichtigste einfach nicht vorauszusehen ist. Selbst daß die Computer ein Jahrtausendproblem haben würden, hat man ja erst gemerkt, als es beinahe schon zu spät war.

Dabei war man just damals, als die Computer in allgemeinen Gebrauch kamen, auf den einleuchtenden Gedanken gekommen, daß es zweckmäßig sein könnte, über die möglichen Folgen und Risiken einer neuen Technik schon nachzudenken, bevor man sie in die Tat umsetzt. In den USA entstand das Office of Technology Assessment, das Büro für Technikfolgenabschätzung. Ein Jahr später, 1973, beantragte in Bonn die CDU/CSU-Fraktion ein „Amt zur Bewertung technologischer Entwicklungen". Im vorigen Jahr wurde der 25. Geburtstag dieses Antrags in Karlsruhe mit einem Kongreß begangen, wiewohl die Geburt des Amtes noch 17 Jahre auf sich warten ließ: 1990 nahm das Büro für

Technikfolgenabschätzung beim Deutschen Bundestag seine Arbeit auf, zwei Jahre später wurde noch eine parlamentsunabhängige Stiftung, die Akademie für Technikfolgenabschätzung, gegründet. Beide Gremien haben das Lebensziel, ein wissenschaftliches Fundament für politische Entscheidungen zu liefern.

Natürlich ist das ein schöner, beinahe anheimelnder Gedanke: daß wir nicht einfach mehr vom Fortschritt fortgerissen werden, sondern daß ein kleines Heer sachverständiger Menschen, eine Schutztruppe sozusagen, im voraus erkundet, welche Folgen eine neue Technologie vermutlich haben wird – rein technisch gesehen, aber auch für die Wirtschaft, für die Gesundheit, für die Gemüter, für den Arbeitsmarkt, kurz, für alle Verästelungen des sozialen Lebens. Da ließen sich dann, so könnte man hoffen, mit fundierten politischen Entschlüssen Weichen stellen und Risiken vermeiden, da könnte man das Gute fördern und das Unerwünschte im Keim ersticken.

Dazu müßte man freilich zuerst einmal wissen, was denn wirklich zu erwarten steht – und da zeigt sich schnell, daß die Auskünfte, welche die Technikfolgenabschätzung zu erteilen vermag, kaum über das hinausgehen, was auch mit Gänseblümchenzupfen zu ermitteln wäre, und es bestätigt sich vielmehr die alte Volksweisheit, daß man nie so dumm denken kann, wie es kommt. Das liegt in der Natur der Sache und läßt sich auch durch allergrößten Sachverstand nicht wettmachen. Oder hätte etwa Otto Lilienthal bei seinen ersten Flugversuchen auch nur die leiseste Ahnung haben können, daß das neue Gerät dereinst mit Hilfe eines amerikanischen Piloten das erste Aids-Virus in die zivilisierte Welt befördern würde?

Oder: Ehe ein ehrenwertes Gremium imstande wäre, die vielfältigen direkten und indirekten Folgen von ISDN auszuloten, wird ja schon das neue ADSL als 30mal schnelleres

Info-Werkzeug der Zukunft ausgerufen. Wer wollte da eine Vorhersage wagen? Und wer wollte die unweigerlich differierenden Mutmaßungen der Experten und Interessenten gegeneinander abwägen und sich dann trauen, ein Zukunftsbild zu zeichnen, an dem die Politiker sich orientieren können?

Selbst wenn dies möglich wäre, selbst wenn man also, zum Beispiel, die unabsehbaren Folgen der gentechnischen oder kommunikationstechnischen Möglichkeiten einigermaßen zutreffend skizzieren könnte, bliebe eine andere Unsicherheit: die der Bewertung.

Daß etwa eine Versicherung sich über das Risiko einer Erbkrankheit beim Versicherungsnehmer informieren kann, muß der Versicherung wünschenswert erscheinen, ist aber für den Versicherten fatal. Und daß die Schulen ans Internet angeschlossen werden können, ist für die einen ein Grund zum Jubel, während die anderen es lieber sähen, daß die Kinder in der Schule erst einmal mit Menschen reden lernen, ehe sie mit dem Computer kommunizieren. Einigkeit ist da nicht zu erzielen.

Nächstes Gedankenspiel: Selbst wenn es möglich wäre, über Erwünschtheit oder Unerwünschtheit von Technikfolgen Einverständnis zu erzielen, so bliebe doch die Möglichkeit der Politik, gestaltend auf den weiteren Gang der Dinge einzuwirken, so jämmerlich begrenzt, daß man füglich von Ohnmacht sprechen kann. Verordnungen, Gesetze, Strafandrohungen – alles bleibt letzten Endes wirkungslos gegenüber den Fakten, die eine tollkühn weiterstürmende Technik schafft, im Verein mit dem allgegenwärtigen Streben nach immer mehr Geld und mit der Ausweitung menschlicher Betriebsamkeit über die ganze Erde. Da wird jeder politische Gestaltungsversuch schnell zur Lachnummer.

Oder wäre es denn, zum Beispiel, auch nur denkbar, daß ein Kommunikations- und Informationswesen, welches erkennbar die Neurotisierung und/oder Verdummung ganzer Bevölkerungsschichten zur Folge hat, noch mit irgendwelchen politischen Mitteln zu steuern wäre?

Die Karawane zieht weiter: Wissenschaft und Technik gehen ihres Weges und verweisen notfalls auf die gesetzlich geschützte Freiheit von Forschung und Produktion sowie auf das Vorhandensein einer institutionalisierten Technikfolgenabschätzung; die Politiker wiegen sich in der Illusion, sie würden von den Experten hinreichend informiert und könnten im Ernstfall einschreiten – was beides nicht zutrifft; und das Publikum, vollauf beschäftigt mit Vergnügungsfahrten auf vielen Kanälen und mit dem aussichtslosen Bemühen, allen Neuerungen auf den Fersen zu bleiben, ist heilfroh, das Nachdenken an jene delegieren zu dürfen, die die Technikfolgenabschätzung zum Hauptberuf gemacht haben.

Und nur wer genau hinhört, hört im Hintergrund das Gelächter derjenigen, für die „Zukunft" immer nur der Zeitraum ist, innerhalb dessen sich das Kapital verdoppeln muß. In der Steinzeit, also vor fünfzig Jahren, war das ein Jahrzehnt. Demnächst wird es der Zeitraum sein, innerhalb dessen ein Chip veraltet, und dieser Zeitraum wird immer kürzer. Da werden die Technikfolgenabschätzer noch ganz schön außer Atem kommen.

Zeit und Dauer

Die Eile hat der Teufel erfunden

I

Der Lärm ist höllisch, es riecht nach verbranntem Gummi, und wenn es ordentlich qualmt, gibt es Extra-Applaus. Wie Geschosse donnern absonderlich gebaute Autos in fünf Sekunden über eine Distanz von zweihundert Metern und beschleunigen dabei von Null auf Hundert in weniger als einer Sekunde, um die Wette natürlich: Die Rennen heißen dragster-races und führen so ziemlich das Äußerste an Beschleunigung vor, was man mit einem vierrädrigen Fahrzeug erzielen kann.

Beschleunigung hat hier kein anderes Ziel als das der Beschleunigung selber. Das ist ein Fetzen aus dem großen umfassenden Traum von der Geschwindigkeit.

Wenn das türkische Sprichwort recht hat, wonach es der Teufel war, der die Eile erfunden hat, dann ist die sonderbare Gier nach Geschwindigkeit und Beschleunigung wohl so lange auf der Welt wie der Teufel etwas zu sagen hat, also fast von Anfang an. Das Paradies verbindet man eher mit der Vorstellung des Liegens als der von schneller Bewegung. Aber schon den Akt der Vertreibung denkt man sich als mit Eile verbunden – und von da an blieben die Menschen auf Trab, zuerst wegen der Nahrungsbeschaffung, suchend oder jagend, sodann wegen der allfälligen Landnahme, und schließlich, als die Verhältnisse immer zivilisierter wurden, auch wegen Handel und Wandel. Irgendwann hatte jemand das Rad erfunden, womit sich der Transport von Gütern und Menschen ganz erheblich beschleunigen ließ. Sehr viel später kam die Dampfmaschine, die man dann alsbald auf Räder setzte. Über lange Zeit blieb die Eisenbahn der Inbegriff schneller Fortbewegung.

Freilich erschien bereits die Eisenbahn manchen empfindsameren Zeitgenossen als eine unheimliche und möglicherweise teuflische Veranstaltung. Man erwartete das Schlimmste für Leib und Leben der Benutzer, worin sich, von heute aus gesehen, nicht etwa übertriebene biedermeierliche Furchtsamkeit ausdrückt, als vielmehr eine berechtigt düstere Vorahnung. Denn nach der immer noch irgendwie anheimelnden Dampfmaschine kam der Explosionsmotor, ein von Natur aus anders geartetes Gerät, das die geheime Grundfigur neuzeitlichen Denkens auf eine nur mäßig zur Metapher hin abgemilderte Weise vorführt. Der Explosionsmotor verlieh der Beschleunigung einen ganz neuen Impuls: Nicht jedermann hatte seine eigene Lokomotive haben können, aber jeder konnte bald seinen eigenen Explosionsmotor haben, jeder konnte sich in seinem Auto selber beschleunigen und zu jeder beliebigen Zeit an jeden beliebigen Ort befördern. Der Explosionsmotor ermöglichte eine Art von Explosion der Bevölkerung. Die Menschen stoben auseinander. Als dann noch das Flugzeug mit nochmals gesteigerter Geschwindigkeit hinzu kam, wurde aus der Fortbewegung mehr und mehr ein pausenloser Schußwechsel in allen Richtungen über Straßen, Länder, Kontinente und Meere, es entstand und entfaltete sich der sogenannte Weltverkehr, dem schließlich auch die Welt zu klein wurde, so daß er längst damit begonnen hat, sich ins Universum auszuweiten.

Diese Entwicklung des Transports von Menschen und Gütern wäre aber gar nicht möglich gewesen, ohne daß sich die Beschleunigung auch eines anderen Objektes bemächtigt hätte: der Information. Man brauchte Signale aller Art, um die Fortbewegung der Apparate zu steuern, und die Signale mußten schneller sein als die Apparate selbst. Daraus entstanden vielfältige Methoden der Übermittlung von Informationen, und wenn es zunächst nur darum gegangen war, mit einem Wink den Zusammenstoß zweier Züge zu vermeiden, so erwuchs daraus doch schließlich ein Kommunikationswesen, das den Drang nach Tempo und Beschleunigung auf einer anderen Ebene noch einmal entfachte. So wie zuvor Menschen und Gegenstände möglichst schnell um die Welt geschossen werden sollten, so jetzt Mitteilungen, Befehle, Nachrichten, Zeichen aller Art, viele davon unerläßlich, um den Transport der Menschen und Dinge überhaupt zu bewältigen, andere, um ihn zu übertreffen durch etwas noch Schnelleres. Telefon, Telegraphie, Fernsehen, fliegende Worte und Bilder, Konferenzschaltungen, Telefax, Fernbedienungen aller Art. Das Wunschbild der möglichst großen Schnelligkeit wird hier noch einmal gesteigert zum Ideal der Gleichzeitigkeit, und über das Netz der Straßen, Kanäle, Fluglinien, Schienenwege und Schifffahrtsrouten legte sich das Netz der Telekommunikation mit Drähten, Kabeln und Wellen.

Das Bedürfnis nach Beschleunigung war damit freilich noch längst nicht gestillt. Der Beschleunigung des Transports von Informationen und Gedanken folgte die Beschleunigung der Gedanken selber, die Steigerung der Schnelligkeit des Zählens, dann, als man gelernt hatte, das Denken in eine Art von Rechnen aufzulösen, der gelungene Versuch, die vergleichsweise gemächlichen menschlichen Denkvorgänge in Computern mit übermenschlicher Geschwindigkeit abzuwickeln. Wenn die Umgangssprache hier gern von „irrsinniger“ Schnelligkeit spricht, dann deutet sie einleuchtend an, daß mit solchen Apparaturen Grenzen überschritten werden, jenseits derer sich etwas vollzieht, was das Hirn des Menschen schier zersprengen müßte, wenn ihm selbst dieses Pensum des Rechnens und Denkens aufgegeben wäre.

Freilich sind die schnellen und immer schneller werdenden Rechner noch nicht die äußerste Annäherung an den Irr-Sinn: Der Wahn, daß Heil und Erkenntnis in der Steigerung des Tempos liegen, hat noch zwei andere Felder der Hoffnung gefunden und macht sich nun dort zu schaffen, wo die kleinsten Teilchen der Materie und die kleinsten Teilchen des Lebens in einer unglaublichen und nie zuvor gesehenen Weise beschleunigt werden – in der Physik und in der Genetik.

Mit immensem Aufwand haben die Physiker in den letzten Jahrzehnten Vorrichtungen gebaut, in denen die kleinsten Bausteine der Materie durch fortgesetzte Beschleunigung auf einer Kreisbahn mit Energie gewissermaßen vollgepumpt werden und dann wie Geschosse auf andere Teilchen treffen. Aus den Ergebnissen der Zusammenstöße im tiefsten Inneren der Materie wollen die Physiker auf die Natur dieser Materie schließen, auf die Eigenschaften und Wechselwirkungen der Teilchen, und sie wollen derart das letzte Geheimnis enthüllen: den Zusammenhang zwischen Materie und Energie, von denen vielleicht die eine nur eine Erscheinungsform der anderen ist. Schießkünste an den äußersten Grenzen der Physik, die vielleicht irrsinnige Vermessenheit, das unlösbare Rätsel der Welt zu lösen, das Unbegreifliche zu begreifen. Wenn ein neuer großer Beschleuniger seinen Betrieb aufnimmt, ist der nächstgrößere meist schon im Bau. Leicht auszurechnen also, wann einer geplant wird, der so groß ist wie die Welt selber – und der dann doch, nach aller bisherigen Erfahrung, die Rätsel nicht lösen, sondern nur vermehren wird. Was hier an Erkenntnissen gewonnen werde, so sprach vor einiger Zeit der Direktor eines solchen Apparates, werde vielleicht sogar unsere religiösen Vorstellungen beeinflussen. Mit anderen Worten: Hier werden wir dem lieben Gott so tief in die Karten schauen, daß wir endlich wissen, welches Blatt er spielt. Nicht einmal andeutungsweise ist ein Rest von jenem Zittern zu spüren, welches einst diejenigen packte, die nicht zu Unrecht fürchteten, ihre Neugier auf das große Geheimnis könne sie Kopf und Kragen kosten.

Auch die kleinsten Teilchen des Lebens werden beschleunigt: die Gene auf der durch die Jahrmilliarden gehenden Keimbahn, die alles Leben verbindet. Das unendlich langsame Walten der Entwicklungsgeschichte erfuhr eine Beschleunigung, die sich freilich vorerst noch auf tastende und eher provisorische Exempel beschränkt. Es gibt ein paar neue Bakterien, auch eine Schafziege, aber man arbeitet mit Ingrimm an der Vervollkommnung des Verfahrens, welche darin besteht, die Eigenschaften der Lebewesen austauschbar zu machen, derart, daß sich aus dem Rohmaterial der bisherigen Evolution ein nützlicher Zoo von Neugeschöpfen zusammenbasteln läßt. Noch sind die Folgen und Risiken solcher Eingriffe kaum zu ahnen, doch rechtfertigt man sie mit der Behauptung, das Hantieren mit der Erbmasse sei nichts anderes als der beschleunigte Vollzug eines Verfahrens, welches die Natur mit ermüdender und heutzutage nicht mehr tolerierbarer Langsamkeit praktiziert habe, genetische Technik sei nichts anderes als beschleunigte Evolution – was ungefähr so ist, als behaupte jemand, es laufe aufs selbe hinaus, ob man ein Haus den Winter über stetig heizt oder am 1. Oktober den Öltank explodieren läßt, ein für allemal.

Die Beschleunigung der Dinge, der Menschen, der Informationen, des Denkens, der Materie und schließlich des Lebens in seiner Entwicklung – das sind im Kolossalgemälde von der allgemeinen Beschleunigung nur die groben Linien, wie mit fliegendem Pinsel hingewischt. Dazwischen bilden zahllose Punkte die Kennmarken jener Art von Beschleunigung, die in jedermanns kleines Tagesleben eindringt, in der Erscheinungsform von Apparaten und Apparätchen, von Anforderungen und Gewohnheiten, von Wertsetzungen und Verpflichtungen, die alle darauf hinauslaufen, daß das Schnellere zugleich das Bessere und die Überholspur der gerade Weg zum Glück ist. Das beginnt bei der elektrischen Schreibmaschine und hört dort auf, wo der Chef der Fußballnationalmannschaft fast mitleidig darauf hinweist, daß das Spieltempo vor 20 Jahren noch deutlich geringer gewesen sei als heute. Vor 20 Jahren – da gab es Telefax noch nicht, und auch die Schnellrestaurants waren dünner gesät, und längst nicht jeder konnte sich einen Computer leisten. Es war eine dunkle und schläfrige Zeit . . .

II

So verschieden die Apparaturen und Verrichtungen der Beschleunigung – sie haben alle gemeinsam, daß sie auf ihre jeweils unterschiedliche Weise die Zeit aufheben, oder, mit der Zeit, zugleich den Raum. Abläufe, die vordem Zeit kosteten, schrumpfen zusammen auf einen Bruchteil des ursprünglichen Zeitbedarfs, Räume, die zu durchmessen früher Tage oder Monate erforderte, werden in Stunden übersprungen; Informationen, deren Beförderung lange Zeit-Räume brauchte, sind in dem gleichen Augenblick beim Empfänger, in dem sie vom Absender ausgehen: Was damals die Männer auf dem Mond taten und sagten, erfuhren die Fernsehzuschauer fast in der gleichen Sekunde: Gleichzeitigkeit als Signum der Perfektion.

Mit der Beschleunigung der Abläufe und der Aufhebung des Raumes soll Zeit „gewonnen“ werden. Natürlich lassen sich unschwer Zwecke und Zwänge namhaft machen, die die Mühen der Beschleunigung rechtfertigen. Zeitraubende Arbeiten werden erleichtert, Feinde können überrascht, Verwandte besucht werden, und frühmorgens schon kann man Nelken aus Kolumbien kaufen, die erst gestern abend ins Flugzeug geladen worden sind. Die Freude darüber, daß die Welt immer kleiner und kleiner wird, ist weit verbreitet, legt aber die Vermutung nahe, daß hinter allem der Plan steht, sie irgendwann ganz zum Verschwinden zu bringen.

Vorderhand ist das geheime Ziel allen Strebens die Verwirklichung einer Art von Telekinese, nämlich der Möglichkeit, daß alle Menschen, alle Dinge, alle Informationen zu jeder Zeit an jedem Ort ohne Wartezeit verfügbar seien und daß es nichts mehr gebe, was Zeit „verbraucht", und keinen Raum mehr, der die Dinge trennt.

Der unübersehbare Effekt aller Versuche, die grundlegenden Kategorien des Welterlebens so weit wie möglich aufzulösen, ist aber der, daß die Zeit, die man zu gewinnen trachtete, in Wahrheit abhanden kommt: Je größer die Möglichkeiten, Zeit zu „sparen", um so weniger steht von dem scheinbar Ersparten dann zur Verfügung, es wird also nur soviel Zeit „gewonnen" wie anschließend sogleich für andere zeitsparende Verrichtungen um so dringender benötigt wird. Niemand hat mehr Zeit, denn er braucht sie, um unablässig Zeit zu sparen, und die sogenannte Freizeit bleibt davon nicht ausgenommen: Wer seinem Steckenpferd die Sporen gibt, gewinnt die Zeit, noch ein zweites aufzuzäumen.

Nützliches und Überflüssiges, Erwünschtes und Verwerfliches, Großes und Gemeines und viel viel Gleichgültiges kann zeitsparend getan werden und wird getan. Und die Faszination des Zeitsparens durch immer weiter gesteigerte Beschleunigung verleiht schließlich dem Zeitsparen einen Eigenwert und eigene Gesetzlichkeit. Zahllose der Verrichtungen, mit denen sich Zeit und Raum überwinden lassen, finden nicht deshalb statt, weil der Nutzen oder der Genuß daran so groß ist, sondern weil die technischen Möglichkeiten der Beschleunigung nun einmal vorhanden und als solche faszinierend sind, – und weil sie sich mit Vorteil auf den Markt bringen lassen.

Es würde ja, zum Beispiel, der Autoverkehr in seinen vernünftigen Zwecken und seinem erwünschten Nutzen gar nichts verlieren, wenn man etwa durch gesetzliche Entscheidungen oder technische Vorrichtungen verhindern würde, daß unmäßige, dem Reaktionsvermögen der Fahrer und der von ihm Bedrohten gar nicht mehr angemessene Geschwindigkeiten ausgefahren werden – aber die Mechanismen des Ehrgeizes, des Wettbewerbs, der Verkaufsstrategie, triumphieren mühelos über jede Anwandlung von Vernunft, schon der Gedanke an ein „Tempolimit“ gilt als Meucheltat wider den Zeitgeist der Beschleunigung.

Die Beschleunigung unterliegt selber der Beschleunigung, jede Raserei verlangt aus sich selbst heraus nach einer Steigerung, und oft genug sind da die Anzeichen von Rausch, Ekstase, Bewußtlosigkeit unübersehbar. Was schnell vor sich geht, soll noch schneller gehen, die Beschleunigung löst sich von ihren Zwecken. Nicht mehr der Zeitgewinn ist das Ziel, also die gewonnene Zeit als anderweitig verwendbarer Zeit-Raum, sondern der Gewinn von Zeit selber als eine Leistung, die nicht mehr auf ihren Sinn befragt wird und auch nicht mehr darauf, ob die dafür nötigen Anstrengungen in irgendeinem vernünftigen Verhältnis zum Ergebnis stehen.

Die sündteure Magnetschwebebahn, mit der eilige Geschäftsleute auf dem Weg von Hamburg nach Hannover eine halbe Stunde werden einsparen können, bewirkt doch nur, daß die Geschäftsleute schließlich noch weniger Zeit haben als zuvor. Da ahnt man den Widersinn solcher Veranstaltungen.

Die übertriebene Wertschätzung der Beschleunigung, weitab von Zweck und Sinn, trägt neurotische Züge, sie ist eine Art von Besessenheit und veranschaulicht nicht das, was sie zu erzielen vorgibt, sondern das, wovor sie wegläuft. Es ist die Angst vor der Konkurrenz, die schneller sein könnte, also die Angst vor dem Besiegtwerden, vor dem Untergang, auch die Angst davor, standhalten oder sich hingeben zu müssen, wenn man stehen bleibt.

Hinter solchen kleineren, begrenzten Ängsten, die den Gewinn von Zeit und das Tempo an sich schon als Sieg erleben lassen, wiewohl es doch Pyrrhussiege sind, die sogleich neue Forderungen erzeugen und weitere Siege in immer schnellerer Folge notwendig machen, steht wohl noch eine größere, umfassende Angst – die Angst vor dem Ende der Lebenszeit und, am Grund der Seele, die Angst vor dem Ende aller Zeit, das den Sinn hiesigen Tuns fraglich werden läßt. Was am Ende der Zeit doch zum Nichts wird, macht tiefes Unbehagen und kann nicht befriedigen. So heißt dann Zeitgewinn, Beschleunigung: den Ablauf der Zeit nicht spüren, die Zeit besiegen, die den Sinn zunichte macht. Zeitgewinn wird zum Ersatz für Sinn, der Fahrtwind fegt alle Fraglichkeit hinweg. Wer sich verirrt hat, beschleunigt seine Schritte, um so mehr, je rasender seine Angst wird, keinen Weg zu finden.

III

Die frühen Kritiker der Eisenbahn, des Autos oder jene, die das Telefon und das Radio als eine Zumutung empfanden und sich der Anschaffung widersetzten, galten von je als Spielverderber, als Ewig-Gestrige, kaum wert, ausgelacht zu werden. Wenn sie ernstlich lästig zu werden drohten, wurden sie angefeindet als Gegner einer menschlicheren, schönen Welt – denn merkwürdigerweise wurde „Tempo" immer mehr zu einem Kennwort für Freude, Frohsinn und heitere Menschlichkeit, obwohl doch die Beschleunigung allenthalben immer deutlicher die Fassungskraft, die Leistungsfähigkeit, das Reaktionsvermögen der Menschen zu übersteigen begann, sobald sie sich irgendeiner Sache oder Tätigkeit bemächtigt hatte. Wo diese und andere beklagenswerte Folgen spürbar wurden, da erklärte man sie kurzerhand zum Preis des Fortschritts, der nun einmal zu zahlen sei.

Dabei trat immer deutlicher zutage, daß sich alle Mißlichkeiten und Nebenwirkungen der Beschleunigung auf einen einzigen Nenner bringen ließen: Zerstörung, – diese freilich in einem so unüberblickbaren Umfang und in so verwirrender Vielfalt der Erscheinungsformen, daß immer nur die einzelnen Zerstörungen ins Auge fielen; sie konnten, als einzelne, für prinzipiell vermeidbar oder demnächst reparabel ausgegeben werden, auch wenn die Reparatur dann unterblieb oder mißlang. Vor allem aber konnte man darauf rechnen, daß das Publikum die jeweils schrittweise eintretende Zerstörung angesichts der neuen Wohltaten und Bequemlichkeiten in Kauf nahm und auch imstande war, sich daran zu gewöhnen, ebenso schrittweise, so daß es niemals zu einem allgemeinen Erschrecken oder gar zum großen Aufstand kam.

Schon die Eisenbahn, diese erste durchgreifende Manifestation der Beschleunigung in der Neuzeit, zeigte ansatzweise alle Formen der Zerstörung, die die Beschleunigung verursacht: Die Dampfrösser machten Lärm, zerrissen also die Stille, sie verbreiteten Schmutz und Gestank, beschädigten also die Lebenselemente Luft, Wasser und Boden, sie brauchten Wege, zerschnitten also mit ihren Schienensträngen den Raum des Landes, und ihre mangelnde Federung ließ andeutungsweise jene Verstörung des Körperlichen ahnen, die dann so viele Formen der Beschleunigung begleitete.

Mit dem sogenannten Siegeszug des Autos vervielfachten sich die zerstörerischen Potenzen des Transports. Zu den Eisenbahnlinien, die das Land vergleichsweise grobmaschig durchzogen, kam das dichtgewebte und immer noch enger geknüpfte Netz der Straßen, die man die Adern des Verkehrs nannte, als noch nicht so deutlich war, daß sie auch strangulierenden Effekt haben würden und daß das pulsierende Verkehrsleben, nebst dem alltäglichen Tod auf der Straße, immer unerträglicher werdende Wolken von Gift und immer schlimmere Fluten von Lärm erzeugen würde.

Der Explosionsmotor, an sich schon Sinnbild eigentlich zerstörerischer, nur kunstvoll gebändiger Kräfte, war auch darin zerstörerisch, daß er die Luft verpestete und selbst heute noch der einzige Gebrauchsgegenstand ist, mit dem man in aller Öffentlichkeit zu jeder beliebigen Tages- und Nachtzeit soviel Lärm machen darf wie es mit diesem Gerät überhaupt möglich ist. Auch die sozialen Zusammenhänge wurden durch die individuelle Mobilität beschädigt und verwirrt: Es werden zahllose Kontakte geknüpft, aber es sind unverläßliche, flüchtige, jederzeit aufkündbare Bindungen. So viele soziale Zusammenhänge der Individualverkehr zu knüpfen half, so viele zerstörte er auch, denn die Möglichkeit, ganz schnell von zu Hause wegzufahren, bewirkt, daß immer weniger Leute zu Hause anzutreffen sind. Die Möglichkeit, ganz schnell die Großmutter zu besuchen, bewirkt, daß sie auch nur ganz schnell besucht wird. Die Zahl der menschlichen Begegnungen stieg rapide an, zugleich aber auch die Zahl jener Menschen, die ihre Beziehungen nicht mehr ohne Hilfe von Therapeuten zu bewältigen vermögen.

Das sind subtile Formen der Zerstörung, aber genauso real, genauso allgegenwärtig wie die vordergründig sichtbaren, und es sind nicht die einzigen. Nichts anderes als zerstörerisch sind ja auch die neurotisierenden Wirkungen der verordneten Eiligkeit, etwa die, daß den Kindern, damit sie am Leben bleiben, eine Todesangst vor den Autos eingepflanzt werden muß. Oder: daß die Klasse der Motorisierten sich in ihren Möglichkeiten und Gewohnheiten immer mehr von jener Klasse getrennt hat, die aus irgendwelchen Gründen ans Haus gefesselt bleibt. Das sind Schnitte in Lebensbereichen, in welchen sonst viel Unterschiedliches durch Solidarität und Kooperation aufgewogen und aufgehoben wurde. Die kranke Witwe im vierten Stock wird zwar manchmal zu einer Ausflugsfahrt abgeholt, aber für gewöhnlich bleibt sie doch ausgeschlossen von den Freuden der Beschleunigung, während die anderen unablässig unterwegs sind. Freilich heißt das nicht nur, daß diese in eine Welt der heiteren Freiheit ausschwärmen, vielmehr geraten sie schnell in eine von Elementen des Kampfes, ja des Krieges bestimmte Umwelt, in der alles beherrscht wird von dem Wunsch oder gar der Nötigung, einen optimalen Grad der Beschleunigung zu erreichen und zu verteidigen. Beim Überholen geht der Puls auf 180, was der Gesundheit auf die Dauer ebenso abträglich ist wie manche anderen automobilen Zumutungen an den Körper.

Was auf der Ebene des Individualverkehrs an zerstörerischen Folgen sichtbar wird, wiederholt sich in anderer Form im Weltverkehr, der durch die unausgesetzte und immer weiter gesteigerte Mobilität der Waren und Menschen zur fortschreitenden Demolierung der Erde geführt hat. Die Ausrottung ganzer Völker, die Ausbeutung ganzer Kontinente, das war nur möglich durch eine ins Übermäßige gesteigerte Fertigkeit, Menschen und Waren zu befördern. Alte Kulturen und Gemeinwesen wurden zerstört, alle Dinge und Menschen dieser Welt dem Gesetz der Beschleunigung unterworfen. Auch hier vollzog sich eine Art von explosiver Zersprengung, eine Auflösung in Teile und Teilchen und deren Vermischung und Verwirrung, vornehmlich nach den Gesetzen des Profits, genährt vom Ehrgeiz nach der äußerst möglichen Schnelligkeit – denn die größte Macht hat in einer Welt der Beschleunigung immer der Schnellste.

Die Beschleunigung der Information und die Beschleunigung des Rechnens und Denkens, also die Mittel der schnellen Kommunikation und Steuerung, dienen überwiegend der Kontrolle und der immer weiteren Beschleunigung jener Mobilität, die die Welt mit wachsender Geschwindigkeit zerbröseln läßt. Jede einzelne dieser Methoden und Vorrichtungen hat ihre jeweils spezifischen zerstörerischen Folgen, direkte und indirekte, ganz banale oder ganz metaphorische. Das Telefon, um nur ein Beispiel zu nennen, ist ja nicht nur kommunikativ im Sinne erwünschter Verbindung, sondern unweigerlich auch zerstörerisch, indem es ermöglicht, daß jedermann zu jeder Zeit in die Privatzeit und den privaten Raum eines anderen eindringen kann. Ehrgeiz und Angst vor Versäumnissen, welche das Grundgesetz der Beschleunigung erzeugt, führen dazu, daß kaum jemand es wagt, diese Möglichkeit technisch oder durch Verabredung oder Gegenwehr auszuschalten. Folgsamkeit ist lebenswichtig wie überall, wo das Primat der Beschleunigung waltet. Je stärker die Beschleunigung, um so lebensgefährlicher wird es, ihr Widerstand zu leisten.

Die Beschleunigung von Fortbewegung und Transport hat Zeit und Raum als gleichsam dilatorische Kategorien des Daseins in der Welt immer weiter reduziert und damit lebensgefährliche Beschädigungen im Sinne einer fortschreitenden Verengung (und daraus folgend einer Zunahme der Reibungskräfte) bewirkt. Mit der Beschleunigung von Information und Kommunikation haben sich diese Beschädigungen in die privaten Zeiten und Räume ätzend weitergefressen, und jede Steigerung der Beschleunigung befördert den Vorgang.

Schier unendlich ist die Liste der Beeinträchtigungen, Destruktionen, Zerrüttungen, der Zeichen von kleinen Untergängen und vom großen Zerfall, der spektakulären Verheerungen und der kaum merklichen Verluste durch die Beschleunigung des Transports und, in seinem Gefolge, zahlloser anderer Lebensvollzüge. Sie aufzuzählen hieße, Trivialitäten des täglichen Lebens aneinanderzureihen: Rasende Autos walzen ganze Krötenpopulationen platt, in Fast-Food-Restaurants verkommen die Freuden des Essens zur Schnellabfertigung, Devisenmakler und viele andere von Berufs wegen zur Eile Getriebene werden in wenigen Jahren zu Wracks und veranschaulichen damit am extremen Beispiel die zerstörerische Wirkung aller Beschleunigung. Blitzartig funktionierende Computer verursachen auf die unterschiedlichste Weise nichts anderes als die Austreibung des Menschen, mindestens aber seine Zurückdrängung aus Lebenszusammenhängen, die sich nunmehr selber mehr und mehr auf bloße Funktionszusammenhänge reduzieren, stets mit dem Ziel der Beschleunigung. Freiheit und Privatheit werden löcherig, und in Gestalt einer zunehmenden Neurotisierung greift diese Auflösung auf die Substanz des Menschen selber über.

Bei keiner Beschleunigung braucht man lange zu suchen, um die von ihr herbeigeführten Zerstörungen zu finden, und umgekehrt lassen sich hinter jeder Zerstörung die Formen der Beschleunigung ausmachen, die daran beteiligt waren. Soweit das alles überhaupt erkannt wird, wird es als Nebenwirkung und lästiges Beiwerk in Kauf genommen, oder gleichmütig hingenommen als Belanglosigkeit.

Aber die Belanglosigkeiten summieren sich, vervielfachen sich und multiplizieren sich miteinander, da ja alles mit allem auf irgendeine Weise zusammenhängt. Der Beschleunigung des Weltverkehrs zum Beispiel entspricht die Beschleunigung, mit der man die Vorräte an fossilen Brennstoffen aufbraucht, nicht nur, um mit dem Öl den Verkehr an sich in Gang zu halten, sondern auch, um die gigantische Produktion ins Werk zu setzen, die durch den weltweiten Warenaustausch nötig und möglich wird. Öl, Kohle, Uranerz, die in Jahrmillionen entstanden sind, werden in Jahrzehnten ans Licht geholt und verbrannt. Das Feuer liefert die Kraft für die ungeheure, aus zahllosen kleineren Maschinen zusammengesetzte Metamaschine der Zivilisation. Sähe man die Flammen dieser immer noch weiter beschleunigten Verbrennung, die ganze menschliche Zivilisation würde uns als ein Feuermeer erscheinen, aus dem Tempo, Wohlstand, Luxus, Bequemlichkeit, auch Schönheit und Freude, freilich auch ebensoviel Hunger, Elend und Leid entspringen, und das bestimmt scheint, unter dem blinden Jubel der meisten Beteiligten zu verglühen.

Noch gibt es, am Großen und Ganzen gemessen, nur kleine Ereignisse des Mißlingens. Explodierende Ölplattformen und Atomkraftwerke, zerberstende Schiffe oder Flugzeuge, Fehlalarme der Computer und, ganz banal, zerfetzte Autos – das sind letzte Stufen der Beschleunigung, nur scheinbar ein punktuelles Mißlingen der Bändigung, in Wahrheit ein Zeichen dafür, daß auch die gebändigten Kräfte der Explosion, die die Kraft für die Beschleunigung liefern sollen, stets von der gleichen Natur bleiben und ihre zerstörerische Macht direkt oder indirekt durchsetzen, auch dann noch, wenn man sie wieder und wieder in Portionen dividiert und glaubt, die vielen kleinen Knalle seien harmloser als der eine große und dieser selbst leicht vermeidbar.

Alle Beschleunigungen hängen miteinander zusammen, bedingen und verursachen einander, und alle speisen sich aus einer unmäßigen Energieerzeugung, die man so betreibt, als sei es völlig gleichgültig für das Schicksal der Erde, wieviel Energie man produziert. Es ist aber nicht gleichgültig. Die Beschleunigung, mit der man den Verbrauch der Energieressourcen der Erde vollzieht, verursacht unweigerlich die Demolierung der Erde; das beginnt damit, daß durch die Erzeugung von Kohlendioxid klimatische Zusammenhänge fundamental gestört werden und niemand weiß, was daraus folgt, nur soviel, daß alle unsere Schlauheit, die immer auf Beschleunigung aus war, in Verzweiflung umschlagen wird, wenn sich erweist, daß es nicht mehr in unserer Macht steht, den Zerfall abzuwehren.

Der Zerfall als große letzte Explosion, das erscheint menschenmöglich, aber eher noch wahrscheinlicher ist doch ein Zusammenbruch, ein Zerbröseln, welches der Explosion darin ähnelt, daß der Zusammenhalt der Teile verloren geht, nur daß sie nicht nach außen weggeschleudert werden, in alles auflösender Beschleunigung der Teilchen, sondern nach innen, nach unten in sich zusammenfallen, das Ende aller Eiligkeiten, Ende aller Beschleunigung.

Papiertaschentuch und Atomreaktor

Aspekte der Dauerhaftigkeit, auch im weiteren Sinne

Die Klischees liegen griffbereit, die Beispiele auch: Das Dauerhafte ist gut und wertvoll, es enttäuscht den Benutzer nicht, sondern dient ihm, lautlos und ohne Komplikationen; es geht nicht kaputt, hält alle Stöße aus und ist folglich, auch wenn es etwas teurer kommt, schließlich doch das Preiswertere und Sparsamere.

Der deftige Refektoriumstisch überdauert Kriege, Plünderungen, schlimmstenfalls sogar Brände und Überschwemmungen, und während seine leichteren Brüder längst dahin sind, ist er noch im Wert gestiegen, weil er seine Geschichte in sich aufgenommen hat, die Spuren des Gebrauchs und des Alterns; er zeigt Patina vor, eine Art von Würde also, deren zuverlässigster Indikator der Preis ist, den man für ein solches Stück zu erlegen hat.

Klostertisch und Trutzburg, ehrwürdiges Leinen, Urgroßvaters unverwüstliche Taschenuhr, Gold und Diamanten – und am anderen Ende die Würde des Alltäglichen: die Flasche, die nicht im Container endet, sondern wieder und wieder gefüllt wird, blindgeschliffen dort, wo sie sich an anderen Flaschen reibt, aber unermüdlich dienend und verläßlich, das aus der Erde im Feuer gesinterte Gefäß für Feines und Flüchtiges, für den Geist des Weines, für die gebändigte Gärung des gemälzten Getreides, – lauter Bilder von einfachen und urtümlichen Verhältnissen.

Das Dauerhafte endet nicht – oder jedenfalls nicht so bald – auf dem Müll, und weil es lange währt, ist es auch ökonomisch: Nicht alle Jahre neue Möbel, nicht alle Monate neue Kleider, nicht alle Tage neue Flaschen. Da werden keine unersetzlichen Rohstoffe verschleudert, da wird keine Energie verplempert, vielmehr bleibt das Verhältnis zwischen dem Nutzen der Gegenstände und dem für ihre Herstellung nötigen Aufwand selbst dann noch günstig, wenn die erstrebte Dauerhaftigkeit viel und gutes Material erfordert. „Wir haben nicht genug Geld, um billig zu kaufen“ – das war ein Hausväterspruch, vor Zeiten. Und die modernere, ökologische Dimension des Dauerhaften liegt darin, daß das, was nicht kaputtgeht, auch nicht neu produziert zu werden braucht.

Hingegen das Kurzlebige: Da werden, weil ja der Verdienst in der Produktion und im Umsatz liegt, die Rohstoffe vergeudet, in hinfällige, zerbrechliche Produkte umgewandelt, die zum alsbaldigen Verbrauch bestimmt sind. Die Schuhe sind geklebt und nicht genäht, so daß sie beim ersten Regen auseinanderfallen, die Tische sind schludrig geleimt und erinnern schon bald, indem sie zu wackeln beginnen, die Besitzer daran, daß es lustig wäre, wieder einmal einen neuen zu kaufen. Und allenthalben ist das fixe „Tackern“ mit einer Art von Heftklammern als hochmoderne Verfahrensweise an die Stelle alter, zuverlässiger Verbindungen von Werkstücken getreten. „Das kann man tackern“ heißt auch immer: Das kommt nicht so genau, und schnell muß es gehen.

Die Windigkeit des Kurzlebigen ist das Gegenbild zur Würde des Dauerhaften. Das Kurzlebige schert sich nicht – oder: seine Produzenten scheren sich nicht – ums Haushälterische, um die Schonung von Rohstoffen und die Ersparnis von Energie. Der Verbrauch fördert den Umsatz, es geht rund, das ist die Hauptsache. Der soliden Ruhe des Dauerhaften steht die hektische Unruhe gegenüber, die das Kurzlebige verursacht, ja geradezu anstrebt.

„Ex und hopp“, jener Reklameschrei, mit dem seinerzeit –

es ist noch gar nicht so lange her – die Einwegflasche begrüßt wurde, war ja ein heiterer Reim auf das Vergnügen an der pulsierenden Unruhe des so ungemein fortschrittlichen Lebens. Anderwärts hieß es „Öfter mal was Neues“, weil die altfränkische Langsamkeit, mit der die Leute ihre Sachen verbrauchten, nicht ausreichte, um die Maschinen auszulasten. Die Eile als Lebensform, die zum Zeichen der Fortschrittlichkeit erhoben wurde und zugleich Fröhlichkeit, immerwährendes Vergnügen, Zuversicht signalisieren sollte, diese Eile bemächtigte sich auch der Warenwelt, in der manchmal schon die Kurzlebigkeit eines Gegenstandes als Ausweis für seine Zweckmäßigkeit galt. Eine frühe Ikone war das Papiertaschentuch, dessen Markenname „Tempo“ nicht von ungefähr zum Gattungsnamen wurde und die Zusammenhänge zwischen Eile, Modernität und Lebensfreude ablesbar macht.

Freilich kann das Hinfällige auch seinen eigenen Charme haben, die Leichtigkeit des Schwebenden, des nicht ganz Ernstgemeinten, nicht Endgültigen. Mit Bewunderung hören wir von den Papierwänden in japanischen Häusern und von Kunstblumen aus der hauchzarten Innenhaut von Hühnereiern. Am reinsten erscheint die Hinfälligkeit aber nicht in menschengemachten Gegenständen, sondern in natürlichen Erscheinungen wie dem Blütenblatt oder dem Spinnennetz. Die Würde, die das Dauerhafte ausstrahlt, ist im Hinfälligen anwesend als die Würde einer Gelassenheit, mit der das Vergehen hingenommen wird, weil die Wiederkehr verbürgt ist und ein nicht erschöpflicher Reichtum sich gerade darin andeutet, daß das Einzelne unbeständig bleibt.

So wie aber der Unverläßlichkeit des Kurzlebigen sein hinfälliger Charme gegenübersteht, so hat auch die Würde des Dauerhaften ihr Gegenbild, nämlich die Brutalität des Harten, Unzerstörbaren. Die Trutzburg erscheint anheimelnd, aber es gibt auch die Zwingburg: Die Betonkolosse der Atomkraftwerke veranschaulichen nicht unangreifbare

Würde und Gelassenheit, sondern sind bedrückende Zeichen einer Macht, die in mehr als einer Hinsicht über menschliches Maß hinausgeht und nicht so sehr Bewunderung als vielmehr Furcht erregt.

Unter den Händen zerbrechen uns die Klischees, die Bilder beginnen zu flimmern, eines verwandelt sich ins andere, wenn man sie zu fixieren sucht. Die Dauerhaftigkeit zeigt ihre dunklen Seiten, die Hinfälligkeit ihre hellen. Aber die verwirrenden Spiegelungen sind damit noch nicht vollständig beschrieben, sie treffen sich allesamt in einem Stoff, der wie kein anderer alles in sich vereinigt – die Hinfälligkeit, die Dauer, die Verläßlichkeit, die Heiterkeit, letztere freilich eher in einem grellen Sinne – Kunststoff also.

Der Stoff kam übrigens just zu der Zeit auf, als das Wort „Verbraucher“ in die Umgangssprache einging und sich dort als eine ganz ungeniert einengende Bezeichnung für den am Gemeinschaftsleben teilnehmenden Menschen einnistete. Wir sprechen ganz arglos vom „Verbraucher“, ohne daß uns das Rigide im Klang des Wortes stutzig macht, ohne daß wir wahrnehmen, wieviel darin an zerstörerischer Rücksichtslosigkeit mitschwingt. Möchte man einem Verbraucher wohl begegnen, muß man nicht Furcht haben, daß er einen verbraucht oder einem etwas wegnimmt, was er verbrauchen kann?

Natürlich sind das ganz unzeitgemäße Empfindsamkeiten. Das ändert aber nichts daran, daß die Empfindsamkeit ihren zureichenden Grund hat und das Wort Verbraucher sehr anschaulich ausdrückt, wie das Verbrauchen zum Lebensinhalt geworden ist, wie der Verbrauch exzessiv genossen und als unentbehrliches Antriebsmittel des modernen Lebens amtlich beglaubigt wurde.

Den nur zu gern folgsamen Verbrauchern wurde mit dem Kunststoff der Stoff geschenkt, der zugleich zum Verbrauch wie auch zum Symbol dieses Verbrauchs taugt. Natürlich wurde er ihnen nicht wirklich geschenkt, sondern wird ihnen portionsweise verkauft, aber als Prinzip ist er schon so etwas wie ein Geschenk: eine Idee, die plötzlich greifbar und verfügbar wird, für jedermann.

Außer Eßwaren kann man aus Kunststoff so ziemlich alles machen, seine Wandelbarkeit ist nahezu beliebig. Sie beruht darauf, daß der Kunststoff im Grunde nichts anderes als ein Teig ist; aus ihm kann man backen, was man will, Telefone und Schnuller, Folien und Schüsseln, Bilderrahmen und sogar Autos. Nur den Sinnen bietet er wenig, und wenn, dann kaum Gutes: Er läßt sich nicht wirklich schön einfärben, hat keinen guten Klang und gewährt dem Tastsinn nur, je nach dem Alterungszustand, das Erlebnis abweisender Glätte oder klebriger Staubigkeit.

Aber er hat Dauerhaftigkeit, er ist unverwüstlich in einem erschreckenden Sinne, er vergeht nicht, Bakterien fressen ihn lustlos und langsam, mit langen Zähnen gewissermaßen. Ein Stoff für Mutanten, die noch nicht gezüchtet sind. Das Dauerhafte verbindet sich mit dem Unschönen und repräsentiert die Dauer als einen technischen Alptraum, nicht als Kategorie des Lebens.

Selbst der Joghurtbecher, der ja nach dem Auslöffeln vollkommen überflüssig geworden ist, erfreut sich der Dauerhaftigkeit und hilft, samt all den anderen Nichtigkeiten aus Kunststoff, die Müllberge aufzublähen. So bleibt der Kunststoff ein Symbol der Dauerhaftigkeit auch dadurch, daß sein Müll unverwüstlich ist.

Das Paradoxon – und zugleich die Verbindung zum Prinzip des Hinfälligen – besteht aber darin, daß zahllose jener Gegenstände aus potentiell dauerhaftem Material gar nicht für die Dauer geschaffen sind, die ihnen dann als Nachteil anhaftet. Es sind gleichgültige, nebensächliche Gegenstände des Alltags, Verpackungen aller Art, Kugelschreiber, Feuerzeuge, Tassen, aus denen nur einmal getrunken wird, Gabeln, mit denen nur ein einziges Mal gegessen wird, Töpfchen, in denen sich gerade so viel Milch befindet, wie man für eine einzige Tasse Kaffee braucht. Daß all dies eine maßlose Vergeudung ist, ein Luxus, der zwar erschwinglich erscheint, mit der Beseitigung seiner Reste aber teuer bezahlt wird, das dämmert langsam. Die Not, noch Deponiestandorte zu finden, läßt erstaunliche Einsichten reifen, oder vielmehr: nötigt dazu, Einsichten in die Tat umzusetzen, die man von nüchternen Beobachtern schon vor zwanzig oder dreißig Jahren hören konnte.

Im Kunststoff also verbindet sich die Dauerhaftigkeit mit der Hinfälligkeit auf eine verquere und paradoxe Weise, das schöne Bild der Dauerhaftigkeit wird noch einmal verdüstert und das Bild der Hinfälligkeit wird undeutlich, wenn der Joghurtbecher zwar hinfällig im Sinne seiner Gestalt und seines Zweckes ist, aber dauerhaft bleibt, was den Stoff angeht, aus dem er gemacht wird.

Das alles sind nun keine bloß theoretische Erörterungen, keine selbstgenügsamen Definitionsmühen. Und ihr Nutzen erschöpft sich auch nicht darin, daß ein paar Begriffe genauer konturiert werden, die im Gebrauch ein wenig abgeschliffen worden sind und eher achtlos verwendet werden – Dauerhaftigkeit als Tugend, Hinfälligkeit als Schwäche.

Vielmehr hängen eben diese Begriffe ganz eng mit allem zusammen, was eine um ihren Fortbestand bangende Menschheit zu bedenken hätte. Denn was diesen Fortbestand gefährdet, ist ja die ungehemmte Erzeugung von Gegenständen, dauerhaften und hinfälligen, und jeder Plan zur Rettung wird neben vielem anderen auch stets beschreiben müssen, was und mit welchen Zielen und Zwecken produziert oder nicht mehr produziert werden dürfte und sollte.

In Genf gibt es seit einiger Zeit ein Institut de la Durée, ein Institut für Dauerhaftigkeit. Das klingt nach einer poetisch-literarischen Erfindung – oder auch nach einer satirischen in einer Welt, die auf das Verbrauchen gesetzt hat und aller Dauerhaftigkeit eher mißtraut. Aber das Institut gibt es wirklich, und dort denken ernsthafte Forscher sehr nüchtern und gar nicht poetisch über das nach, was sie in ihrer Sprache „Nutzungsoptimierung über längere Zeiträume" nennen.

Der schlichte Begriff der Dauerhaftigkeit wird hier analytisch zerlegt und neu definiert, und man sucht die Strategien, mit denen man sich der Dauerhaftigkeit in ihren verschiedenen Aspekten zunächst theoretisch nähern kann, um sie dann in Vorschläge für die Praxis zu übersetzen. Wobei zu Tage kommt, daß Dauerhaftigkeit nicht einfach Unverwüstlichkeit bedeutet.

Das ganz und gar Unverwüstliche wird nämlich irgendwann zum Fossil, es verliert, von wenigen Ausnahmen abgesehen, seine Brauchbarkeit. Denn erstens kommen Neuerungen auf, und zweitens ändern sich damit auch die Ansprüche, die an einen Gegenstand gestellt werden – an Häuser und Fahrzeuge und Kleidungsstücke und alles, was der Mensch sonst noch braucht. Das heißt, daß der Wert der Dauerhaftigkeit sich an diesen Ansprüchen und ihrem Wandel zu messen hätte, und daß die Dauerhaftigkeit in einem vernünftigen Verhältnis zu den Zeiträumen stehen muß, in denen sich ein Wandel der Wünsche vollzieht. Dauerhaftigkeit wird am Institut de la Durée so definiert:

„Das Ziel ist ein möglichst geringer Einsatz von Rohstoffen und Energie bei möglichst hohem Nutzen während möglichst langer Zeit."

Es wird hier eine Beziehung hergestellt zwischen Nutzen und Zeit einerseits, also der zweckmäßigen Haltbarkeit, und dem Produktionsaufwand andererseits. Da kann es Überraschungen geben, indem sich zum Beispiel herausstellt, daß ein kurzlebiger Gegenstand wirklich die vernünftigste Lösung ist, weil er minimalen Aufwand mit hohem Nutzen verbindet, während eine Verlängerung der Lebensdauer sich als verschwenderisch erweist, weil Pflege und Reparatur, über die ganze Lebenszeit des Gegenstandes gerechnet, sich zu einem hohen Aufwand summieren.

Das Papiertaschentuch zum Beispiel. Es erscheint luxuriös, für jedes Naseputzen ein Stück feinsten Zellstoffs zu verbrauchen. Niemand weiß aber, was denn herauskäme, wenn man einmal ausrechnete, wieviel Aufwand nötig ist, um ein Baumwolltuch zu weben, daraus Taschentücher zu nähen, diese nach jedem Gebrauch mit viel heißem Wasser und Waschmitteln wieder zu säubern und schließlich noch zu bügeln. Nicht ausgeschlossen, daß all dies weit mehr Wasser und Energie und Materie kostet, als wir uns träumen lassen, und daß demnach die entsprechende Menge von Papiertaschentüchern viel sparsamer ist.

Da zeigt sich, wie wenig wir eigentlich von den Lebensgeschichten der Gegenstände wissen. Es wird wohl zu den Aufgaben des Institut de la Durée gehören, solchen Lebensgeschichten nachzugehen und die „Lebensdauerkosten“ von Fahrrädern, Waschmaschinen, Wollsocken und Schreibtischlampen zu ermitteln.

Freilich kranken solche Rechnungen heute noch daran, daß nur die in Geld auszudrückenden Kosten in die Kalkulation eingehen, und da schneidet die Verschwendung oft besser ab als das haushälterische Verhalten. Was daran liegt, daß die wahren Kosten unseres Energieverbrauchs und der Ressourcenvergeudung in den Herstellungskosten gar nicht auftauchen. Vieles von dem, was uns bisher „billig“ erschien, ja, was wir als allen verfügbares kostenloses Gut ansahen, erweist sich in einer umfassenden Kalkulation des irdischen Haushalts als teuer. Die Rechnungen werden uns nach und nach präsentiert, in Gestalt der Kosten von Umweltverschmutzung, Müllflut, Grundwasservergiftung – vom Ozonloch nicht zu reden.

Ein anderes Beispiel dafür, daß Dauerhaftigkeit an sich nicht unbedingt ein Wert sein muß, sondern aufgewogen werden kann durch den dafür betriebenen Aufwand, ist die Energiesparbirne. Natürlich trifft es zu, daß sie unmäßig viel länger hält (und dabei sogar noch weniger Strom verbraucht) als eine herkömmliche Glühbirne. Aber dafür ist sie auch ein hochkomplizierter Apparat, dessen Erzeugung ein Vielfaches an Material und Energie erfordert, so viel, daß man schon geargwöhnt hat, und vielleicht mit Recht, daß letzten Endes gar keine Energie gespart, sondern nur ihr Verbrauch an eine andere Stelle, nämlich zur Herstellung hin, verschoben wird. Und schließlich muß die Energiesparbirne als „Sondermüll" entsorgt werden, weil sie Stoffe enthält, die nicht einfach in den Hausmüll dürfen. Da könnte sich die Dauerhaftigkeit als optische Täuschung und propagandistisches Blendwerk erweisen. Das Institut de la Durée wird, so darf man hoffen, der Sache auf den Grund gehen, indem es Haltbarkeit und Produktionsaufwand gegeneinander abwägt.

Wo sich ein Widersinn offenbart, wäre dann nach den Strategien zu suchen, mit deren Hilfe man die Vergeudung noch auf anderem Wege vermeiden kann, als nur durch Steigerung der Haltbarkeit. Ein erster Schritt könnte, so fand man in Genf, darin bestehen, daß man die Gegenstände weit mehr als bisher aus Elementen zusammenfügt – Module heißt das in der Fachsprache – die einzeln ausgetauscht werden können, wenn eines nicht mehr funktioniert. Es wäre Sache der Konstrukteure, dieses Prinzip der Austauschbarkeit noch viel weiter zu entwickeln – vielleicht sogar so weit, daß auch Gegenstände des täglichen Gebrauchs, die derzeit als nicht reparierbar gelten (und möglicherweise mit Fleiß daraufhin entworfen sind, daß man sie nicht reparieren kann), doch auch wieder dem Laien die Chance geben, sie wiederherzustellen, statt sie wegzuwerfen.

Eine Art von Reparatur wäre es auch, die Farbbänder von Schreib- und Rechenmaschinen, deren Spulen und Farbträger ja durchaus dauerhaft sind, wieder einzufärben, wozu es freilich irgendeiner kleinen technischen Hilfe bedürfte, die uns noch niemand erfunden hat – ja, es gibt nicht einmal mehr die Farbe dafür, weil so etwas wie das Nachfärben von Farbbändern einfach nicht zum flotten Stil des Fortschritts paßt, der alles, was nach Kleinlichkeit riechen könnte, als hinderlich erscheinen läßt. Erst im Rückblick wird uns ja bewußt, mit welcher naiven Jubellust dieser Fortschritt zelebriert worden ist. Die Heizung aufzudrehen und, wenn es denn zu warm im Zimmer wurde, das Fenster aufzureißen – das galt als Inbegriff komfortabler Lebensführung . . .

In der Liste der Dauerhaftigkeits-Strategien des Genfer Instituts folgt als nächste die Wiederverwendung der Produkte auf einer niedrigeren Ebene mit geringeren Ansprüchen, also zum Beispiel der Verkauf einer schadhaften Kaffeemühle auf dem Flohmarkt, wo sie noch einen Käufer findet, der imstande ist, sie zu reparieren und ein paar Jahre weiterzuverwenden. Eine organisierte Wiederverwendung gibt es bei der Mehrwegflasche, diesem ehrwürdigen Relikt aus alten Tagen sparsamer Haushaltführung, und überhaupt sind es Behältnisse aller Art, für Flüssiges und Festes, deren Wiederverwendung ihnen Dauer verleihen könnte, oft ohne jeden anderen Aufwand als nur den: daß man den lächerlichen Anspruch fallen läßt, jedes und jedes Ding müsse sein nur ihm zustehendes Behältnis haben.

Schlichte Verfahrensweisen wie die hier erwogenen werden gewöhnlich erst ernstgenommen, wenn jemand ein prägnantes Schlagwort dafür gefunden hat, besser noch: ein Fachwort. So prägten die Genfer Dauerhaftigkeitsforscher den Begriff der „Nutzungskaskaden“, die alles umfassen, was sich mit einem Gegenstand, wenn man nur richtig nachdenkt, bei nach und nach sinkenden Ansprüchen an ihn überhaupt machen läßt, – wobei freilich das Paradebeispiel für eine Nutzungskaskade, das einer der Leiter des Instituts publiziert hat, jeden Eisenbahnkundigen eher zum Lachen reizen wird: Eine Schnellzugslokomotive, so meint Direktor Stahel, könne, wenn sie als solche nicht mehr brauchbar sei, immer noch für Güterzüge verwendet werden und schließlich als Rangierlokomotive enden. So einfach ist Dauerhaftigkeit wohl nicht zu haben.

Eher überzeugt da schon das Fachwort „Flottenmanagement“, welches besagt, daß es unter dem Leitgedanken des größten Nutzens über die längste Zeit bei geringstem Aufwand sinnvoll sein kann, daß nicht jeder, der einen Gegenstand braucht, ihn deshalb auch anschaffen muß; vielmehr genügt es, wenn ein anderer eine „Flotte“ bereithält, über die nach Bedarf verfügt werden kann – eine Flotte von Autos zum Beispiel, oder eine solche von Rasenmähern oder Kettensägen.

Womit einer zweitausend Jahre alten Feststellung des griechischen Philosophen Aristoteles gewerbliches Leben eingehaucht würde, die man bei Stahel zitiert findet: „Im ganzen liegt das Reichsein viel mehr im Gebrauche als im Eigentum.“

So führt das Nachdenken über die Dauerhaftigkeit nicht nur in eine Zukunft, in der es anders zugehen müßte als heutzutage, sondern auch in eine Vergangenheit, die zwar Luxus und Verschwendung kannte, aber noch nicht öffentlich als Motor eines florierenden Wirtschaftslebens propagierte und auch aus äußeren Gründen noch nicht imstande gewesen wäre, mit bloßer Völlerei die ganze Erde zunächst zu infizieren und dann zu zerstören.

Am äußersten Rand des Nachdenkens über die Dauerhaftigkeit finden wir dann das Recycling, das nun freilich nicht die Nutzungsdauer eines Gegenstandes verlängert, aber doch die Materie erhält, aus dem er gemacht worden ist. Eigentlich ist das Recycling eine andere Form der Rohstoffgewinnung, als solche natürlich mit erheblichem Energieaufwand verbunden, der in vielen Fällen so hoch ist, daß er die Rückgewinnung unsinnig erscheinen läßt. Die Trennung von Bestandteilen, mit denen der Rohstoff in seiner Lebenszeit als Produkt verbunden war, ist in jedem Fall ein chemisch oder physikalisch aufwendiges Verfahren, dessen Tücken sich übrigens gerade dort am deutlichsten offenbaren, wo man es am dringlichsten angewendet sehen möchte: beim Kunststoff. Ein vernünftiges Kunststoff-Recycling ist, wenn überhaupt, nur möglich unter der kaum zu erfüllenden Voraussetzung, daß das Rohmaterial von einerlei Stofflichkeit ist. Kunststoffe kann man nicht legieren – und wo es zur Not möglich ist, da mag man aus der Müllmischung Parkbänke und Zaunpfosten gießen können, aber sie sind dem schnellen Zerfall unterworfen und bilden dann, indem sie sich langsam verkrümeln, eher eine neue Form der Verschmutzung als einen Ausweg aus der Not des Kunststoffmülls.

Manche der erwähnten Versuche, die Dauerhaftigkeit zu vergrößern, erweisen sich, wenn man genauer hinsieht, als Versuche, die Wandelbarkeit zu perfektionieren. Denkt man dies bis ans äußerste Ende weiter, so könnte es für viele Dinge unseres Lebens bedeuten: sie hinfälliger zu machen, damit sie um so leichter umzuwandeln sind. Für andere freilich würde immer noch gefordert sein, daß man sie massiv und rechtschaffen erzeugt, damit sie ewig leben, ohne je der Reparatur bedürftig zu sein. Alles hängt von den Lebensgeschichten der Dinge ab, von den Kosten und Mühen, die ihre Erhaltung macht. Das ist die Kernfrage, und in diesem Punkt ist das Nachdenken und Nachrechnen noch nicht so weit gediehen, daß wir auch nur von irgendeiner Sache der Welt ganz verläßlich zu sagen vermöchten, wie sie beschaffen sein müßte, um den Kriterien des größten Nutzens über die längste Zeit bei geringstem Aufwand zu genügen.

Vor allem aber stehen den Bemühungen um Dauerhaftigkeit derzeit noch drei Hindernisse im Wege. Das erste ist die Nötigung, innerhalb eines Wirtschaftssystems, das so ist, wie es ist, einen möglichst hohen und möglichst noch weiter steigenden Umsatz zu machen. Es mag ja sein, daß die „geplante Obsolenz“, also die vorsätzliche Minderung der Haltbarkeit durch den Hersteller, über die man viel diskutiert hat, tatsächlich ein eingebildetes Übel ist, wie manche behaupten. Doch bleibt es eine Tatsache, daß Fabrikanten vom Fabrizieren leben und um so besser leben können, je öfter man ihnen etwas abkauft. In diesem Ziel treffen sie sich – und das ist das zweite Hindernis für Dauerhaftigkeit – mit den Konsumenten, die gar nicht darauf aus sind, den Tisch fürs Leben – und noch weniger: den Mantel fürs Leben – zu kaufen, denen vielmehr der Verschleiß den hochwillkommenen Vorwand liefert, Abwechslung ins Leben zu bringen. Im Moden-Wechsel spielen Konsumenten und Produzenten ein abgekartetes Spiel miteinander, und zwar mit einem Vergnügen, demgegenüber ein Plädoyer für Dauerhaftigkeit als reine Spielverderberei erscheinen muß.

Das dritte Hindernis schließlich liegt darin, daß gerade die aufwendigsten Erzeugnisse der modernen Technik, vom Durchlauferhitzer bis zum Auto, vom Fernsehgerät bis zum Computer, immer noch weiter und weiter entwickelt werden, so daß Dauerhaftigkeit hier zugleich einen Verzicht auf Verbesserungen bedeuten würde. So ist zum Beispiel der Luftwiderstand der Automobile, der ja für den Treibstoffverbrauch von großer Bedeutung ist, in den zwei Jahrzehnten von 1970 bis 1990 auf die Hälfte vermindert worden, – ein technischer Fortschritt, der, wie zahllose andere, seine wohltätige Wirkung auf Atemluft und Ölverbrauch nur bei öfterem Modellwechsel entfalten konnte. Freilich ist der Verdacht nicht von der Hand zu weisen, daß man mit manchen dieser Neuerungen auch gern hinterm Berge hält.

Es greift da eines ins andere, und auch im Institut de la Durée weiß man, daß die Bemühungen um Dauerhaftigkeit zwar hochnötig sind, wenn man am desolaten Zustand der Erde doch noch etwas ändern will, daß die Produzenten und Konsumenten indessen eher lustlos darauf reagieren, abgesehen von spielerischen Phänomenen wie der Beliebtheit der Flohmärkte und Second-Hand-Geschäfte (soweit sie nicht der schieren Armut etwas aufhelfen) oder von nostalgischen Anwandlungen, denen zufolge etwa die batteriebetriebene Eieruhr gern wieder durch eine sandgefüllte ersetzt wird – aber dies eben nur deshalb, weil der rinnende Sand etwas unbestimmt Anheimelndes hat, und nicht, weil die Sanduhr geradezu exemplarisch die Kriterien des Institut de la Durée erfüllt.

Die Dauerhaftigkeit, die wir als Tugend ansehen und die bei näherer Betrachtung ebenso ihre Schwächen zeigt wie die Hinfälligkeit ihre Stärken, erweist sich, wenn wir wieder einen Schritt zurücktreten, als Bild für unseren Wunsch nach Dauerhaftigkeit des Lebens, der Erde.

Da käme es wohl darauf an, in einem umfassenden (nicht nur die Gegenstände, sondern die ganze Stofflichkeit der Erde betreffenden) Sinne dem Prinzip der Nachhaltigkeit Geltung zu verschaffen, das aus der Forstwirtschaft stammt und besagt, es dürfe nicht mehr entnommen werden, als zugleich auch wieder nachgepflanzt wird. Es müßte demnach jener Form der verwüstenden Auszehrung, die wir gegenwärtig so exzessiv und ohne Skrupel betreiben, ein Ende gemacht werden.

Das ist gewiß nicht durch die Mehrfachnutzung von Schnellzuglokomotiven zu erreichen. Es hieße vielmehr, über die

Dauerhaftigkeit von Gegenständen und die Hinfälligkeit von Papiertaschentüchern ganz neu nachzudenken, unter Berücksichtigung ihrer Lebensgeschichten und ihres Einflusses auf die Gesamtbilanz. Es könnte sein, ja es ist so gut wie sicher, daß sich unter diesem Aspekt ein sehr großer Teil unserer Zivilisation als schlechterdings unerlaubt herausstellt und die Sparsamkeit als solche noch gar nicht ausreichend, sondern erst der Verzicht als eine angemessene Konsequenz aus der Endlichkeit der Ressourcen.

Das Institut de la Durée erscheint da wie ein erster Vorentwurf für ein weit größeres Institut, dessen Gründung so dringlich wäre wie kein anderes Projekt der Welt und zugleich so fern erscheint wie eben die Einsicht fern ist, daß man dem Ziel der Dauerhaftigkeit der Erde nur auf dem Weg über die Beschränkung ihrer Nutzung näherkommt, was immer dies an Folgen für unser Wohlleben nach sich ziehen mag. Die Bedrohungen durch unsere Zivilisation sind nicht allein dadurch abzuwenden, daß man die Apparate reparaturfreundlicher macht, die Computerpapiere zu Wellpappe verarbeitet und die Joghurtbecher zu Parkbänken. Die technische Zivilisation ist als solche nicht reparabel, es hilft nicht, in ihr ein paar Module auszutauschen, und auf dem Flohmarkt wird man sie auch nicht los. Für die Dauerhaftigkeit der Erde gibt es nur die Gewähr des Verzichts.

Reden und Schreiben

Verfaxt und vernetzt:

Über Erreichbarkeit als Verfügbarkeit

Kaum war Goethe gestorben, da nahm die moderne Welt ihren Lauf: Elf Jahre nach Goethes Tod, 1843, ließ sich der Schotte Alexander Bain das erste Faxgerät patentieren, dreißig Jahre vor dem ersten Patent auf das Telefon.

Bains Faxmaschine hieß „Semaphor" und zerlegte die Vorlage (die allerdings aus metallenen Lettern aus dem Setzkasten bestehen mußte) mit Hilfe eines Abtaststiftes linienweise in schwarze und weiße Segmente, sandte die entsprechenden Signale als Stromstöße an das Empfangsgerät, dessen Schreibstift auf einem präparierten Papier wieder das abgetastete Muster erzeugte: ein Faksimile, ein „ähnlich Gemachtes", ein Fax also in der barschen Sprache der Kommunikationstechniker.

Zwanzig Jahre später gab es die erste semaphorische Standleitung zwischen Lyon und Paris, und dann wurde das Verfahren laufend verbessert, bis hin zur Faxmaschine des deutschen Physikers Arthur Korn, der im Jahre 1906 unter anderem ein in Linien zerlegtes, aber sehr getreues Konterfei des deutschen Kronprinzen durch die Drähte jagte.

Ungefähr sechzig Jahre später, als die ersten Faxgeräte heutiger Bauart aufkamen, wurden sie von einer Illustrierten im Rahmen eines Quiz zum 1. April vorgestellt: Gab es das wirklich oder gab es das nicht, die Zeichnung, die am einen Ende in die Maschine gefüttert und am anderen Ende der Telefonleitung von einer anderen Maschine wieder ausgespieen wurde?

Viele haben damals an einen Aprilscherz geglaubt und damit den Erfindungsreichtum der Techniker gröblich unterschätzt. Inzwischen ist das Faxgerät immer billiger geworden und hat sich folglich immer schneller verbreitet. Natürlich verbreitet es sich nicht von selbst, so weit ist es mit den elektrischen Geräten gottlob noch nicht gekommen, – es wird verbreitet von denen, die es kaufen, anschließen und sich dann vor die Walze setzen, um ehrfürchtig und ungeduldig auf ihr erstes Fax zu warten.

Geräte wie dieses haben ja, zumindest am Anfang, einen hohen Unterhaltungswert, sie verleiten, abseits ihrer ernsten Zweckbestimmung, zu Spiel und Spaß und heiterer Bewunderung, und über unerbetene Reklame beginnt man sich erst zu ärgern, wenn einem zum ersten Mal zu Bewußtsein kommt, daß man das Papier dafür selbst bezahlt.

So liegt denn auch der erste Anstoß zum Erwerb eines Faxgerätes gar oft in dem Wunsch nach einem neuen Spielzeug, auch: in einem unbestimmten Trachten, mit den modernen Errungenschaften, die stets als Erleichterung des Lebens angepriesen werden, Schritt zu halten. Die Designer, Verpackungskünstler, welche selbst einem elektrischen Stuhl noch ein angenehmes Äußeres verpassen würden, wenn man sie nur fragte, tun das Ihre, um jeden neuen Apparat zu einem schönen Geschenk zu stilisieren, so daß jede Anwandlung von Ekel, die einen vor dem Apparativen an sich befallen könnte, sich in ästhetisches Wohlgefallen auflösen muß.

Inzwischen ist es schon dahin gekommen, daß man sich mit dem Bekenntnis, man habe kein Faxgerät, die mehr oder weniger deutliche Mißbilligung derer einhandelt, die eines haben und die es deshalb als schiere Obstruktion werten, daß man ihrem Faxgerät das Gegenstück, ohne welches jenes nichts ist, vorenthält: Man hindert sie daran, einem etwas zu faxen, und man verringert die Zahl derjenigen, bei denen sie ein Fax einfordern können. Man frustriert sie, und sie lassen es einen merken und lauern auf die Gelegenheit, demonstrieren zu können, daß uns solche Rückständigkeit zum Schaden gereicht.

Wer ein Faxgerät erwirbt, ist von Stund an schutzlos: Das Gerät piept, und ganz unabhängig davon, ob jemand zu Hause ist oder nicht, ob er empfangen will oder nicht, – es beginnt auf eine ganz eigene Weise zu rattern, so, als ob ein Roboter sich räuspert, und während es sich noch räuspert, würgt es aus seinem Walzenmund einen Brief aus, ohne daß man etwas dazu tun muß oder es verhindern kann.

Und da liegt dann das Fax und starrt einen an. Es ist vielleicht wirklich ein Brief, vielleicht auch ein Angebot, den Hausrat gegen Sturm und Feuer zu versichern, oder die Aufforderung, irgendwelche Informationen herüberzufaxen, möglichst heute noch.

Fast immer haben Faxe Aufforderungscharakter, man soll etwas entscheiden oder bearbeiten, soll Antwort geben, und der Absender weiß genau, daß die Aufforderung jetzt bei uns angekommen ist. Dahin ist die Ausrede, es müsse sich diese Aufforderung vielleicht noch auf dem Postwege befinden.

Glaubwürdigen Berichten zufolge gibt es Faxer, die, wenn sie nach einer halben Stunde immer noch ohne Antwort sind, an eine Störung in ihrem Gerät glauben und das Ganze noch einmal faxen – dies wahrlich nicht die einzigen Anlässe, bei denen etwas absolut Überflüssiges gefaxt wird, – denn das Faxgerät hat eine ganz neue Form der Geschwätzigkeit hervorgebracht, den Wust der Informationen noch um den Wisch vermehrt, den man dem anderen hinwirft, nur so und weil es so einfach ist.

Die Tatsache, daß das Fax schon im Augenblick des Faxens

seinen Empfänger erreicht, entspricht genau dem Ziel, das die Erfinder seit Alexander Bain mit ihren Erfindungen verfolgten und das überhaupt ein prinzipielles Ziel aller kommunikationstechnischen und verkehrstechnischen Erfindungen von Anbeginn ist – dem Ziel der Simultaneität. Alles soll zu jeder Zeit an jedem Ort zugleich sein können, die Informationen, die Gegenstände, die Menschen, alles soll mit einem Fingerschnipsen im Hastdunichtgesehen von hier nach dort versetzt werden können und von dort nach hier geholt, just-in-time, hokuspokus, Telekinese. Der Raum soll verschwinden, die Zeit, die zur Überwindung des Raumes gebraucht wird, auf ein Nullkommanichts zusammenschrumpfen.

Nachdem die Simultaneität längst in vielen Zusammenhängen Wirklichkeit geworden ist, zeugt es von ganz unzeitgemäßer Gemächlichkeit, wenn jemand hinter vorgehaltener Hand darüber zu klagen wagt, daß der anheimelnd langsame Postweg faxend verlassen und die kürzeste, die „real time"-Verbindung hergestellt wird. „Technophobie" ist noch die mildeste Diagnose, die dem Faxmuffel gestellt wird, und eigentlich ist er nur lächerlich.

Nicht einmal der Hinweis, daß etwas so ungemein Schwieriges wie die Mondlandung geglückt ist, längst bevor es Faxgeräte gab, läßt die Faxfreunde an der Unentbehrlichkeit ihrer Gerätschaften zweifeln.

Es verhält sich aber so, daß die Verwirklichung des Ideals der Simultaneität, je weiter es damit kommt und so erwünscht und zweckmäßig sie in manchem Einzelfall sein mag, doch in vielen anderen Fällen den Tatbestand der Nötigung erfüllt:

Während in Vorfaxzeiten manche Vorgänge durch die Postzustellung genau in dem Maße verlangsamt wurden, das der menschliche Geist oder die zivile Organisationsweise braucht, um eines nach dem anderen in der richtigen Reihenfolge zu bewältigen, ist jetzt mit dem schnellen Faxen und dem ganz ungehemmten Austausch von Schriftstücken aller Art die Möglichkeit – und damit zugleich die Nötigung für den Empfänger gegeben, diese Unterlagen alsbald zu bearbeiten und das Ergebnis zurückzufaxen.

Es ist das alte Muster, daß die technische Möglichkeit sogleich die Unvermeidlichkeit nach sich zieht, und auch das andere Muster: daß mit jeder Ersparnis von Zeit eine Eile, eine Bedrängnis ins Spiel kommt, welche die Zeitersparnis wieder zunichtemacht, weil ja die eingesparte Zeit dann zur Bearbeitung der neu eintreffenden Faxe genutzt werden muß. Fax heißt: Allzeit bereit! und ist zeiträuberische Erpressung, die den Aufschub nicht mehr duldet. Aus der Erreichbarkeit folgt, unter der Hand, die Verfügbarkeit des Empfängers.

Je abhängiger einer ist – abhängig von Auftraggebern oder vom Florieren seiner Geschäfte, um so eher kann er in die Lage geraten, daß er der Anschaffung eines Faxgerätes zustimmen muß. Es versteht sich von selbst, daß er damit seine Abhängigkeit noch weiter verstärkt: Die Dehnung der Zeit zum Zwecke des Lebens an sich wird immer wirksamer unterbunden – das ist nichts grundsätzlich Neues, aber doch eine neue Quantität des Verlustes, und daran ändert auch der Umstand nichts, daß der Verlust, spielerisch und folgsam, als Gewinn verstanden wird.

Gleichzeitig mit dem Faxgerät verbreitet sich noch eine weitere neue Form der Erreichbarkeit. „Erreichbarkeit, die man europaweit immer dabei hat“, nennt es die Werbung, und Mobilfunk heißt es offiziell, was einen aggressiven Unterton hat, es treibt an, macht Dampf und drängelt.

Der Mobilfunk tritt an die Stelle des Piepsers in der Hosentasche, der die Leute, wo immer sie sich gerade befinden, dazu veranlaßt, zur nächsten Telefonzelle zu eilen und eine bestimmte Nummer anzurufen. Das Verfahren ist vielfach perfektioniert und miniaturisiert worden, die Uhr am Handgelenk, die die anzurufende Nummer zeigt, schon weithin in Gebrauch, der just-in-time-Mensch in schneller Evolution begriffen.

Was den Mobilfunk angeht, so wird das „Netz" gegenwärtig durch die Errichtung zahlreicher Sende- und Empfangsstationen immer enger geknüpft, dieses Netz, das den in ihm Befindlichen jederzeit erreichbar, jederzeit verfügbar macht. Der Vergleich mit einem Gefangenen ist nicht an den Haaren herbeigezogen, denn in Amerika gibt es Strafgefangene, die mit der Auflage frei herumlaufen dürfen, daß sie stets einen Sender bei sich tragen, der ihren Aufenthaltsort an die Zentrale meldet – im Prinzip etwas ganz Ähnliches wie der Mobilfunk. So wie auch die Wildhüter in Zimbabwe die gefährdeten Spitzmaul-Nashörner, denen man einen Sender implantiert hat, jederzeit orten können.

Wo es nicht um Nashörner, sondern um Menschen geht, da preist die Werbung das Mobilfunkgerät mit dem Slogan an: „Daß mir 390 Gramm das Leben so viel leichter machen können, hätte ich nicht gedacht!", und der dies sagt, ist ein sehr schicker und offensichtlich erfolgreicher junger Herr, welcher mit einer schönen und jubelnden Dame im Autoscooter sitzt, das Mobilfunkgerät am Ohr, die Antenne nach hinten gerichtet, was so aussieht, als werde er ferngesteuert. Der Herr befindet sich, wie die Anzeige vermerkt, in seiner Mittagspause auf der Kirmes und hat dabei kein schlechtes Gewissen. Er ist ja erreichbar, bleibt verfügbar, trotz der Mittagspause, deren eigentlicher Sinn ja gerade darin besteht, daß man nicht erreichbar, geschweige denn verfügbar ist.

Aber so sind sie, die erfolgreichen Herren: Es erhöht ihren Pausengenuß noch, daß sie erreichbar bleiben, und würde man ihnen das Mobilfunkgerät wegnehmen, so würde sie die Angst packen; denn hinter dem abwegigen Wunsch, auch in der Mittagspause auf dem Autoscooter erreichbar zu sein, steckt ja die schiere Angst – Angst davor, daß es gegen einen gehen könnte, wenn man nicht erreichbar ist, ja, daß man untergehen, herauskatapultiert werden könnte, wenn man nicht verfügbar bleibt. Diese Angst gebiert die Sucht, alle Mittel, also auch die der Telekommunikation, stets in der neuesten, vollkommensten Form zu nutzen, sich verfügbar zu halten in der effektivsten möglichen Weise – womit sich ja auch das erhebende Erlebnis verbindet, mit jedem Piepen des Mobiltelefons und jedem Rattern des Faxgeräts das eindeutige Signal zu empfangen, daß man gefragt ist. Was dann auch die Umstehenden nicht überhören können: Nicht nur für den Herrn auf dem Autoscooter hat das Mobiltelefon doch wohl auch die Funktion eines Symbols von Wichtigkeit und Stand.

Ganz ununterscheidbar mischt sich hier die platte Eitelkeit mit der spielerischen Lust am immer auch zauberhaft erscheinenden Telekommunizieren, mit der Angst, etwas zu verpassen oder übergangen zu werden, mit dem Vergnügen daran, daß dies hörbar nicht der Fall ist, solange die Geräte fiepen und speien, mischt sich schließlich mit der Nötigung, bereit zu sein und eine Fremdbestimmung hinzunehmen, bei der es nur eines Tastendrucks bedarf, um sie in Gang zu setzen, und nur einer Box, um die Befehle zu speichern.

Auch für denjenigen, dem bei solchen Machenschaften nicht gleich der Große Bruder einfällt, müßte das Bedrängende, das Unentrinnbare dieser Art von Simultaneität spürbar werden – aber die allfälligen sanften Bedenken werden sogleich erschlagen von ebenso zutreffenden wie nichtssagenden Erklärungen: Dies alles sei doch ungemein praktisch und zeitsparend, geradezu unentbehrlich, und ein paar Nachteile müsse man in Kauf nehmen.

Die Bagatellisierung redet weg und will übersehen, daß für das Praktische ein Preis gezahlt wird. Er besteht in der neuerlich gesteigerten Verletzbarkeit der privaten Sphäre, in der noch einmal gesteigerten Macht der anderen, zu verfügen, einzugreifen, anzufordern. Wieder ein wenig mehr sind Menschen genötigt, zu funktionieren, und wieder sind daran die Apparate beteiligt, die das durch ihr bloßes Vorhandensein erzwingen.

Es verhält sich mit den Apparaten ja so, daß sie, einmal installiert, zu Machtinstrumenten mutieren, und der Übergang dahin wird erleichtert und verhüllt, indem sie zunächst eine Entlastung bieten, von der sich erst später herausstellt, daß sie mit neuer, anderer Last erkauft werden muß. Die Telekommunikation, schmeichlerisch gepriesen als ein Fortschritt, der es dem leitenden Angestellten erlaubt, in der Mittagspause Autoscooter zu fahren, ist von dieser Art, und wenn die Widerrede dagegen lächerlich erscheint, dann zeigt just dies am genauesten die Gefährlichkeit der Lage; denn niemand ist der Gefahr so wehrlos ausgesetzt wie der, der sie gar nicht sehen will und den Hinweis darauf zum Lachen findet.

Abschied von der Schreibmaschine oder Das Ende einer Kulturtechnik

Zweihundertundfünfzig Quadratmeter mißt das Dachgeschoß in Hamburg-Altona, welches der Senat der Hansestadt als Zufluchtsort für Schriftsteller eingerichtet hat. Zwanzig Angehörige der schreibenden Zunft können dort, weit weg vom Lärm der Nachkommen und der Waschmaschinen, ihrer Arbeit nachgehen.

„Writer's Room" heißt die Dichterwerkstatt, und in Paris müßte man für den Anglizismus ein Bußgeld bezahlen, während man bei uns schon als Nationalist verdächtigt wird, wenn man es einfach nur albern findet, daß deutschsprachige Schriftsteller in einem „Writer's Room" schreiben.

Die Vorstellung von 20 Dichtern, die da beieinander hocken und auf ihren Schreibmaschinen klappern, ist grauenerregend, aber die Wirklichkeit ist noch schlimmer. Im Writer's Room stehen nämlich keine Schreibmaschinen, sondern man hat den Dichtern Computer hingestellt, mit Anschluß ans Internet, was immer das fürs Dichten erbringen mag. Die Dichter klappern also nicht auf ihren Schreibmaschinen, sondern ihre Hände fliegen über die Computertastatur, und sie sitzen nicht an kleinen Tischchen über ihre Werke gebeugt, sondern kerzengerade auf ergonomischen Stühlen vor ihren Aquarien, in denen die Buchstaben heranschwimmen. Von Zeit zu Zeit brummt der Drucker und speit ein Blatt aus, falls das Opus nicht gleich als Diskette an den Verlag geht.

Mit der Schreibmaschine ist es vorbei, genauer: mit der mechanischen Schreibmaschine ist es vorbei, denn natürlich gibt es trotz Computer noch jene kleinen elektronischen Schreibmaschinen, von denen die Prospekte etwas wegwerfend mitteilen, sie seien zum Erstellen von Schriftstücken geeignet, womit wohl eher Mahnbriefe und ähnlicher Kleinkram gemeint sind. Der Umsatz mechanischer Schreibmaschinen sinkt rapide gegen Null und wird weiter sinken, nachdem nicht einmal die Entwicklungshelfer, die in den Urwald gehen, auf eine batteriebetriebene elektronische Ausstattung verzichten mögen, wiewohl doch gerade im Urwald die handbetriebene Mechanik sehr nützlich sein könnte, von der Umweltfreundlichkeit gar nicht zu reden.

Aber selbst jene, die über Technikmüll und Energieverschwendung schreiben, tun dies heutzutage auf einem Computer, und wenn man ihnen sagen würde, daß die Energiebilanz einer vierzig Jahre alten Gabriele unmäßig viel besser aussieht, würden sie verständnislos dreinschauen, denn sie wissen gar nicht mehr, wer Gabriele ist.

Zweierlei wird demjenigen entgegengehalten, der bei seiner Gabriele bleibt: Erstens sei die körperliche Anstrengung beim Computer um Größenordnungen geringer, es sei vorbei mit der Schwerarbeit, unter der die Verfasser der Weltliteratur in den hundert Jahren seit Einführung der Schreibmaschine ja so unsäglich gelitten haben. Und zweitens könne man Korrekturen am Text vornehmen, ohne diesen noch einmal und gar noch einmal abschreiben zu müssen.

Friedrich Nietzsche (der noch alles mit der Hand schrieb) hat zu solchen Geschenken des Fortschritts gesagt, man müsse ihren Wert an dem messen, was dafür in Verlust gerate. Natürlich gilt das auch für den Computer:

Mit der Abschaffung der körperlichen Arbeit beim Betrieb einer mechanischen Schreibmaschine verliert der Schreiber zugleich den letzten Rest von sinnlichem Bezug zum Vorgang des Schreibens. Die Mühelosigkeit, mit der die Buchstaben auf den Bildschirm gezaubert werden, läßt nicht mehr wirklich spüren, was es heißt, Buchstaben zu schreiben und zu Wörtern und Sätzen zu fügen. Der kleine Widerstand der Typenhebel, die fühlbar direkte Beziehung zwischen dem Fingerdruck und dem geschriebenen Buchstaben, der hörbar fließende oder stockende Takt der mechanischen Arbeit, die Beteiligung des Körpers an der Entstehung des Werkes – das alles geht verloren.

Da werden die Sekretärinnen höhnen, sie könnten leicht verzichten auf eine Beteiligung des Körpers, die doch nur zu Sehnenscheidenentzündung führe. Ihnen sei denn auch jede mögliche Form von Erleichterung herzlich vergönnt, – wenngleich zu fürchten ist, daß eben diese Erleichterung und das Ausbleiben der Sehnenscheidenentzündung es ihrem Körper nur schwerer macht, irgendwie zu signalisieren, daß er die Sklavenarbeit leid ist, – aber er wird schon eine andere Möglichkeit finden.

Im übrigen bliebe noch zu prüfen – und es sind schöne Experimente dazu denkbar –, welchen bis jetzt nur zu erahnenden Einfluß die beim Computer fast restlos beseitigte Verknüpfung des Denkens mit der Motorik auf den Schreiber und auf das Geschriebene hat, – im „Writer's Room" so gut wie in jedem Büro. Das Schreiben ist eine Kulturtechnik, die man nicht ohne Folgen all ihrer Bezüge zum handfesten, spürbaren Tun entkleiden kann.

Ein Indiz für solche Folgen ist die unbestreitbare Tatsache, daß Computertexte, eben weil sie so widerstandslos entstehen, die Tendenz zeigen, in die Breite zu gehen, zu zerfließen, weitläufig geschwätzig zu werden. Zusammenhänge verkommen im Wortbrei, Beliebigkeiten bauschen sich auf, rote Fäden kommen abhanden, und die Schnelligkeit und Leichtigkeit, mit der man die Wörter fließen lassen kann, führt dazu, daß man sie fließen läßt, ehe man sie recht bedacht hat. Die leichte Hemmung, die in die Schreibmaschine gewissermaßen eingebaut ist, bringt keinen Reibungsverlust, sondern einen Reibungsgewinn, und die technische Erleichterung durch den Computer erleichtert vor allem: das Geschwätz.

Der andere Vorteil des Computers soll darin bestehen, daß man den Bildschirmtext leicht und schnell korrigieren kann. Wohl wahr, – aber der Text, der wieder und wieder punktuell verändert worden ist, ist damit noch kein besserer Text geworden, im Gegenteil: Flickwerk, gemessen an den Texten, die auf altmodische Weise durchgearbeitet wurden wie ein Teig. Der niederländische Schriftsteller Frans Pointl beschreibt das so:

„Wenn ich ein oder zwei Seiten auf der Schreibmaschine geschrieben habe, korrigiere ich sie mit Bleistift und schreibe sie noch einmal ab. Das wiederhole ich bis zu zwanzig Mal, und es ist manchmal zum Verrücktwerden, aber der Vorteil dieses Verfahrens ist, daß ich beim Abschreiben merke, daß auch andere Stellen noch korrigiert werden müssen. Das ist altmodisches Handwerk und es kostet viel Zeit, aber es geht ja schließlich um das Resultat."

Ihm, dem Frans Pointl, geht es ums Resultat. Aber vielen anderen, die den Computer preisen, geht es nicht um das makellose Resultat, sondern um ein Resultat, und das soll schnell und mit möglichst geringem Aufwand erzeugt werden. Daß die Mühe, die man auf etwas verwendet, etwas mit der Qualität zu tun haben könnte, die man erreicht, das ist fürwahr ein altmodischer Gedanke.

Außer punktuellen Korrekturen erlaubt der Computer auch etwas, was bei Schreibmaschinentexten allenfalls mit Hilfe von Schere und Klebstoff bewerkstelligt werden kann, nämlich die Umstellung ganzer Sätze und Absätze, das freie

Hantieren mit Textblöcken also. Daß dann oft die Anschlüsse nicht mehr stimmen, daß der umgestellte Text sich an den Rändern der neuen Umgebung reibt und ein Bruch dort bleibt, wo er vorher stand, das übersieht der Schreiber um so leichter, als ja die Computerschrift auf dem Bildschirm immer eine Art von Vollkommenheit suggeriert. Die technische Makellosigkeit läßt den kritischen Blick, der den Inhalt meint, abgleiten: Was äußerlich so „sauber" ist, gibt seine inneren Unsauberkeiten nicht leicht preis. So findet man bei Computertexten eine aus dem technischen Produktionsvorgang herrührende Gleichgültigkeit gegenüber den Feinheiten des Klingens und Zusammenstimmens, an welcher deutlich wird, daß die fortschreitende Entmaterialisierung des Schreibvorgangs oberflächlich der geistigen Arbeit des Erfindens, Schreibens, Dichtens entsprechen mag, aber zugleich die Kontrollinstanzen schwächt, denen die schriftliche Fixierung bislang noch unterworfen war.

Freilich ließe sich einwenden, daß ja niemand, der das Schreibmaschineschreiben für eine wichtige Kulturtechnik hält, daran gehindert wird, auch weiterhin Typoskripte anzufertigen. Das stimmt aber nur in den engen Grenzen des privaten Lebens, wo ja auch das Schreiben mit der Hand, wenngleich nicht gern gesehen, immerhin noch erlaubt ist. Wer aber irgendwie genötigt ist, in seinem Beruf zu schreiben, gar das Schreiben als Beruf hat, wird mehr und mehr und immer dringlicher genötigt, den Computer zu benutzen und die Manuskripte, die immer noch so heißen, obwohl sie nicht mehr mit der Hand geschrieben werden, als Diskette abzuliefern, auf daß der Weg vom Urtext bis zum Buch, solange es dieses noch gibt, verkürzt und verbilligt werde. Da wird der Zwang, sich gegen alle Bedenken und heimlichen Wünsche schließlich doch auf die Erfordernisse des modernen Lebens umzustellen, unwiderstehlich, und jede Widerrede – wie diese hier – ist erstens lächerlich in ihrer Rückständigkeit, und zweitens unbeweisbar, denn wer vermöchte, beispielsweise, unwiderleglich darzutun daß jene zwanzig

Dichter im „Writer's Room" Besseres zustandebringen würden, wenn man ihnen statt der Computer Schreibmaschinen hingestellt hätte. Daß die Computer *keinen* mindernden Einfluß auf die Qualität der Werke aus dem Writer's Room hätten, läßt sich allerdings auch nicht zweifelsfrei nachweisen.

Ein weiterer Zwang zur Abschaffung der Schreibmaschine wird dadurch ausgeübt, daß man die mechanischen Maschinen einfach nicht mehr herstellt, oder, zum Teil, in einer so bejammernswerten Qualität, daß sie eher Abscheu erregen und den Schreiber dem Computer zutreiben. Auf Flohmärkten und Dachböden endet die Existenz schlichter und zweckmäßiger Maschinen, mit denen man sich in jedes gewünschte Ambiente zurückziehen konnte, unabhängig von Stromquellen, während der Computer einen nötigt, ein bestimmtes Zimmer zu betreten, in welchem er, der Apparat, unverrückbar thront und die Kühle der gnadenlosen Perfektion und Professionalität ausstrahlt, was uns beiläufig zwei Kilowatt pro Tag kostet.

Der kluge Schreiber wird also, da die Schreibmaschinenproduktion ausläuft und viele gute Marken schon gar nicht mehr zu haben sind, nach alten Exemplaren fahnden, wird sie in Ölpapier einpacken und einen Vorrat anhäufen, von dem er hofft, er werde für seine Schreib- und Lebenszeit ausreichen.

Noch bleibt dann das Problem der Farbbänder, von denen man nicht weiß, wie lange sich ihre Herstellung lohnen wird. Niemals mehr wirft man ein altes Farbband weg, es wird sorgfältig aufbewahrt, denn vielleicht kommt der Tag, da man versuchen muß, es neu einzufärben, um die alten Maschinen noch benutzen zu können. Und langsam beginnt man sich an den Gedanken zu gewöhnen, daß man dereinst allfällige Reparaturen an den Maschinen wohl selbst wird vornehmen müssen, denn in den einschlägigen Werkstätten erntet man heute schon schiefe Blicke, wenn man mit einer mechanischen Schreibmaschine unter dem Arm daherkommt.

So stirbt ein Gerät, das hundert Jahre lang für jedermann erschwinglich, von jedermann jederzeit benutzbar war und an dessen Verbesserung unablässig und erfolgreich gearbeitet worden ist, eines jener einfachen Geräte, die die ökologische Forderung nach geringem Energieaufwand, langer Lebensdauer und sparsamem Betrieb erfüllt haben und die nun zunehmend abgelöst werden durch hochkomplizierte Apparaturen, die immer selbsttätiger werden, immer mehr Energie fressen und den Anteil des Menschen immer weiter zurückdrängen. Die Schreibmaschinen stehen im Museum, und die Dichter im Writer's Room haben Computer, mit Anschluß ans Internet, Knopfdruck genügt.

Aber mit jedem Knopf, der eine menschliche Tätigkeit nahezu restlos aufs Apparative reduziert, vermindert sich auch die Zahl der Möglichkeiten, die Absicht mit dem Beabsichtigten, den Plan mit dem Ergebnis, die Idee mit dem Wort, durch das Medium einer konkreten Handhabung so miteinander zu verknüpfen, daß dem Werk ein Tun, dem Tun ein Fühlen und dem Fühlen die Person mit eingewoben bleibt. Der Verlust scheint leicht erträglich gegenüber dem Gewinn an Zeit und Effektivität. Aber die Effektivität nimmt einen anderen Namen an, wenn sie zur Macht gelangt. Sie heißt dann: Brutalität.

Schwierigkeiten mit der Physik

Das neue c-Quark wurde ursprünglich von den theoretischen Physikern ... als schwerer Partner des s-Quarks (eingeführt). Deshalb erwartet man, daß sich ein c-Quark mit Hilfe der schwachen Kraft in ein s-Quark verwandeln kann, ebenso wie sich ein u-Quark über die schwache Wechselwirkung in ein d-Quark verwandeln kann. Insbesondere sollte sich ein D-Meson mit Hilfe der schwachen Wechselwirkung in einen Zustand umwandeln, der ein s-Quark enthält. Solch ein Zustand müßte also Teilchen mit „strangeness" enthalten, zum Beispiel ein K-Meson. Eine mögliche Endkonfiguration, die man erhält, ist etwa $K\pi\pi$, ein Zustand, bestehend aus einem K-Meson und zwei π-Mesonen. Die theoretischen Physiker erwarteten auch, daß beim schwachen Zerfall des c-Quarks manchmal neben dem s-Quark ein Leptonpaar, bestehend aus einem Neutrino und einem Elektron oder einem Myon, gebildet wird.

Dies eine Leseprobe aus dem Buch von Harald Fritzsch, „Quarks – Urstoff unserer Welt", einem Buch, von dem der Klappentext sagt, es beschreibe „in gemeinverständlicher Form, vom Fachjargon befreit, den gegenwärtigen Stand unserer Erkenntnis über Elementarteilchen und Quarks". Der Autor ist ein renommierter Physiker, das Buch ganz sicher ohne Fehl und Tadel, – nur: daß es „gemeinverständlich" und „vom Fachjargon befreit" sei, ist der blanke Hohn. Freilich: das Zitat ist aus dem Zusammenhang und aus der Mitte des Buches gerissen, und wer das Ganze liest, mag jenen Text wenigstens zum Teil verstehen, – gleichwohl bleibt er ein eindrucksvolles Beispiel dafür, daß die Erkenntnisse eines wichtigen Teilbereiches der Physik, nämlich der Teilchenphysik, nur noch demjenigen vermittelt werden könne, der bereit und imstande ist, jede freie Stunde dem entsagungsvollen Studium jener unüberschaubaren Vielfalt unanschaulicher Begriffe zu widmen, mit denen der Physiker die Eigenschaften, Zustände und Verhaltensweisen der kleinsten Teilchen der Materie beschreibt.

Schier zur Groteske gerät dies, wenn jenes Buch über die Quarks (die, nebenbei gesagt, die Bauelemente der Bauelemente des Atomkerns sind) bei keiner einzigen der zahllosen Abkürzungen und Symbolzeichen angibt, wie sie eigentlich ausgesprochen werden. Da gibt es zum Beispiel ein Teilchen, welches mit einem großen griechischen Delta und zwei hochgestellten positiven Ladungszeichen geschrieben wird, also etwa „Delta hoch zwei plus" – aber ob es wirklich so heißt, erfährt der Leser genausowenig wie den Namen des kleinsten möglichen Drehimpulses, dessen Symbol ein kleines h mit einem Querstrich in der Oberlänge ist. Ein Leser dieses Buches könnte es, selbst wenn er es verstanden hat, danach nicht einmal vorlesen, geschweige denn sich hinterher mit einem anderen über das Gelernte unterhalten, – ein in der Geschichte der Wissenschaft und der Bücher ganz neues Phänomen.

Wenn es aber nicht möglich ist, dergleichen so zu schildern, daß auch dem wißbegierigen Laien wenigstens eine Ahnung vom Feinbau dieser Welt aufgeht, dann sollten nicht nur die Physiker und ihre Verlage mit dem Versprechen der Allgemeinverständlichkeit vorsichtiger umgehen, sondern es sollte doch auch einmal darüber nachgedacht werden, ob das Verständnis der Naturvorgänge durch das Wissen über Quarks und Antiquarks, über Leptonen und Feldquanten wirklich gefördert wird, und ob jemandem, der das intermediäre Boson nie kennengelernt hat, wirklich etwas für ein ordentliches Weltbild Wichtiges fehlt.

Edgar Lüscher, ein anderer renommierter Physiker, beklagt in seinem Werk „Pipers Buch der modernen Physik" die mangelnde Wertschätzung dieser Wissenschaft und die verbreitete Gleichgültigkeit gegenüber dem von ihr angebotenen Wissen. Dabei liefert auch er, dessen Buch gleichfalls mit der Zusicherung der Gemeinverständlichkeit angeboten wird, mindestens einen der Gründe gleich mit: Auch Lüscher hat – wer könnte es dem Fachmann verdenken – gar keine Vorstellung mehr davon, was als bekannt vorausgesetzt werden kann und was der Erklärung bedürftig ist. Einstein, so erfahren wir kurz und bündig, habe entdeckt, daß Zeitintervalle länger oder kürzer sind, je nach der Bewegung der Uhr, die die Intervalle mißt, und das „Bindeglied" zwischen verschiedenen Körpern, die sich mit konstanten Geschwindigkeiten relativ zueinander und geradlinig bewegen, bilde die Gruppe der Lorentz-Transformationsgleichungen. Kein Wort über die brennende Frage, wieso denn der langsamere Gang einer Uhr zugleich auch ein langsameres Verstreichen der Zeit bedeuten müsse und kein Wort darüber, was die Lorentz-Transformationsgleichungen sind. Welcher Laie, der Lüschers Mahnung zu mehr Physik beherzigen wollte, wird da nicht resignieren – und dies ist nur ein Beispiel von ungezählten in einem Buch, das freilich, wo es die klassische Physik behandelt, vielfältige und einleuchtende Belehrung bietet.

Unvermutet führt dann ein kleiner Abstecher in die Biologie, die ja heute eng mit Chemie und Physik verknüpft ist, wieder zu der Frage zurück, wie berechtigt der Anspruch ist, der Laie möge sich gefälligst einige Kenntnis der Physik verschaffen. Lüscher skizziert einige Grundlagen der Genetik und beschreibt die Umsetzung der in den Genen festgelegten Erbinformationen in Eiweißstoffe so:

Die sogenannte Boten-Ribonukleinsäure ist der „Briefträger" der genetischen Information von der DNS zu den Ribosomen. Die Träger-Ribonukleinsäure trägt die in der Zelle vorhandenen Aminosäuren zu den Ribosomen und schafft so die Voraussetzung zum Aufbau der Eiweißmoleküle. Die

Ribosomen-RNS stellt die „Prägemaschine" dar. Sie prägt die Erbinformationen der Boten-RNS auf. Diese transportiert die Informationen zu den Ribosomen.

Wer die beschriebenen Vorgänge nicht kennt – also der Leser, an den sich dieses Buch wendet –, kann davon kein Wort verstehen, wer sie aber kennt, muß konstatieren, daß wohl noch niemandem je eine verworrenere Darstellung dieses vergleichsweise simplen Vorgangs geglückt ist und daß ein Satz darin (der vorletzte) schlichtweg falsch ist. Das ist ein lehrreiches Exempel: Eben der sachkundige Physiker, der die Verbreitung physikalischen Wissens als unentbehrlichen Bestandteils aller ernstzunehmenden Bildung fordert, liefert auf dem nicht minder wichtigen Nachbargebiet der Molekularbiologie für einen einfachen Sachverhalt eine völlig unverständliche und im Detail fehlerhafte Beschreibung, und demonstriert damit, daß er den Anspruch, den er für sein Fach stellt, selbst für ein benachbartes Fach schon nicht mehr so erfüllt, wie man es von einem Buchautor doch wohl erwarten könnte, – kein Grund zu irgendeinem Vorwurf übrigens, sondern nur ein Trost für all jene, die sich vom Anspruch der Physiker überfordert fühlen.

Man könnte diesen Anspruch, daß jedermann über Baryonen und Tachyonen und Myonen und Quarks Bescheid wissen müßte, auf sich beruhen lassen. Dahinter steht aber (nicht bei Lüscher, wie ausdrücklich vermerkt sein soll) ein weit höherer Anspruch. Herwig Schopper, Generaldirektor des Europäischen Kernforschungszentrums in Genf, schreibt in seinem Vorwort zu Harald Fritzschs Buch über die Quarks, die Erkenntnisse auf diesem Gebiet könnten „zur Lösung der Frage beitragen, ob nur Zufall oder Chaos herrschen oder ob das Naturgeschehen durch Sinn und Ordnung geprägt ist", und er spricht von den daraus folgenden „Konsequenzen für die Existenz einer Ordnung der Welt, für die Philosophie oder sogar Religion..."

Die Anmaßung, die in solchen Worten liegt, könnte einer der Gründe für die von Lüscher beklagte Abwendung von einer ohnehin kaum mehr verständlichen Physik sein. Wenn die Physiker anfangen, sich einzubilden, daß die Frage, ob es Sinn und Ordnung im Naturgeschehen gebe, erst entschieden werden könnte, nachdem sie ihre Experimente in den milliardenteueren Teilchenbeschleunigern beendet haben; wenn sie schon nicht mehr wahrzunehmen vermögen, daß Ordnung im Naturgeschehen auch mit bloßem Auge ohne Kenntnis von Quarks einsehbar ist; wenn sie nun schon glauben, die Teilchenphysik könne die Frage mitentscheiden, ob es einen Sinn in diesem Naturgeschehen gibt; und wenn sie gar Konsequenzen für die Religion in Aussicht stellen, als könnte die Frage nach irgend etwas anderem über oder hinter dieser Welt in einem Hochenergielaboratorium ihrer endgültigen Lösung zugeführt werden, – wenn all dies so ist, dann sollten sich die Physiker nicht wundern darüber, daß mancher Nachdenkliche lieber ohne ihre Beihilfe darüber nachdenkt, wie diese Welt beschaffen sei.

Was die Physiker bisher vor allem bewiesen haben, ist, daß der allergrößte Teil ihrer staunenswerten Kenntnisse über die Grundbestandteile und Grundkräfte der Materie den Nichtphysiker praktisch nicht mehr erreicht; nur noch die allfälligen und oft genug zerstörerischen technischen Anwendungen vermag er wahrzunehmen. Statt immer wieder den Versuch zu machen, physikalische Detailkenntnisse ins Volk zu tragen, sollten die Physiker einmal den anderen, weit schwierigeren Versuch wagen: die philosophischen Konsequenzen ihrer Erkenntnisse, die Konsequenzen für das Denken und für das tiefere Verständnis dieser Welt und ihres Ablaufs bekanntzugeben, statt immer nur zu versprechen, ihre Arbeit werde solche Konsequenzen haben. Daß die Protonen und Neutronen aus Quarks aufgebaut sind und daß diese durch Gluonen zusammengehalten werden, besagt für sich so gut wie nichts – und übrigens ist auch noch nicht ganz ausgemacht, ob es überhaupt zutrifft...

Reisen hin und her

Nun reist mal schön!

Mein angeheiratteter Onkel Heinrich besaß eine Seifenfabrik, war aber ein gebildeter Mensch, der noch mit Johannes Brahms vierhändig gespielt hatte. Er war sanften Gemüts, konnte indessen fuchsteufelswild werden, wenn man ihm erzählte, daß man verreist gewesen sei. Dann bebte er vor Zorn, denn das Reisen war für ihn ein strafwürdiges Vergehen gegen alle haushälterische Vernunft, eine Geldverschwendung sondergleichen, die, so fand er, entweder zu Durchfall oder zu Verstopfung führe, meist den Verlust des einen oder anderen Wertgegenstandes mit sich bringe und überhaupt einfach vollkommen überflüssig sei. Er zählte auf, welche nützlichen Anschaffungen für das Reisegeld möglich gewesen wären und verwies auf zwei bedeutende Philosophen – Immanuel Kant, der sein Leben lang nicht aus Königsberg weggekommen sei und gleichwohl eine umfangreiche Völkerkunde geschrieben habe, sowie Blaise Pascal, der einmal schrieb, alles Elend dieser Welt rühre daher, daß die Menschen vor die Tür gingen.

Ich pflegte darauf zu antworten, daß Immanuel Kant seine Völkerkunde ja nur auf Grund von Informationen habe schreiben können, die zu erlangen andere Leute gereist waren, und daß diese Völkerkunde im Übrigen voll grotesker Fehler stecke; und Pascal, sagte ich, habe vergessen, daß Menschen, die zu Hause bleiben, bald elend zugrunde gehen müßten, wenn sich nicht andere auf die Socken machen und für Brot und Salz und Handel und Wandel sorgen.

Die Sache blieb unentschieden. Onkel Heinrich saß zu Hause, ich reiste gelegentlich, wenn auch nicht sehr viel – teils aus Geldmangel, teils aus Bequemlichkeit, beides Gründe, die heutzutage kaum jemanden mehr vom Reisen abhalten könnten, denn das Reisen ist immer billiger geworden, und für Bequemlichkeit ist allenthalben in einer Weise gesorgt, die den Reisenden geradezu vergessen lassen soll, daß er auf Reisen ist.

Von allen Prinzipien des Reisewesens ist dies das umfassendste und das perverseste: daß auf Reisen das Reisen vergessen werden soll. Das beginnt schon bei der Hinreise: Sie soll so schnell wie möglich vonstatten gehen, am besten also mit dem Flugzeug, notfalls mit dem Auto, und die Züge werden auch immer schneller. Das Endziel ist eine Art von Telekinese, bei der man – three, two, one, roger – von jetzt auf gleich an einen anderen Ort versetzt wird. Vom Blumenpflücken während der Fahrt, das früher auf Kleinbahnen ausdrücklich verboten gewesen sein soll, kann schon lange keine Rede mehr sein, und daß man ein Land durchquert – eines mit anderen Häusern und anderen Bäumen und anderen Physiognomien –, daß man einen anderen Kontinent oder gar ein Meer überfliegt, das soll so schnell wie möglich absolviert werden, unmerklich, gern mit Kino an Bord.

Das Erlebnis der Reise, der dramatische Vorgang einer bedeutenden Ortsveränderung, schrumpft zusammen auf die nun in der Tat höchst eindrucksvollen Stunden, die man auf Airport-Sitzschalen verbringt, weil der Flieger Verspätung hat, während die Kinder verzweifelt weinen und viel darum gäben, ohne große Umstände an den Sandstrand von Spiekeroog verfrachtet zu werden, statt dem Ehrgeiz ihrer Eltern zum Opfer zu fallen.

Das alles könnte eine Art von Rechtfertigung finden in dem Gedanken, daß mit den Strapazen des Reisebeginns die Genüsse am Zielort erkauft und erarbeitet werden – aber das Fürchterliche ist ja, daß sich all dies am Ende der Reise, auf dem Rückflug, noch einmal wiederholt, ohne Aussicht auf einen anderen Lohn als den, daß man völlig erschöpft in ein muffiges Reihenhaus zurückkehrt, wo inzwischen die Blumen am Fenster vertrocknet sind.

Was aber die Fortbewegung mit dem Auto angeht, deren Ziel es ist, den Abstand zwischen Wohnung und Hotel in möglichst kurzer Zeit zu vernichten, so braucht hier nicht im Detail erörtert zu werden, warum dies nicht eigentlich als Reisen bezeichnet werden kann, es sei denn, daß der Stau, der freilich als lästig empfunden wird, eine geruhsame Wahrnehmung der sonst im Fluge vorbeihuschenden Landschaften ermöglicht: Nur im Stau kommt die „Reise" wirklich zu sich selbst, während sie sonst gleichsam aufgefressen wird, sich auflöst in der autistischen Haltung der Insassen des Autos, deren Aufmerksamkeit, selbst wenn sie von anderem reden, unablässig auf die Lage und das Verhalten ihres Gefährts innerhalb der Verkehrssituation gerichtet ist. „Da will einer überholen" ist eine wichtigere Information unter den Insassen als es der Hinweis eines Mitfahrenden wäre, daß man hier, wie die Vegetation zeigt, gerade von einem Bergwald auf vulkanischem Gestein in eine Kalkmulde überwechselt.

Die Eisenbahnfahrt bewahrt noch letzte Reste des Reisens als einer bewußten und erlebten Fahrt von einem Ort zum anderen, bei welcher der Weg, den man zurücklegt, gefühlt werden kann – aber welches der heute allein schon aus Prestigegründen angestrebten Reiseziele ist mit der Bahn zu erreichen? Wenn jemand, während die anderen von Kreta und Barbados erzählen, gestehen würde, daß er mit dem Zug nach Winsen an der Luhe gefahren ist, hat er kaum mehr als Spott zu erwarten: So etwas macht man mit dem Auto an einem Wochenende ab, ein Reiseziel ist das nicht.

Dem paradoxen Bestreben, die Reise selbst möglichst schnell zu absolvieren, entspricht am Ziel der Wunsch, möglichst nicht zu merken, daß man anderswo ist. Es soll alles wie zu Hause sein, und so ergießt sich an die Zielorte der

Touristen ein breiter Strom von deutschem Bier, auf dem deutsche Würstchen und deutsche Illustrierte schwimmen. Die Phänomene sind bekannt, man braucht sie nicht alle aufzuzählen, und sie reichen von der Bildzeitung bis zum Zäunchen auf dem Campingplatz.

Ich weiß, das sind Klischees, denen nur noch einiges Satirische über das globale Unwesen der präfabrizierten Reise hinzuzufügen wäre, derentwegen man ganze Strände zubaut, so daß dann die Reisejournalisten enthusiastische Artikel mit Geheimtips für unberührte Gegenden schreiben müssen, woraufhin auch diese so schnell wie möglich erobert werden, sowohl von den Touristen als auch von einer rührigen Hotellerie, die aus jedem Landstrich eine Goldgrube zu machen sucht.

Klischees sind das, gewiß, aber deshalb sind sie noch nicht falsch, und daß dieser Tourismus, der mit dem „Reisen" gar nicht mehr viel zu tun hat, zerstörerisch ist, liegt an jedem Ort offen zutage, der jemals von und für Touristen entdeckt worden ist. Die Verhunzung der Welt, die Demolierung ihrer Schönheiten durch Reisen hat ja schon vor drei-, vierhundert Jahren begonnen. Da reisten die Entdecker in alle Welt, und was immer die Geschichtsbücher an verklärenden Worten finden für den Wagemut und die Abenteuerlust dieser Männer und für ihre Leistung, den engen Horizont des mittelalterlichen Abendlandes zu sprengen et cetera et cetera, so bleibt doch die banale Tatsache bestehen: daß es erstens die Goldgier war die sie trieb, und zweitens die Goldgier, und drittens die Goldgier.

Auf diesen Fahrten, auf diesen Reisen, wurde zerstört, was sich in den Weg stellte und manches darüber hinaus; die Menschen, die Wilden, wurden abgestochen wie Vieh, und im Gefolge der ruhmreichen Entdecker kamen die Missionare und die Kaufleute. Die einen wollten den Heiden sogleich den Gekreuzigten nahebringen und konnten sehr ungemütlich werden, wenn die Naturkinder nicht gleich begriffen, was das sollte, und ihre Geschlechtsteile weiterhin offen zur Schau trugen: Dann galten sie als Tiere und wurden zur Schlachtung freigegeben, eine frühe Form der Selektion, die man sich, wiewohl sie im Geiste christlicher Liebe verübt wurde, kaum so ekelhaft und barbarisch vorzustellen vermag, wie sie es tatsächlich gewesen ist.

Die anderen, die Kaufleute, waren, welche Reputation sie in ihrer Heimat auch immer genossen, nichts anderes als Diebe und Räuber, Betrüger und Erpresser, die für so gut wie nichts allen Reichtum dieser Länder, alle Gewürze, alles Gold und alle Sklaven dazu abschleppen wollten und abgeschleppt haben, in vielen Fällen nicht nur mit der ihnen zu Gebote stehenden Gewalt, sondern wegen der naiven Gutmütigkeit der Eingeborenen, die gar nicht imstande waren, eine solche abgrundtiefe Unanständigkeit für möglich zu halten, wie sie von diesen Europäern praktiziert wurde.

Was auf diesen Reisen – und die Reisezeit der Betrüger, der Menschenschinder währt ja immer noch, nur die Missionare sind zivilisierter geworden –, was auf diesen Reisen für ewig vernichtet worden ist an schönen und glücklichen Menschen, an Kunstwerken, an Mythen und Bräuchen und Wissen und Können, das müßte uns jeden Morgen, da wir die Sonne im Osten aufgehen sehen, in tiefste Scham stürzen und in die Knie zwingen, um von allen heidnischen Göttern Vergebung zu erflehen. Der gute Wilde, so hören wir besonnene Gelehrte reden, sei eine Illusion romantischer Dichter. Das mag wohl sein, aber wie ungehobelt diese Menschen in Surinam, auf Bali oder Tahiti oder sonstwo gewesen sein mögen, sie waren noch im schlimmsten Fall menschlicher und besser als die Sendboten der abendländischen Zivilisation, die zu allem anderen auch noch Krankheiten mitbrachten, gegen welche die Einheimischen nicht immun waren, so daß manchmal in Monaten ganze Bevölkerungen dahingerafft wurden.

Mit diesen Reisen also, mit Entdeckungsreisen und Eroberungsreisen, begann die Zerstörung der Welt, und dazu paßt es gut, daß dies tatsächlich die ursprüngliche Bedeutung des Wortes „reisen" war, – nämlich: einen Kriegszug unternehmen. Noch in Luthers Bibelübersetzung kommt das Wort in diesem Sinne vor.

Und in eben diesem Sinne erlebt das Reisen in unseren Tagen eine Blüte, die vielleicht immer noch nicht das Ende der zerstörerischen Eroberung ist. Es sei doch tief bedauerlich, sagte mir kürzlich ein gerade vom Golfurlaub in Spanien heimgekehrter Rechtsanwalt, daß neben seinem Hotel ein weiteres Hotel aus dem Boden gestampft und die Küste weiter verschandelt werde. Mein Hinweis, daß solche Hotels für ihn und seinesgleichen gebaut würden, ließ ihn kurz stutzen, aber dann fand er die eigentlich Schuldigen: die Einheimischen, die zu viel Geld verdienen wollten, statt sich mit dem bescheidenen und malerischen Lebensstandard zu begnügen, der ihn immer so freundlich angemutet habe. Freundlich – darf man wohl hinzufügen – im Sinne eines deutlichen Gefälles zwischen der Herrschaft der Besucher und der Dankbarkeit der Gastgeber gegenüber dem Wohltäter, der beschlossen hat, seinen Golfurlaub an der spanischen Küste zu verbringen und der selbst nach der Rückkehr nicht einmal bitte und danke auf spanisch sagen kann. Sollen die doch Deutsch lernen, sie kriegen es ja bezahlt.

Natürlich, verehrte Leserin, lieber Leser. Sie sind nicht gemeint, Sie können gar nicht gemeint sein, denn Sie lesen, bevor Sie nach Spanien fahren, das eine oder andere Buch, versuchen sich im Voraus ein wenig einzufühlen in eine andere Mentalität, Sie wissen etwas über Politik und Verwaltung, wissen, was Guten Tag und Auf Wiedersehen heißt, und wenn etwas nicht so ist wie zu Hause, dann nehmen sie das neugierig wahr, suchen nach den Gründen und schließen nicht gleich die Forderung an, es müsse anders werden. Sie sind also nicht gemeint, – nur:

Dieser ganze Reisezirkus mit seinen Autobahnen und Flughäfen und Hotelburgen, diese komfortable und nicht im Geringsten mehr abenteuerliche oder gar entbehrungsreiche Form des modernen Reisens, auf die wir so stolz sind, weil wir uns die ganze Welt als Erlebnisfeld planiert haben, thailändische Kinderbordelle inklusive, und noch im Safaripark davon ausgehen, daß die Bestien hinreichend gefüttert werden, damit wir unbesorgt aus dem Auto steigen dürfen und wenn der Löwe dann doch zupackt, fordern wir Schadenersatz – diese ganze Wachstumsindustrie also lebt nicht von Ihnen und Ihresgleichen, sondern von einer immensen Masse menschlicher Leiber, die unter ungeheurem Energieaufwand hin- und hertransportiert werden, und während Sie zu Hause die Cognacflaschen zum Container bringen, um Energie zu sparen, verpulvern Sie, Sie allein, bei Hin- und Rückflug nicht viel weniger Erdöl, als Sie im ganzen Winter für die Heizung Ihres Hauses brauchen.

Das alles unter lächerlichen Versprechungen: dies seien die schönsten Wochen des Jahres (was sich allzu oft nicht bewahrheitet, nur gibt es niemand zu), es diene der Gesundheit und Erholung (was in der Mehrzahl der Fälle nicht zutrifft) und sei die einzige Art, wie der Mitteleuropäer etwas Sonne tanken könne (was die Hautkrebsrate erheblich gesteigert hat, wie mein angeheirateter Onkel Heinrich mit Genugtuung vermerken würde).

Die Reiseindustrie operiert wie alle Industrien, die Massenproduktion betreiben, so nah wie möglich an der Grenze zum Talmi, weil das am rentierlichsten ist, und auf dem Fuße folgen ihr nun nicht mehr die Missionare, sondern die Fotoindustrie, die eine dezentrale Herstellung von Bilderschrott ins Werk setzt und alle zehn Jahre eine neue Generation von Gerätschaften hervorbringt, damit keine Müdigkeit aufkomme.

Nimmt man aus der Gesamtheit der Reisestunden diejenigen heraus, die pflichtgemäß, aber folgenlos, in Kirchen verbracht werden, so bleibt nur wenig übrig, was nicht ebenso gut hierzulande veranstaltet werden könnte, und tatsächlich sind die Erfinder jener Ferienanlagen auf einem richtigen Weg, die unter großen Glaskuppeln eine subtropische Kunstwelt erschaffen und sowohl den Leuten als auch der irdischen Ökologie die ganze Transportorgie ersparen, die so viel Zeit und Geld frißt. Von Ballermann 6 bis hin zu Wildwasserfahrten im Kanu läßt sich das meiste auch in Bottrop-Kirchhellen realisieren, natürlich ganzjährig, was viele Sommerstaus vermeiden und die gar nicht niedrige Todesrate der Urlaubszeit herabsetzen würde. Es gibt ja Jahr für Jahr Tausende, die aus dem Urlaub schwer beschädigt oder gar nicht zurückkommen. Hier wäre, ergänzend zu meinem angeheirateten Onkel Heinrich, auch Goethe zu zitieren: „Weit und schön ist die Welt, doch oh! wie dank ich dem Himmel, daß ein Gärtchen beschränkt zierlich mir eigen gehört. Bringet mich wieder nach Hause! Was hat ein Gärtner zu reisen? Ehre bringt ihm und Glück, wenn er sein Gärtchen besorgt."

Das ist natürlich eine ganz spießbürgerliche Sicht, und diejenigen, die unentwegt damit beschäftigt sind, ihren Horizont zu erweitern, können nur lachen über jemanden, der so wenig gereist ist. Was muß dieser Goethe für ein enger Geist gewesen sein, welch beschränktes Weltbild muß er gehabt haben, fast immer in Weimar, der Arme.

Die Verhunzung der Welt durch den Tourismus wird weitergehen, auch in diesem Sommer wieder, und es gibt kaum einen Winkel der Erde, der gefeit wäre gegen die Beutezüge der Tourismusindustrie. Nur gibt es keine Kulturen mehr zu zerstören, denn sie sind zerstört, und bei den kümmerlichen Resten weiß man nie, ob es authentische Reste sind oder nicht doch nur Maßnahmen des Touristenbüros.

Der Gedanke – und der Versuch – durch eine Form des „sanften“ Reisens die Entwicklung zu stoppen, die Schäden zu mindern, ist ehrenwert, aber angesichts eines etablierten Massentourismus aussichtslos. Der einzige Weg, ein ausuferndes globales Verkehrswesen zu zähmen, könnte darin bestehen, daß man das Reisen als eine in vieler Hinsicht verantwortungsvolle Aktivität ernst nimmt, die Schaden stiften kann, und daß man folglich, wie bei allen verantwortungsvollen Tätigkeiten, den Zugang durch eine Lizenz einschränkt, die nicht mit Geld zu erwerben ist, sondern durch den Nachweis, daß jemand, der zum Beispiel den Mont Saint Michel erklimmen will, wirklich weiß, wohin er fährt, und die sittliche Reife mitbringt, um zu diesem grandiosen Monument klösterlicher Abgeschiedenheit zugelassen zu werden, – während jetzt pro Tag 30 000 lärmende Touristen sich wie in einem Disneyland bewegen und 9 000 Autos die Zufahrtswege verstopfen.

Für außereuropäische Ziele müssten die Anforderungen an die Lizenznehmer noch strenger sein. Aber die Anmaßung der reisenden Vertreter der westlichen Zivilisation geht ja so weit, daß sie ihre eigene Bildung und Weltkundigkeit für unendlich viel wichtiger halten als das Weiterleben von Kulturen, in die sie einbrechen, ohne den Schimmer einer Ahnung davon, mit wem sie es eigentlich zu tun haben. Daß die Heimgesuchten inzwischen vom Tourismus leben, ist kein Argument, denn wenn es den Tourismus nicht gäbe, würden sie, wie zuvor, von etwas anderem leben, ungestört, so wie sie es tun müssen, wenn eines Tages die Hotelburgen leer stehen und die Animateure abgereist sind.

Natürlich wäre eine Reiselizenz undemokratisch, elitär und vor allem geschäftsschädigend. Sie hat also keinerlei Chance auf Verwirklichung, aber sie taugt zum Ausgangspunkt für das Denkspiel: wie denn die Welt aussähe, wenn das Reisen nicht erfunden worden wäre, wieviel Wunderbares und Geheimnisvolles und Großartiges da verborgen läge, ohne daß Fremde es begaffen und betatschen. Aber den Kulturvölkern der westlichen Zivilisation ist es wichtiger, etwas gesehen zu haben, auch wenn es daran zugrunde geht, vernichtet wird auf eine nur wenig humanere Weise, als es denen zustieß, die vor vierhundert Jahren die ersten Opfer europäischer Reiselust wurden.

Nun reist mal schön.

Eine Momentaufnahme aus der Geschichte der abendländischen Zivilisation

11. Juli 1931: In der Kölner Stadtverordnetenversammlung hatte man unter dem Vorsitz des Oberbürgermeisters Konrad Adenauer die Schlußabrechnung für den Bau der Mülheimer Brücke diskutiert, wobei der kommunistische Abgeordnete Stahl ein Wasserglas quer durch den Saal auf die Nationalsozialisten schleuderte, an deren Bänken es zerschellte. Im Mannheimer Tierpark hatte sich ein starker Berberlöwe befreit und näherte sich in feindlicher Absicht den Spaziergängern, wurde jedoch überwältigt und erschossen, und bei Quickborn hatte es ein Eisenbahnunglück mit vielen Schwerverletzten gegeben: Menschliche, tierische und technische Gewalt allerorten, Vermischtes aus der Kölnischen Zeitung vom 12. Juni 1931, und dagegen – wenigstens vordergründig – eher idyllisch wirkend die Nachricht aus dem Kölner Zoo, wo vorübergehend die Seelöwen ausquartiert werden mußten, um anderen Gästen Platz zu machen:

„Eine fremde Welt im Kölner Zoo. Dem Besucher des Zoologischen Gartens erschließt sich in nächster Zeit eine ferne fremde Welt voller Sonderbarkeiten, denn vor kurzem hat hier eine Truppe Südsee-Insulaner ihren Einzug gehalten. Neukaledonien mit den kleinen vorgelagerten Loyalty-Inseln an der Ostküste Australiens ist die Heimat dieser braunen, kraushaarigen Menschen. Niemand sollte versäumen, einen Blick in diese fremde Welt zu tun."

Eine Völkerschau nannte man das damals, und die Südsee-Insulaner in Köln gehörten zu den letzten Völkerschaften, die derart dem Publikum offeriert wurden. Wenige Jahre später verbot man die Völkerschauen, und heutzutage brauchen die Insulaner gar nicht mehr nach Europa zu kommen, sondern die Europäer fliegen zu ihnen und lassen sich die Völkerschau vor Ort präsentieren, im Pauschalpreis einbegriffen. Die Situation ist in beiden Fällen dieselbe und nicht ohne Peinlichkeit: Auf der einen Seite stehen offenen Mundes die Europäer und kommen sich ungemein normal vor, auf der anderen Seite agieren die Insulaner und leisten das verabredete Programm ab, irgendeine reduzierte Form von täglichem Leben oder rituellem Tanz oder religiösem Gesang oder was eben bestellt ist.

„Die jetzt im Zoo eingetroffenen Insulaner, 32 Männer und 3 Frauen, haben in diesem Jahr zum ersten Mal Europa gesehen und waren vorher einige Zeit in Leipzig. Die vier Wochen in Köln verbringen sie in einem richtigen Eingeborenendorf, das am äußersten Ende des Gartens beim Seelöwenbecken für sie hergerichtet und durch eine hohe Bretterwand vom übrigen Teil abgeschlossen ist. Etwa ein Dutzend schmucker Hütten aus Stroh und Schilf stehen dort unter schattigen Ulmen. Die hohen Kegeldächer zieren lange hölzerne Dachaufsätze, die Ahnen, Geister oder irgendwelche Tiere darstellen. In diesen Hütten leben die Gäste so, wie sie es in ihrer Heimat gewohnt sind“ – eine kühne Behauptung, deren Realitätsgehalt sich leicht abschätzen läßt, wenn man sich ausmalt, wie es denn aussähe, wenn 32 Kölner und drei Kölnerinnen auf einer neukaledonischen Insel hinter einer Bretterwand ihr „gewohntes“ Leben darzustellen versuchen würden.

„Am Donnerstag hatte die Zooleitung eine Anzahl Gäste sowie die Presse zur Besichtigung dieser eigenartigen Völkerschau geladen. In buntem Lendenschurz, Blumen oder Federbüschel im dichten Kraushaar, erschienen die Männer, alles kräftige und gut geformte Menschen. Die Frauen sind bedeutend kleiner und untersetzt. Auch sie tragen mancherlei Schmuck und über ihrer Kleidung noch lange helle Rindenfasern.“

Wir entrüsten uns bereitwillig: Da schleppt man 35 Neukaledonier heran, bastelt ihnen im Zoo – im Zoo! – ein Dorf oder läßt sie eines basteln, errichtet zwar immerhin eine Bretterwand zwischen ihnen und den Eisbären, aber irgendwie bleibt das alles doch ein zoologisches Ereignis, und die Leute stehen da und begaffen die Männer im bunten Lendenschurz „– alles kräftige und gut geformte Menschen ...“

– und die Frauen mit den langen Rindenfasern, die sie über der Kleidung trugen, wobei man wahrscheinlich eher sagen müßte, daß sie unter ihren gewohnten Rindenfasern eine durchaus ungewohnte Kleidung am Leibe hatten, damit Sitte und Anstand in Köln nicht verletzt würden. Vielleicht froren sie auch nur. Immerhin nennt der Zeitungsbericht die Insulaner „Gäste“. Das waren schon andere Töne als zwanzig oder dreißig Jahre zuvor, in der Blütezeit der Völkerschauen, als man die fremden Primitiven ganz ungeniert im Zirkus, im Panoptikum, auf der Kirmes neben den Liliputaner, den Riesen, den siamesischen Zwillingen und anderen sogenannten Abnormitäten ausstellte und in ihnen keine „Gäste“ aus fernen Landen sah, sondern kuriose Halbmenschen.

Im Jahre 1896 zum Beispiel, 35 Jahre vor dem Besuch der Insulaner in Köln, annoncierte die Vossische Zeitung in Berlin afrikanische Kriegerinnen, die „42 wilden Weiber von Dahomey“, ferner gab es in Castans Panoptikum „Die wunderbaren indischen Pygmäen“ sowie einige „Ur-Australier“, und auf der Gewerbeausstellung eine „Schaustellung der Beduinen“:

„Fünf Uhr und halb acht Konzert von 5 Kapellen, Entrée 50 Pfennig, Kinder die Hälfte.“

Wegen der fünf Kapellen kam es damals in Berlin zu einer Gerichtsverhandlung über die Lustbarkeitssteuer, die dafür zu zahlen wäre. Die Veranstalter der Beduinen-Schau machten geltend, es handele sich doch nicht um eine Lustbarkeit im landläufigen Sinne, sondern um eine kulturhistorische Darstellung von hohem ethnographischen Interesse. Das ist nicht ganz falsch: Dokumentarfilme und Urlaubsreisen in die Ferne waren damals noch nicht üblich, und so unwürdig uns heute solche Schaustellungen anmuten, so verständlich ist die Neugier der Europäer auf die Exoten, die übrigens oft sehr schnell begriffen, daß sich mit dieser Neugier Geld machen ließ und daß man für dieses Geld allerlei köstliche Dinge kaufen konnte. Entsprechend waren die Honorarforderungen, woraus man zwar schließen muß, daß die fremden Völkerschaften keineswegs so durch und durch gut und edel und unbedarft waren, wie es manche Schwärmer wahrhaben wollten, andererseits aber doch auch folgern kann, daß ihnen das, was sie an Gutem und Unverdorbenen hatten, durch die europäischen Eroberer sehr schnell ausgetrieben worden ist. Die Kölnische Zeitung konstatiert dazu, ganz lapidar:

„Manche Sitten und Gebräuche hat die vordringende Zivilisation diesen Insulanern genommen."

Das ist milde ausgedrückt. In Wahrheit verhielt es sich ja so, daß beim Zusammenprall der Kulturen die jeweils einheimischen, ursprünglichen – nicht nur in Neukaledonien – unter die Räder kamen, aufgerieben und vernichtet wurden, bis auf geringe Reste folkloristischen Spektakels.

Das hatte viele Gründe – vor allem den, daß die vermeintlich Zivilisierten sich ungemein erhaben über diese „Wilden" dünkten und überhaupt nicht merkten, daß ihr Begriff von Primitivität das eigentlich Primitive war. Bei den Missionaren verhielt es sich ähnlich: Ihre Vorstellung vom alleinseligmachenden Glauben ließ sie vermuten, daß diese noch ahnungslosen Menschen rettungslos verloren wären, wenn man sie nicht so schnell wie möglich bekehrte. Wenn sie dann bekehrt waren – was immer „Bekehrung“ bei den über die christliche Botschaft von Kreuzestod und Vergebung doch wohl überraschten Naturmenschen bedeuten mochte – wenn sie dann bekehrt waren, ließ man sie wohl auch als richtige Menschen durchgehen. Wehe aber, sie blieben unbelehrbar: dann waren es eben „Wilde“ in einem Sinne, der kaum mehr einen Abstand zum Tier zugestand. Da blieb nur: Schlachten, ad maiorem Dei gloriam.

Das Erstaunliche dabei: die offenbare Unfähigkeit, zu akzeptieren, daß eine fremde Kultur ihr eigenes Recht hat, zu sein und so zu sein, wie man sie eben vorfindet, und die Selbstverständlichkeit, mit der man europäische Lebensformen und Denkarten als das zweifelsfrei Höherentwickelte und Unübertreffliche ansah.

Freilich, wenn man diesen Gedanken zu Ende denkt, wenn man also die Eigenständigkeit und das Recht der Völkerstämme auf noch so unmöglich erscheinende Bräuche und Verhaltensweisen fordert, dann muß man wohl genauso auch das Recht der Eroberer auf ihre Verhaltensweisen akzeptieren. Die Entrüstung ist allemal genau so ein Kulturprodukt wie dasjenige, worüber wir uns hundert oder zweihundert Jahre später entrüsten.

Die Idee vom „guten Wilden“, an dessen natürlichem, unverdorbenen Charakter die Europäer sich ein Beispiel nehmen sollten, war zwar immer wieder aufgetaucht, blieb aber doch eine mehr literarische Episode. Die Praxis sah anders aus: Man glaubte, aus der vermeintlichen Überlegenheit ein uneingeschränktes Recht zu jeder Form der Benutzung, Beraubung, der gewaltsamen Bekehrung und schließlich sogar der Massenabschlachtung herleiten zu können, und man handelte gnadenlos danach. Besonderen Abscheu erregten die sexuellen Gebräuche vieler Naturvölker, die einschlägigen Freiheiten, die als untrügliches Zeichen für mangelnde Zivilisation verachtet wurden, während die zivilisierten Schiffsbesatzungen reichlich Gebrauch davon machten. Ein anderes Objekt des Widerwillens war die hie und da anzutreffende Menschenfresserei. Auch jenen neukaledonischen Insulanern in Köln haftete der Ruf an, sie hätten diesem gräßlichen Brauch zumindest in der Vergangenheit angehangen. Die Kölnische Zeitung schrieb:

„Bis vor kurzer Zeit huldigte ein großer Teil der Bevölkerung dem Kannibalismus. Zwar kämpften gegen diese barbarische Sitte schon frühzeitig die Missionen und die französische Kolonialregierung an, konnten es jedoch nicht verhindern, daß noch bis in die neueste Zeit, zuletzt 1917 während eines größeren Eingeborenenaufstandes, vereinzelte Fälle von Kannibalismus vorkamen."

Noch nicht die Andeutung eines Gedankens daran, daß solche schlicht barbarisch erscheinenden Bräuche im Weltbild dieser unverstandenen Kultur eine einleuchtende Erklärung und zureichende Rechtfertigung haben könnten. Man glaubte zu verstehen, indem man den Maßstab der eigenen Kultur anlegte, und man verstand so gut wie überhaupt nichts. Die alten Reisebeschreibungen sind voll von tragischen Ereignissen, denen nichts anderes als Mißverständnisse zugrundeliegen.

So nahm die Vernichtung ihren Lauf, durch Krankheiten, durch Totschlag, durch den Suff nicht zuletzt, dem wir inzwischen so empfindsam gewordenen Westler auch noch die allerletzten Vertreter fremder Kulturen überantworten, um sie unserer Weltzivilisation einzugliedern und an ihre Bodenschätze zu kommen. Vernichtung auch durch all den zivilisatorischen Schnickschnack, den man den staunenden Eingeborenen verhökerte, wofür man ihnen die Reichtümer ihrer Natur wegnahm.

Je zivilisierter die Eingeborenen dabei wurden, um so mehr verloren sie all ihre Eigenarten, ihren Glauben, ihre Lebensformen, und es trug zu ihrer Abhängigkeit und Vernichtung bei, daß die westlichen Lebensformen, die sie dafür eintauschten, gar nicht geeignet waren, die jeweils besonderen klimatischen und ökologischen Gegebenheiten zu bewältigen. Der desolate Zustand der Sahel-Zone – um nur ein Beispiel zu nennen – ist ja erst nach der Einführung unserer schlauen Brunnentechnik entstanden, – früher wußten die Sahel-Völker sehr wohl, wie sie den natürlichen Zumutungen dieser Landstriche zu begegnen hatten, um zu überleben.

Zur gleichen Zeit, da man in Köln die geschmacklose Inhumanität einer neukaledonischen „Völkerschau“ beging, war Otto Hahn bereits Direktor des Kaiser-Wilhelm-Instituts in Berlin und bereitete gewissermaßen die erste Kernspaltung vor. Der abendländische Geist hatte schwindelnde Höhen erreicht, vertrug sich aber noch immer (oder jetzt erst recht?) mit einer Verachtung für das „Primitive“, die blind blieb für den Eigenwert und die unwiederbringliche Einmaligkeit fremder Kultur. Und wie schon zu den Zeiten der ersten Missionare blieben die wenigen Gegenstimmen, die sich über die Unmenschlichkeit und christliche Grausamkeit solcher Menschen- und Weltzerstörung empörten, leise und erfolglos und sind es noch heute, zu einer Zeit, in der zwar keine so banalen Völkerschauen mehr stattfinden, die Rechtlosigkeit der letzten „Primitiven“ aber völkerrechtlich kodifiziert ist und ihre Ausrottung bald abgeschlossen sein wird.

Die Neugierigen im Zoo im Jahre 1931, das ist nur eine Momentaufnahme von dem Sturm der Verwüstung, mit dem der Westen all die fernen Völker und Kulturen hinweggefegt hat, blutrünstig oft genug, gierig auf Schätze aller Art, auf Kokosnüsse und Gold und auf Museumsstücke für die Gebildeten, neugierig auch auf eine fremde Welt und offenbar unfähig, die Gier zurückzuhalten zugunsten des Weiterlebens dieser Kulturen.

Wenn alles mit rechten Dingen zuginge, dann müßten unsere Völkerkundemuseen immer halbmast flaggen, die Missionare sich von morgens bis abends geißeln, und der Welthandel müßte Reparationen zahlen bis zum endlichen Konkurs.

Liebhabereien

Viel Spaß im Brutkeller

Auch ein Beitrag zur Rassenkunde

Die Orlows waren grobe Grafen, ja, sie wurden überhaupt erst zu Grafen gemacht, weil sie so grob waren. Vor allem Grigori und Alexei halfen einst der Großfürstin Katharina beim Sturze ihres Gatten, des Zaren Peter III., wobei es Alexei war, der den armen Peter eigenhändig erdrosselte. Seinem Bruder Grigori war die derart zur Zarin gewordene Katharina zeitweise so zugetan, dass daraus die Familie der Grafen Bobrinskij entsprang. Grigori schenkte Katharina den nach ihm benannten Orlow-Brillanten, betrug sich aber sonst ziemlich rüde, so daß Katharina sich schließlich dem Fürsten Potemkin zuwandte.

Es erscheint ganz unbegreiflich, wie man darauf verfallen konnte, eine gar nicht rüde, sondern zutrauliche und sensible Hühnerrasse, die im Jahre 1910 aus Moskau nach Deutschland gekommen ist, auf den Namen Orlow zu taufen. Aber sie heißen wirklich so, diese schönen, meist sehr eiligen Hühner, die auf hohen Beinen unmäßig viel rennen und deshalb früher schlafen gehen als andere Hühner. Ihren Kopf tragen sie hoch aufgerichtet, ihr Gefieder ist mahagonifarben mit weißen Sprenkeln, und die länglichen Eier haben etwas Vornehmes.

Wenn man sich Orlows beschaffen möchte, führt der schnellste Weg über die „Geflügel-Börse“. Das ist keine Verkaufsausstellung, sondern, weit praktischer: eine Zeitschrift, die alle zwei Wochen erscheint und inzwischen im 114. Jahrgang steht, ein ehrwürdig altes Organ also, das jeder braucht, der sich ernsthaft mit geflügelten Tieren befaßt, und das sind viele, denn das Blatt hat über 35.000 Abonnenten.

Wir bestellen also die Geflügel-Börse, um in dem umfangreichen Kleinanzeigenteil nach Geflügelzüchtern zu suchen, die willens sind, einige Orlow-Hühner zu verkaufen. Das aber heißt: Wir tauchen, alle zwei Wochen, in eine andere Welt ein, die den Blicken des nicht geflügelzüchtenden Zeitgenossen für gewöhnlich ganz entzogen ist. Wir sehen, ein wenig jedenfalls, hinter die Kulissen, es ist etwas von vergnügter Indiskretion dabei, und wir werden sogleich gefesselt vom Detail – das große Ganze mag noch warten, es wird sich, nach Wochen der Lektüre, ganz langsam aus den Details zusammensetzen.

Es muß ja, zum Beispiel, auf jeden, der auch nur über einen Funken Phantasie verfügt, geradezu elektrisierend wirken, wenn ihm hier, einfach so in der Kleinanzeige, Klippenhühner für 125 Mark das Stück offeriert werden, oder: Kalifornische Schopfwachteln, das Paar zu 50 Mark, oder Mehlwürmer für 10 Mark das Pfund. Man fühlt sich umringt von einer Versammlung vielgestaltiger, krähender, gackernder und singender Gestalten, von Blauen Ohrfasanen, Perückentauben, Orpington-Hühnern, Trauerschwänen, Nonnengänsen und Klaffschnabelstörchen.

Faszinierend allein die Vorstellung, man könnte, einfach so, einen Klaffschnabelstorch ordern – 08174/326 – und dieser Klaffschnabelstorch würde nach ein paar Tagen an der Haustür abgegeben, – eine Verlockung, über der man schier vergessen könnte, daß man im Ernstfall gar nicht wüßte, wie man mit dem Klaffschnabelstorch, wenn man ihn ausgepackt hat, dann weiter verfährt.

Ganz nah an der Realität, am durchaus Möglichen, sind solche Bilder. Man braucht ja wirklich nur anzurufen. Dann hebt man den Blick von der Geflügel-Börse – und die Bilder entgleiten wieder in die Ferne einer fremden Welt, einer Welt von Leuten, die sehr wohl wissen, was man mit einem Klaffschnabelstorch macht, wenn er an der Haustür abgegeben wird. Auch wenn man ein paar Orlows im Stall hat, bleibt man ein Zaungast. Daß diese Welt sich aber doch mit der unseren, der gewöhnlichen, irgendwo auch berührt, erfahren wir, beim Weiterblättern in der Geflügel-Börse, durch ein Merkwort, welches uns zugleich die Erkenntnis vermittelt, daß jene Heiterkeit, die uns vielleicht bei der Nennung des Namens Klaffschnabelstorch ankam (und bei manchen anderen Namen noch stärker übermannt, wie bei der Taubenrasse, die den Fachleuten als Berliner langlatschiger Tümmler geläufig ist) -, daß diese Heiterkeit unangebracht ist. Die Sache ist nämlich sehr ernst:

„Die höchste Stufe individueller Kultur ist die sinnvolle Freizeitgestaltung. Die Rassegeflügelzucht ist dafür ein vorbildliches Beispiel“,

– die sachgemäße Aufzucht von Berliner langlatschigen Tümmlern also die höchste Stufe individueller Kultur. Ganz früher, als der Mensch mit der Geflügelzucht begann, bestand ihr Kulturwert nicht so sehr in der „sinnvollen Freizeitgestaltung“ als vielmehr in der Leistung, aus wilden Tieren mehr oder weniger zahme Hausgenossen zu machen, die man, wie auch immer, als Lieferanten von Eßbarem nutzen konnte.

Heute hingegen wird auf dieser höchsten Stufe der Kultur ganz offenbar, wie die Durchsicht der Geflügel-Börse lehrt, vornehmlich das Ziel verfolgt, auf Landesschauen und Hauptschauen und Hauptsonderschauen Anerkennung für jene Tiere zu erringen, die, gemessen an den offiziellen Rassebeschreibungen, möglichst frei von rassisch gesehen bedenklichen Abweichungen sind.

Bei den Brieftaubenzüchtern allerdings kommt es mehr auf

die Flugleistungen als auf die Schönheit an, und beim Sulzbacher Wettkrähen, welches der Kleintierzüchterverein Sulzbach an der Murr alljährlich an Himmelfahrt veranstaltet, ist gar nur die Stimmkraft der Hähne entscheidend. Es kann übrigens jedermann mit seinen Hähnen dort anreisen.

Die Rassen also. Ihre Namen umschreiben – oder: illustrieren eine Vielfalt, die im Geist des Laien das Bild eines phantastischen Zoos entstehen läßt, einer Versammlung von märchenhaften Gestalten, bunt und grotesk, ehrfurchtgebietend und lächerlich:

Bergische Schlotterkämme – Zwerg-Brahma blaurebhuhnfarbig – Westfälische Totleger gold – Moderne englische Kämpfer rotgesattelt und silberhalsig –

– alles Hühner. Und bei den Tauben finden wir:

Mährische Strasser – Ägyptische Segler – Pommersche Kröpfer – Deutsches Nönnchen glattköpfig rot.

Die Züchter schließen sich in Sondervereinen zusammen. Da treffen sich, im Sonderverein der Fränkischen Trommeltaubenzüchter oder im Sonderverein der Elsterpurzler-Züchter, die Spezialisten, jeder meist nur für eine dieser Rassen zuständig, bis er vielleicht, nach Jahren, auf irgendeiner Hauptsonderschau von den Trommeltauben ab und zu den Gelbfahlgemönchten Perückentauben hingezogen wird, seine Schläge räumt, eine neue Zucht beginnt und einem anderen Sonderverein beitritt.

Wie es dahin kam, daß Menschen sich einer einzigen Vogelrasse annahmen und in überaus mühseliger genetischer Bastelarbeit makellose Individuen dieser Rasse zu erzeugen suchten – oder gar eine neue Rasse kreierten, deren offizielle Anerkennung sie dann erst noch bei gestrengen Gremien zu erringen hatten, – darüber macht man sich im Kreise der

Geflügelzüchter Gedanken, in denen manchmal sogar ein leiser Anklang von Selbstzweifel hörbar wird:

„Die kulturelle Basis Mitteleuropas, ausgehend von dem Leitsatz ‚Macht euch die Erde untertan', hat prägend das Verhalten der Menschen bis in jüngste Zeit beeinflußt. Der im Unterbewußtsein verankerte absolutistische Drang zur Veränderung des natürlich Gewachsenen hat bis in die heutige Zeit nachgewirkt und bei Haustieren bis an die Grenze des anatomisch Möglichen geführt.
Damit nun die vom Menschen vorgenommenen Veränderungen wertgeschätzt werden konnten, entstanden durch Festsetzen subjektiver Größen Möglichkeiten, sich von anderen durch Heranreichen an das festgesetzte Ziel zu unterscheiden.
Beim Nutz- und Rassegeflügel wurde so die große Bandbreite der heute bekannten Spielformen erzüchtet, ebenso wie leistungsstarke Nutzrassen. Aus Platzmangel, Spieltrieb, Gewinnsucht und Selbstsucht wurden Farb-, Form- und Gesangsveränderungen erzüchtet."

Man kann das natürlich auch schlichter sagen: Die Fähigkeit, wilde Tiere züchterisch zu verändern, brachte außer den eigentlichen Nutztieren auch eine Fülle von Tiergestalten hervor, deren einziger Lebenszweck darin bestand und besteht, dem Züchten an sich als einer Art von biologischer Heimwerkerei Stoff und Inhalt zu geben, wobei die Kriterien des alsbald einsetzenden Wettbewerbs durchaus willkürlich gesetzt wurden. Dann schuf man einen organisatorischen Rahmen:

„Durch Heranreichen an fiktive Idealvorstellungen konnten sich Organisationen aufbauen, die dieses Tun in den Vordergrund stellten. Die dazu nötigen ‚Vergleichskämpfe' werden als Bewertung auf Ausstellungen ausgeführt."

Das sind allererste Einblicke in die Welt der Geflügelzucht, die mannigfache Anregung zum Nachdenken geben, zum Nachdenken über die Natur und zum Nachdenken über den Menschen.

Von Naturliebe ist viel die Rede auf den Seiten der Geflügel-Börse. Was ist das für eine Liebe, aus der dann Geschöpfe geboren werden wie jener Chamoisfarbene Brabanter-Hahn, von dem der Berichterstatter einer Züchterschau indigniert vermeldet:

„Der Hahn mit den typischsten Kopfpunkten zeigte trotz feiner Mantelfarbe und -zeichnung noch den verpönten fast weißen Schwanz."

Er hat Pech gehabt, der Hahn, denn es hätte ebensogut geschehen können, daß man seinerzeit bei der Definition seiner Rasse den jetzt verpönten weißen Schwanz als Zuchtziel geradezu gefordert hätte. Besser wäre wohl gewesen, sein Züchter hätte ihn geschlachtet, statt ihn auf die Ausstellung zu bringen.

Es darf ja nicht übersehen werden – obwohl *da*von in der Geflügel-Börse gar nie die Rede ist –, daß das „Erzüchten" notwendig verbunden ist mit dem gnadenlosen Ausmerzen aller Individuen, die in das züchterische Konzept, das heißt: in die willkürliche Festlegung aller Form- und Farbdetails einer Rasse nicht passen. Geflügelzucht ist stets und unabwendbar ein immerwährendes Schlachtfest, dessen Schrecken sich freilich hinter der Begrifflichkeit einer eher technischen Sprache verbergen, in der die Tiere als eine Art von Werkstück vorkommen, an dem man arbeitet:

„Beim Rschewer Sternschwanztümmler ist im Gegensatz zu anderen geelsterten Rassen der Rücken farbig. Dies wird in aller Regel in der Zucht keine Schwierigkeiten bereiten. Anders ist es mit Aftergefieder und Keilfedern. Gerät die Zeichnung aus dem ‚Gleichgewicht', dann wird nicht nur der Kopf

heller, auch die Unterschwanzdecke hellt auf. Gegensteuern muß man dieser Entwicklung durch Einsetzen von dunkleren, d. h. überzeichneten Tieren.“

„Natur“ ist in solchem Zusammenhang allenfalls und gerade noch das einzelne Tier, das zweifellos „natürliche“, weil lebende Wesen; „Natur“ sind auch die staunenswerten Vorgänge bei der Vererbung, die, teils zufällig, teils nach Regeln, einzelne Eigenschaften auftreten und wieder verschwinden lassen. Das heißt: „Natur“ – und die sogenannte Liebe zu ihr – wird hier verengt auf jenen ganz schmalen Bereich, innerhalb dessen sie ganz und gar beherrschbar, in Grenzen beliebig veränderbar ist, – Natur als handliches Werkstück.

Während wir dies bedenken, fällt unser Blick auf ein anderes Merkwort, von halbfetter Linie eingerahmt:

„Tiere halten ist schön. Tiere züchten ist interessanter. Gute Tiere züchten ist Kunst!“

– ein sehr erweiterter Kunstbegriff, und es vermengt sich die Liebe zur Natur mit dem Anspruch der Kunst zu einem Pathos, welches schier vergessen läßt, daß hier, im Prinzip, kaum anderes getan wird als einem bunten Hahn auch noch die letzten weißen Schwanzfedern abzuzüchten, weil sie „verpönt“ sind.

Der Gedanke an die neuzeitlichen Gentechniker ist da nicht fern. Ironischerweise suchen sie für ihre kühnen Unternehmungen just dadurch Zustimmung zu erlangen, dass sie behaupten, sie täten im Grunde nichts anderes als das, was die Züchter schon immer getan hätten, nur könnten sie es etwas schneller.

Es dürfte ihnen aber gerade deshalb auch etwas schneller zustoßen, was den Züchtern unterläuft – oder, es kommt auf die Perspektive an – gelingt: daß die mit der Naturliebe vereinte Zuchtkunst Gestalten erschafft, angesichts derer man aus dem Staunen darüber nicht herauskommt, daß „die Natur“ selbst dies noch vollbracht und zugelassen hat und nicht schon viele Generationen vor Erreichung des Zuchtzieles erschöpft und angewidert aufgegeben hat.

Der Oberbegriff aller Zuchtziele ist die „Rasse“. Die Rassen sind streng definiert bis ins allerletzte Detail, und kodifiziert in einem dicken Buch:

„Deutscher Rassegeflügel-Standard. Offizielle Musterbeschreibungen des Bundes Deutscher Rassegeflügelzüchter für Groß- und Wassergeflügel, Hühner und Zwerghühner.“

Da waltet eine Unerbittlichkeit, ein offenbar ganz unbefangener Begriff von rassischer „Reinheit“, der frösteln macht. Dabei ist die „Rasse“ keineswegs stets etwas Uraltes, von der Natur Vorgegebenes, sondern oft genug ein Ergebnis der abenteuerlichsten Vermischungen – und wird gleichwohl in den Beiträgen der Geflügel-Börse nicht selten als „Kulturgut“ verherrlicht, wie zum Beispiel das Deutsche Zwerg-Lachshuhn, das erst vor ein paar Jahrzehnten aus mehreren Rassen zusammengebastelt und dann auch noch auf zwergigen Wuchs zugerichtet wurde. Seine genetische Historie ist exemplarisch:

„Die goldenen zwanziger Jahre sind in vieler Munde ein Begriff, auch bei den Deutschen Zwerg-Lachshuhn-Züchtern. Denn in diese Epoche fällt die Erzüchtung und Anerkennung der Deutschen Zwerg-Lachshühner. Und wie bei so vielen Rassen, die ein lebendiges Kulturgut verkörpern, stand die Wiege der Deutschen Lachshühner im Osten Deutschlands – genauer gesagt in Dresden. Anfang der zwanziger Jahre befaßte sich Emil Heinz mit der Herauszüchtung der Zwergform vom Deutschen Lachshuhn. Die überzeugende Qualität der neuen Rasse auf der Lipsia-Schau 1929 war dann

Anlaß, die jahrelange Züchterarbeit mit der Anerkennung der Deutschen Zwerg-Lachshühner zu krönen. Ausgangsmaterial war, wie bei vielen anderen Züchtungen, ein kleingebliebener Vertreter der Großrasse – in diesem Fall ein Hahn. . .“

– der zum Zwecke der Rassereinhaltung und der Erfüllung des Rassegeflügelstandards ausgemerzt worden wäre, wenn ihn nicht der nachdenkliche Blick des ehrgeizigen Züchters getroffen hätte. Ganz schmal ist der Grat, auf welchem die Abweichlinge wandeln; wenn sie abstürzen, enden sie in der Pfanne, andernfalls winkt ihnen der Ruhm, eine neue Rasse begründet zu haben. Dieser kleingebliebene Hahn also schaffte es:

„Er wurde mit bärtigen Federfüßigen Zwergen verpaart. Später hielt noch das Erbmaterial heller und dunkler Zwerg-Brahma und weizenfarbiger Altenglischer Kämpfer Einzug in die neu zu kreierende Rasse. Eine ständige Selektion auf den Rassetyp –

– das immerwährende Schlachtfest –

– schuf dann letztendlich das Deutsche Zwerg-Lachshuhn. Deutsche Zwerg-Lachshühner sollen ein Abbild der Großrasse sein, nur eben eine Nummer kleiner. Dabei steht der Rumpf, der maßgeblich die Form bewirkt, wie bei jeder Rasse im Vordergrund. Mit ihm fällt oder steigt die Qualität. Hinweise auf eine Trapezform, wie sie gern gegeben werden, sind eigentlich überflüssig. Sie gehen auf alte Versuche zurück, Hühner auf Teufel komm raus in geometrische Formen pressen zu wollen.“

So streng ist man also nicht mehr. Aber ein bißchen streng schon:

Von großer Bedeutung ist die Körperhaltung, die in Verbin-

dung mit der Ober- und Unterlinie sowie der Körperform das äußere Erscheinungsbild prägt. Die das gestreckte Viereck oben und unten begrenzenden Linien werden parallel verlangt –

– das Tier als Werkstück –

– und zwar waagerecht. Der verhältnismäßig kurz geforderte Schwanz steigt in einem leichten Winkel aus der breiten und gerade getragenen Rücken-Sattel-Partie auf. Ein steiler Schwanz ist ein grober Fehler. Nicht viel minder negativ wirkt ein zu langer Schwanz. Aber auch ein zu flach getragener Schwanz, der mehr oder weniger die Rückenlinie waagerecht fortsetzt, ist immer wieder einmal zu sehen und natürlich ein Fehler. Ein großes Übel ist eine ausgerundete Rücken-Schwanz-Linie. Diesen fehlerhaften Oberlinienverlauf bekommt man immer wieder zu Gesicht. Eine strenge Selektion und konsequente Bewertung können Abhilfe schaffen.“

Ist es nur die laienhafte Sentimentalität des Zaungastes, die bewirkt, daß wir es irgendwie unheimlich finden, wie hier mit barscher Kühle die anatomischen Bagatellen zu schweren Körperfehlern hochdefiniert werden, – zu ahnden mindestens mit dem strikten Verbot künftigen Kopulierens, für gewöhnlich aber – wer kann sich schon unnütze Fresser leisten? – mit dem Tod.

Sind die Assoziationen, die sich da unweigerlich einstellen, sind die Parallelen zu dem Eifer, mit dem auch beim Menschen die Rassen definiert und die Abweichungen verworfen werden, nur Phantasmagorien, die den Unterschied zwischen Mensch und Tier außer Acht lassen? Oder ist die Angst berechtigt, hier werde eine Urteilsweise eingeübt, die dann ganz leicht vom Züchterstammtisch auf die anderen Stammtische überspringt und größeres Unheil gebiert als den Tod danebengeratener Hähne und Hennen?

„Die lichtdurchflutete, feingeschmückte Halle, herrlicher Sonnenschein, viele Besucher und ein zum Teil fein ausgewogenes Tiermaterial gaben dieser Ausstellung einen würdigen Rahmen."

Es ist ein fröhlicher und festlicher Rahmen, in dem schließlich das Tiermaterial, das alle Selektionen überlebt hat, dem Publikum und den Preisrichtern vorgestellt wird. Der Strenge des Züchters entspricht die Strenge des Preisrichters, der, für ein Tagegeld von 45 Mark und ein Bewertungshonorar von 40 Markt für 80 Nummern, Hahn für Hahn und Henne für Henne begutachtet. Über die Ergebnisse liest man dann in der Geflügel-Börse etwa dies:

„Hauptsonderschau der Rheinländer und Zwerg-Rheinländer. – 273 Hähne und Hennen in allen sechs anerkannten Farbschlägen wurden vorgestellt. Vier Sonderrichter trennten die Spreu vom Weizen.
55 Schwarze Hähne gaben einen umfassenden Überblick über den derzeitigen Stand dieses Farbschlages. Sie präsentierten sich mit überwiegend feiner, gestreckter Rechteckform, breiter Feder mit reichlich Grünlack, feingeperlten Rosenkämmen, dicken weißen Ohrscheiben und zusagendem Schwanzwinkel. Leider wurden nur 3 Weiße Hähne und 6 Weiße Hennen vorgestellt. Ich finde dieses sehr schade, gerät man doch gerade bei diesem Farbschlag ins Schwärmen, wenn man daran denkt, wie diese Tiere mit einem roten Rosenkamm, leuchtend rotem Gesicht, weißer Mantelfarbe und blauen Läufen sich auf einer grünen Wiese präsentieren.
57 Rebhuhnfarbige zeigten, daß dieser Farbschlag sich weiterhin im Aufwind befindet. Bei den Hähnen konnten Tiere mit sehr viel Aftergold, nach unten hin stark absetzendem Halsbehang und strohigem Sattel nicht mehr über die Note gut hinauskommen. Die Hennen haben qualitativ wieder einen Schritt nach vorn gemacht."

Akribisch wird nicht nur vermerkt, was da zu sehen ist, sondern auch, was für die Zukunft erwartet wird und worauf sich der Fleiß des Züchters zu richten hätte:

„Bei den Zwerg-Rheinländern wurden formlich recht zusagende schwarze Hähne mit teils beachtlichen Schwanzpartien vorgestellt. Nur bei ganz wenigen Ausnahmen gab es durchgehende violette Streifen bzw. Schilf in den Schwingen. Hier haben die ausführlichen Besprechungen bei den Sommertagungen ihre Wirkung gezeigt. Die Körperhaltung wurde mehrfach waagerechter erwünscht; eine Käfigdressur könnte diesbezüglich helfen.
Trotz jahrelanger Bemühungen haben wir das Kehllappenproblem mit dem wulstigen, faltigen Kehllappen-Ansatz noch nicht voll im Griff. Entsprechende Hähne dürfen nicht mehr zur Zucht eingesetzt werden.
Die Weißen haben sich gegenüber den letzten Jahren verbessert und wurden in einer recht guten Kollektion vorgestellt. Zu verbessern sind eine waagerechte Haltung –

– vielleicht wieder durch Käfigdressur in den Griff zu bekommen –

und gefülltere Vorkämme. Bei den Hähnen überraschten insbesondere die guten Formen und das weiße Mantelgefieder. Ein gelblicher Anflug war die Ausnahme; nur ein Hahn wurde deswegen gestraft."

– natürlich wurde er nicht gezüchtigt, sondern nur herabgestuft. Die Strafe des Todes dürfte ihn dann nach seiner Rückkehr aus der lichtdurchfluteten, feingeschmückten Halle ereilt haben...

So und so ähnlich also geht es auf den großen Schauen zu. Dann kehren die Züchter wieder zurück zu ihren Käfigen und Volieren, zu ihren Taubenschlägen und Freigehegen und züchten weiter.

Das Ganze hat etwas Familiäres, etwas Gemütliches, das in seltsamem Gegensatz steht zu der Gnadenlosigkeit des Selektierens. Wer Nachthalshühner beschlipst oder Trommeltauben zu seinem Lebensinhalt gemacht hat, der ist auf eine gewisse Weise einsam und deshalb um so mehr darauf angewiesen, im gleichgesinnten Züchterfreund – abgekürzt Z-f-r – einen verständigen Weggenossen zu finden.

In der Geflügel-Börse kündet davon eine Rubrik, die „Aus unseren Reihen" überschrieben ist und in welcher die Züchterfreunde, die einen runden Geburtstag feiern oder gar verstorben sind, auf eine ausführliche Würdigung rechnen können.

Uns Zaungästen fällt auf, daß in diesen Biografien kaum jemals der bürgerliche Beruf des Züchterfreundes erwähnt wird. Vor dem Geflügel sind alle gleich, und vom Leben des Jubilars oder des Verstorbenen ist nur dasjenige erwähnenswert, was mit dem Geflügel zu tun hat.

Auch von den Frauen ist nur in ganz vereinzelten Fällen die Rede. Offenbar gibt es nur Züchterfreunde und keine Züchterfreundinnen, höchstens Freundinnen von Züchterfreunden, und man kann nur ahnen, was sie in heroischer Selbstverleugnung zu den Erfolgen beitragen:

„Willi A. wurde zu einem der erfolgreichsten Zwerg-Langschan-Züchter der Welt. Von Anfang an wurde nur mit Fallnestkontrolle gearbeitet. Solange Willi berufstätig war, war es die Aufgabe seiner Frau, zweimal täglich die Nester zu kontrollieren und die Eier zu beschriften."

Was möglicherweise sogar zur Erlangung einer Ehrennadel führen kann:

„Die neuen Bundes-Ehrennadeln gibt es in verschiedenen Ausführungen – zum Anstecken bzw. Anschrauben und –

auch an die Frauen wurde gedacht – zum Anhängen an ein Kettchen."

Weit ist der Weg zur Ehrennadel, und lang muß das Leben des Züchters sein, wenn er es zu etwas bringen will.

„Ein lebendes Denkmal der Orpington-Zucht, Ernst S. aus Niederwalluf, wird am 19. Mai 80 Jahre alt. Bereits mit 10 Jahren begann seine Liebe zu den gefiederten Freunden zu glühen. Seine besondere Liebe schenkte unser Ernst über vierzig Jahre den gelben Orpington. Mit ganzer Kraft widmete er sich ab 1972 der Aufgabe, den roten Farbschlag wieder auf die Beine zu bringen und trug maßgeblich dazu bei, die Orpington auf den Zuchtstand zu bringen, wie wir sie heute haben. Als seine Ehefrau verstarb, waren seine gelben Orpington ein großer Rückhalt. Wir wünschen unserem Züchterfreund Ernst noch weiter viel Spaß in seinem Brutkeller und einen schönen Lebensabend."

Da verwebt sich die Biographie des Züchters mit der Stammesgeschichte der von ihm erwählten Geflügelrasse, die Züchterfreunde scharen sich um ihn, und an den Wänden glänzen die Ehrenzeichen, wie bei dem 70jährigen Walter B.:

„Viele große Preise, Plaketten, wertvolle Pokale, Bänder und Siegerbänder legen Zeugnis von seinem Züchterherz ab. – Das von ihm ins Leben gerufene Hahnenfestessen war stets ein großer Erfolg."

So – oder so – vollendet sich der Weg der gefiederten Freunde. Die einen werden in der lichtdurchfluteten, feingeschmückten Halle preisgekrönt und bringen Siegerbänder und wertvolle Pokale nach Hause, die anderen enden beim Hahnenfestessen.

„Die Vertrautheit zu Tieren ist ein Stück Paradies, das nur

Tierliebhaber ausleben können. Deshalb brauchen Tierzüchter auch nicht die Couch des Psychiaters oder die Selbstverwirklichungsgruppe.“

Woran gewiß etwas Wahres ist, auch wenn uns Zaungäste manches in dieser ganz anderen Welt ein wenig befremden mag und ganz von ferne gar der Gedanke auftaucht, die ingrimmige Verbissenheit beim Wegzüchten einer Ockereinlagerung im Brustgefieder könne vielleicht doch auch einen Psychiater interessieren...

Eine Weile verfolgt uns noch das Bild der Züchterfreundsfrau, die, um den Hals das Kettchen mit der Ehrennadel, tagtäglich zweimal die Eier beschriftet. Ein paar Namen hallen noch fort, die Bergischen Schlotterkämme oder die Nackthalshühner beschlipst, und nur sehr langsam vergessen wir die ernste Strenge, die den sogenannten Schauwert zum Kriterium für Leben und Sterben macht und den Wulstkamm der Araucanas im vorigen Jahr aus politischen Gründen noch gelten ließ, von nun an aber auf dem Erbsenkamm besteht:

„Wichtig ist, daß der Kamm die Kriterien des unregelmäßigen Erbsenkammes erfüllt, wobei 1991 und 1992 ein Wulstkamm toleriert wird. Dieses ist ein Zugeständnis an die Züchter der ehemaligen DDR, bei denen der Wulstkamm neben dem Erbsenkamm gleichberechtigt war. Ab 1993 ist dann wie in jedem anderen Land der Welt nur noch der Erbsenkamm als Rassemerkmal anerkannt.“

Unsere Orlows, dies bleibt noch nachzutragen, kamen in einem großen Pappkarton an. Sie waren etwas verschreckt, sonst aber gesund. Sie rennen über die Wiese, legen vornehm längliche Eier, der Hahn kräht, freilich nicht so, daß wir uns in Sulzbach an der Murr zum Wettkrähen anzumelden getrauten, und ganz ungeniert verpaart er sich mit allem, was ihm unter die Fittiche kommt...

Wer zuerst schießt, hat mehr vom Leben

In Glarus, einer von jeher sowohl für ihren Schabzigerkäse als auch für ihren Kaufmannsgeist bekannten schweizerischen Kantonshauptstadt, könnte ich, wenn mir danach wäre, bei dem Waffenhändler Werner Wichser eine rumänische Kalaschnikow kaufen, einfach so über den Ladentisch, das Modell AK-47 für 680 Franken, Kaliber 7.62, Magazinkapazität 30 Patronen, Gewicht sieben Pfund.

Es gibt dazu auch ein Nachtsichtgerät mit Restlichtverstärker, das allerdings noch einmal fünf Pfund wiegt und von dem der Tester des „Internationalen Waffen-Magazins" eher abschätzig schreibt:

Zur Beobachtung von Liebespaaren oder Obstdieben läßt sich dieses Gerät bestimmt einsetzen.

Die Vorstellung, daß jemand mittels einer Kalaschnikow Kaliber 7.62 mit aufgesetztem Nachtsichtgerät Liebespaare beobachtet, ist nicht geradezu anheimelnd – aber wer wollte Anheimelndes erwarten, wenn er jene buntglänzenden Zeitschriftenhefte aufschlägt, von deren Titelbildern ihm blitzende Waffen aller Art entgegenstarren und die sich ja gar nicht an uns wenden, die wir beim Anblick einer Kalaschnikow erbleichen, sondern an die wahren und unerschrockenen Freunde aller Faust-, Lang- und Blankwaffen, an Jäger, an Sammler, und an die Sportschützen, welche, wie uns das Deutsche Waffen-Journal mitteilt,

den Schießsport als einen wertvollen, das Verantwortungsbewußtsein wie den Charakter positiv bildenden Individualsport bejahen.

Den Waffen zugetan sind auch jene, die gern mittelalterliches Ritterleben nachspielen oder sich am Wochenende in Sheriffs, Indianer und Cowboys verwandeln, – ganz zu schweigen von anderen Interessentenkreisen, die ihre Motive nicht so bereitwillig zu erkennen geben:

In der Schweiz, wo jenes Internationale Waffen-Magazin erscheint, sind die Gesetze liberal, und den Waffenverkäufer kümmert es nicht, wer da vor der Theke steht – ein zu allem entschlossener Räuber, ein deutscher Terrorist, ein italienischer Mafioso oder der Abgesandte einer der kriegführenden Parteien des jugoslawischen Gemetzels.

Für den Laien ganz ununterscheidbar mischen sich im schweizerischen Angebot die ernsthaft zum Mord tauglichen mit den für allerlei olympische und weniger olympische Sportarten gedachten Waffen, die freilich ebenfalls imstande sind, Löcher in Menschen zu machen. Wer von uns, die wir nur ungern eine Waffe kaufen würden, wüßte denn zum Beispiel, ob die südafrikanische Mamba-Pistole, 15schüssig, für 990 Franken, mehr ein Schaustück ist oder als zweckdienliche Bewaffnung eines Nachtwächters gelten kann?

Die Auswahl ist überwältigend und verwirrend, die Vielzahl der unterschiedlichen Typen unvorstellbar groß. Nur selten trifft man auf Namen – bedrohliche wie „Desert Eagle" oder zärtliche wie „Little Joe" –, meist müssen Nummern zur Unterscheidung reichen: T 58! LP 42! Das klingt wie „Feuer frei!".

Meisterwerke der Feinmechanik sind das allemal, und man muß nur einen Testbericht lesen, um zu erkennen, daß in den Werkstätten der Waffenmacher das Äußerste an Scharfsinn aufgewendet wird, um die hohen Ansprüche der Waffenfreunde immer noch besser zu befriedigen.

In diesem Arsenal umherirrend, geblendet von blanken Läufen und Griffschalen aus Mammut-Elfenbein, vertieft in den Anblick einer zerlegten Glades Gunworks-Pistole HC 20, staunend über allerfeinste, meist pflanzlich rankende Gravuren, vergißt man schier, daß der Urzweck all dieser Waffen das Töten von Tieren oder Menschen ist.

Wenn einem das wieder einfällt, ist man sogleich mitten in der Thematik eines Aufruhrs, der in den Waffenzeitschriften widerhallt wie grummelnder Geschützdonner. Der Aufruhr gilt den verzweifelten Versuchen mehrerer Regierungen, die zunehmende Brutalität und Kriminalität dadurch einzudämmen, daß man den Besitz von Waffen und den Handel damit wo eben möglich erschwert und genau dasjenige verhindert, was ein CDU-Abgeordneter namens Rudolf Krause öffentlich und ungeniert fordert, nämlich die ungehinderte Selbstbewaffnung aller Bürger, – von der freilich mit Gründen befürchtet werden darf, daß sie nicht die Sicherheit fördert, sondern die Gewalttätigkeit ausufern lassen würde.

Gern verweisen die Waffenfreunde auf die Schweiz. Doch wird auch in diesem Lande, in dem bekanntlich jeder Wehrbürger seine Dienstwaffe im Kleiderschrank stehen hat, demnächst ein Verfassungsartikel zur Entscheidung stehen, der es der Zentralregierung ermöglichen soll, gegen den Mißbrauch von Waffen vorzugehen. Die Jäger und Sammler und Sportschützen haben daraufhin eine „Gesellschaft für freiheitliches Waffenrecht" gegründet, die sich „Pro Tell" nennt, nach jenem Wilhelm Tell, den Schiller im 1. Aufzug des III. Aktes sagen läßt:

Mir fehlt der Arm, wenn mir die Waffe fehlt.

Schon die strengeren deutschen Waffengesetze mit ihrer peniblen Bedürfnisprüfung sind für die stolzen Schweizer ein Alptraum. Die deutschen Schützen wiederum sind wutentbrannt, weil auch ihnen eine Verschärfung der Gesetze ins Haus steht. In den Leserbriefen des Stuttgarter Waffenmagazins „Visier“ knallt und blitzt es:

Es ist eine schier bodenlose Frechheit, mit der die zuständigen Behörden dem Waffenbesitzer kriminelle Energie unterstellen. Während sich Rechtsradikale und Kriminelle in den europäischen Nachbarstaaten nach Herzenslust mit Schußwaffen aller Art eindecken, bemühen sich die Länder darum, dem sportlichen Schützen das Hobby mies zu machen. Ich warte auf den Tag, an dem der Erwerb von Küchenmessern und Hühnereiern reglementiert wird. Schließlich wurden in den letzten zwei Jahren mehr als dreimal so viele Anschläge mit diesen gefährlichen Gegenständen auf Politiker und Sportler verübt als mit „Schußwaffen.“

Ganz unrecht hat der Mann tatsächlich nicht; denn die geplanten Regelungen dienen eher dem Nachweis bürokratischen Erfindungsreichtums als dem Kampf gegen die Kriminalität. Daß zum Beispiel die Zahl der Waffen, die ein Jägersmann besitzen darf, verringert werden soll, wird sicher nichts bewirken, denn ein Jäger mit zwölf Gewehren ist nicht gefährlicher für das Gemeinwohl als einer, der nur zwei Flinten im Schrank hat.

Auch sprechen die Statistiken dafür, daß die überwiegende Zahl von Verbrechen mit illegal erworbenen Waffen begangen wird, und jene Waffensammler, die ihre Waffe mißbrauchen, wären wohl auch ohne Waffenschein an ein Schießeisen gekommen. Ein Waffenfreund im Leserbrief:

Wenn jemand vorhat, ein Verbrechen zu begehen, geht er doch einfach auf den Hauptbahnhof und holt sich hinter der nächsten Säule seine gewünschte Waffe. Der gesetzestreue Bürger wird nur behindert und latent in der Nähe von Baader-Meinhof & Co angesiedelt. Ich bin beruflich sehr oft in den USA. Dort weht ein anderer Wind!

Das ist wohl wahr: In den Vereinigten Staaten von Amerika gehört der freie Erwerb von Waffen traditionell zu den fundamentalen Bürgerfreiheiten, –allerdings mit dem Ergebnis, daß dort mehr als 30.000 Menschen im Jahr mit einer Schußwaffe ums Leben gebracht werden. Aber schon die neuerdings in den USA zu hörende, rührend bescheidene Forderung, man möge den Kauf von Waffen dadurch erschweren, daß man den Käufer eine Woche warten läßt und inzwischen seinen Leumund prüft, hat einen Sturm der Entrüstung entfesselt.

Aufruhr überall. Was ist es, was die Waffenfreunde so erregt? Sind es nur die bürokratischen Absurditäten?

Oder umgekehrt gefragt: Was haben die Leute eigentlich an ihren Waffen? Ist es die reine Zweckmäßigkeit bei den Jägern, der reine Sportsgeist bei den Schützen, die reine Liebe zur Tradition bei den historischen Schützenvereinen und den Western-Spielern? Sind alle jene ganz reinen Herzens, die nicht genug Granaten, Maschinenpistolen und zahllose andere sogenannte Militaria in ihren Wohnungen horten können?

Glaubt man den Leitartiklern und den Verbandsjuristen in den Waffenzeitschriften dann sind all diese Waffenfreunde zivilisierte Menschen, die nur das Grundrecht der freien Entfaltung ihrer Persönlichkeit für sich in Anspruch nehmen und selber das größte Interesse daran haben, daß Waffen nicht in jedermanns, sondern nur in ihre Hände kommen. David Schiller, Chefredakteur der Zeitschrift „Visier“:

Der öffentliche Proteststurm gegen die geplante Verschärfung des Waffengesetzes läuft auf vollen Touren. Jetzt sind sachliche Argumente nötig – wilde Emotionen schaden nur. Ein unkontrollierter Zugang zu Schußwaffen liegt weder im Interesse der Sportschützen noch der Jäger oder Waffen-

sammler – denn das wäre so, als würden Autofahrer gegen Führerschein und Fahrschulen opponieren. Warum kann die Bedürfnisregelung der Waffenbesitzer nicht in ebenso verständlichen und nachvollziehbaren Bahnen verlaufen wie bei den Fahrzeughaltern?

Ja, warum nicht? Im „Deutschen Waffen-Journal" gibt der auf Waffenrecht spezialisierte Rechtsanwalt Hans Peter Lindner eine Teilantwort darauf:

Es ist nicht zu verkennen, daß in weiten Kreisen der Politik, der Verwaltungsbehörden wie auch der Bevölkerung eine unterschwellige, irrationale Angst gegenüber einem jeglichen Waffenbesitz vorherrscht.

Ist das ein Wunder, ist es so absurd? Waffen sind zum Töten ersonnen, und wenn wir die Schüsse hören könnten, mit denen Tag und Nacht zu jeder Minute irgendwo auf der Welt getötet wird – es wäre nicht auszuhalten.

Wer die ausgeklügelte Feinmechanik einer Beretta 34 nicht so recht zu schätzen weiß und die makellose Glätte der Schaftbacke einer Perazzi-Trapflinte MT 6 mit feiner Arabeskengravur auf der Kappe eher unheimlich findet, der mag wohl bei solchen und anderen Meisterwerken der Büchsenmacherei an Tod und Blut und Angst und Tränen denken. So „unterschwellig irrational" ist das ja nicht. Es ist blanker Realismus im Verein mit einem Empfinden für das Symbolische, eine Geschmacksfrage meinetwegen, und der Vergleich mit Küchenmessern und Hühnereiern als Wurfgeschossen geht insofern fehl, als eben Waffen von jeher die Zweckbestimmung des Tötens hatten, weiterhin dazu benutzt werden und ihre sportliche Verwendung demnach unweigerlich mit dem Geruch des Todes behaftet bleibt, so wie wohl manche sogenannte Sammlerwaffe, wäre sie nicht gereinigt und poliert, noch die blutigen Spuren ihres letzten Gebrauches zeigen würde.

Der Zusammenhang zwischen der Waffe und ihrem ursprünglichen Zweck des Tötens ist übrigens denen, die einen Sport aus dem Schießen machen, durchaus bewußt, auch wenn sie es nicht dazusagen, nicht mehr dazusagen: Vor Jahren war in eben jenem Deutschen Waffen-Journal, welches jetzt das Grundrecht der freien Entfaltung der Persönlichkeit ironisch „auch für Waffenbesitzer" reklamiert, dem Testbericht über eine Ruger Blackhaw Kaliber 30 das Motto vorangestellt:

Wer zuerst schießt, hat mehr vom Leben!

Das sind Worte von stählernem Klang mit einem Beigeschmack von Zynismus, und daß sie aus den Waffenzeitschriften verschwunden sind, muß noch nicht heißen, daß die bösen Geister aus dem Waffensport vertrieben wurden. Es ist jedenfalls bemerkenswert, daß zugleich mit den starken Worten überhaupt jede Äußerung über Gefühle und Stimmungen, über das Erleben der Schützen unterdrückt wird. Nur in den zartesten Andeutungen ist ausnahmsweise davon die Rede, so etwa, wenn in „Visier" ein Artikel über die technischen Möglichkeiten der Schalldämpfung mit dem Satz beginnt:

Die meisten Sportschützen freuen sich, wenn's beim Training ordentlich rumst und dazu dicke Pulverdampf-Schwaden über den Schießstand ziehen.

Was sind das für Leute, die so leichthin die makabre Symbolik der Waffe verdrängen und aus dem Schießeisen ein Sportgerät zu machen vermögen, ja, von denen viele nach Waffen dürsten?

Die Psychologie und Psychopathologie der Schießfreude ist noch nicht geschrieben, und in den Waffenzeitschriften darf man nichts erwarten, was dazu das Rohmaterial liefern könnte, weder Beschreibungen noch Gedanken oder Andeutungen selbstzweiflerischer Überlegungen. Manchmal kommt dem Außenstehenden solche Schweigsamkeit sehr laut und sehr beredt vor.

Das Grundrecht zur freien Entfaltung der Persönlichkeit der Waffenfreunde schließt nicht das Recht der anderen aus, darüber nachzudenken, welche Persönlichkeiten sich da entfalten, welcher Geist da weht, welche Motive da wirksam sind und welche Bedürfnisse befriedigt werden.

Solches Nachdenken hätte wohl zu beginnen mit anthropologischen Erkundungen über die unauslöschlich eingeprägten Verhaltensweisen der Verteidigung und des Jagens, die daraus geborene Lust am Zielen und die Freude am Treffen und Siegen – hier eben noch unverstellt als Betätigung von Gerätschaften, mit denen man tatsächlich töten kann, noch nicht verharmlost zu Kegelkugeln oder Tennisschlägern.

Um so eher darf man ferner voraussetzen daß auch Waffenfreunde nur Menschen sind, das heißt, sie sind mit denselben Schwächen behaftet, wie sie bei anderen Menschen vorkommen: Geltungsbedürfnis, Minderwertigkeitsgefühle aller Art, Neid, Ängste, Süchte – nur eben mit dem Unterschied, daß sie Waffen besitzen und die notwendige Stärkung daraus beziehen können, daß sie diese Waffen vorzeigen und benutzen – oder auch nur im stillen Waffenkämmerlein wohlgefällig betrachten.

Das kultische Element im Waffenwesen wäre zu bedenken, das alte Bild der Zauberwaffe, auch wohl der tiefenpsychologische Zusammenhang zwischen Penis und Pistole, dies alles gewiß mit der nötigen Vorsicht, aber doch nicht so völlig blind gegenüber Versuchungen und Verirrungen, wie sich diejenigen stellen, die da Monat für Monat über die Waffen als solche schreiben und nie ein Sterbenswörtchen verlauten lassen von den Süchten, den Exzessen, den Schwächen eines Teiles ihrer Abonnenten. Es wäre ja denkbar, daß selbst diesen solches Nachdenken nützlich sein könnte, indem sie gewahr werden, daß ihre leidenschaftliche Liebe zu Pistolen oder Maschinengewehren eher der therapeutischen Behandlung bedürfte als der allmonatlichen Anfeuerung durch Waffen-Magazine, welche die Illusion einer nüchternen, nachgerade asketischen Seriosität zu erzeugen suchen.

Offenbar sind Waffen nötig. Aber man könnte sich wünschen, daß ihre Anwendung wirklich auf jene Fälle beschränkt bleibt, in denen sie unumgänglich erscheint.

Die Angst vor ihnen ist weder irrational noch unterschwellig, sondern sehr rational und bewußt, weil jede Waffe eine Drohung repräsentiert, ganz gleichgültig, in wessen Händen sie sich befindet, und eine Versuchung darstellt für den, der sie hat, – auch hier: ganz gleichgültig, um wen es sich handelt.

Der Gedanke, den Handel mit Waffen, ja, vielleicht sogar ihre Herstellung, möglichst zu beschränken und zu erschweren, drängt sich auf, und wenn er noch so naiv anmutet. Es spricht nicht gegen diesen Gedanken, daß die Gesetze, die ihn wenigstens andeutungsweise zu verwirklichen suchen, eher symbolische Gesten sind als tatsächliche Gegenmittel: Natürlich wird sich jeder, der will, seine Waffe beschaffen, – aber es könnte ja sein, daß solche Signale des Gesetzgebers eine erziehliche Wirkung hätten. Immerhin ist es ein großer Teil der zivilisierten Menschheit, der gern und freiwillig waffenlos bleibt und der es schlicht geschmacklos findet, wenn man mit Kalaschnikows auch noch Sport treibt.

Wenn das Bild des Schieß- und Waffenwesens deutlich eingetrübt ist, so liegt das freilich nicht nur an der bitteren Wirklichkeit kriegerischen Wahnsinns, an ballernden Kurden, durchdrehenden Polizisten und was in dieser Art noch zu besichtigen ist, sondern auch daran, daß dieses Waffenwesen gewissermaßen an den Rändern ausfranst und dort deutlicher als in seinem Kern jene atavistischen, nur mühsam und ganz unzureichend gezähmten Begierden sehen läßt, aus denen die Lust am Schießen erwächst.

Eine dieser Randprovinzen steht unter dem Zeichen des Messers; auch Schwerter, Bajonette, Säbel und andere Blankwaffen gehören dazu, historische, nachgemachte und neue. Der Annoncenteil ist voll davon.

„Cobramesser wie aus dem Stallone-Film, Micartagriff mit Stahldornen, neu 530 Mark. – Richtschwerter und breite Krummsäbel zu verkaufen. – Kampfmesser mit Überlebenspatrone und Bedienungsanleitung, 150 Mark. – An- und Verkauf japanischer Schwerter und Rüstungen. – Fallschirmkappmesser mit heller Lederscheide, 68 Mark,

und im Sonderangebot:

Bajonett mit Drahtschere und Gummi-Isolierung, 38 Mark.

Die Blankwaffen haben einerseits etwas Urtümlicheres als die Schußwaffen, sind von anständiger Schlichtheit, andererseits können sie auch noch schaudererregender sein; etwas vom Schlachten, vom Abschlachten ist dabei, und wer vermöchte ohne innere Bewegung die Blutrinne eines Schwertes zu sehen, deren Zweck darin bestand, dem Blut des Durchbohrten einen Weg freizuhalten, damit es hinausspritzen konnte und das Schwert nicht die Wunde, die es schlug, zugleich verstopfte.

Vielleicht genießt der Sammler den Schauder und fährt liebevoll mit dem Zeigefinger an der Blutrinne entlang, vielleicht läßt es ihn auch völlig kalt, wer weiß das schon, denn so wenig wir aus den Waffenzeitschriften über das Fühlen und Erleben der Schützen erfahren, so dunkel bleibt auch, was in den Köpfen und Herzen der Säbelsammler und Messerfreunde eigentlich vorgeht. Es mag die ganz arglosen Ästheten geben, die sich am kunstvoll bearbeiteten und verzierten Stahl erfreuen, ohne an Blut zu denken, – es gibt die Messerstecher, die nicht lange zögern, das italienische Stiletto zum Superpreis mit Qualitätsstempel im Ernstfall auch anzuwenden oder mit dem malayischen Schmetterlingsmesser wenigstens ernsthaft zu drohen, und es gibt sicher die kleinmütigen Hasenfüße, die sich einfach besser fühlen, wenn sie die Schubladen aufziehen, in denen das Ranger-Messer namens „Outlaw" aus dem Wilden Westen, der „Double Shadow Dagger"

– aufgrund der zweischneidigen Klingen erst ab 18 Jahre erhältlich –

– oder das sagenhafte Schwert „Excalibur" in einer Nachbildung aus rostfreiem Edelstahl 420 liegen – übrigens dies alles nichts gegen den Klingen-Lederhandschuh, den der in Fachkreisen angesehene Messermacher Dieter Mindt auf der Ausstellung „Messer und Klinge 1993" zur Schau stellte und den die Zeitschrift „Visier" ihren Lesern im Bild darbietet, einen Handschuh, bei dem vier Finger in leicht gekrümmte, sehr lange, scharfe, krallenähnliche Messer auslaufen; mit einer metallischen Versteifung der Handoberfläche ist das Ding so zweckmäßig konstruiert, daß man die Messer gewiß als Krallen benutzen kann, ja, daß man den Handschuh nur mit einem Blick zu streifen braucht, um schon das Bild des Krallenmörders vor sich zu haben, der seine Opfer mit vierfachem Messer sehr langsam in schmale Streifen schneidet.

Fröstelnd wenden wir uns zum Gehen und verlassen die Provinz der Messer-Menschen, mit einem ungemütlichen Kribbeln zwischen den Schulterblättern und in dem Bewußtsein, daß die Sammler und Benutzer dieser Hieb- und Stichwaffen sich keiner Bedürfnisprüfung zu unterziehen und keine Waffenbesitzkarte zu beantragen brauchen ...

Im Annoncenteil weiterwandernd geraten wir auf das Terrain jener wohl spätpubertären Kameraden, die, zu welchen ganz unterschiedlichen Zwecken auch immer, Souvenirs aus einer Zeit sammeln, die sie selbst ganz ungeniert das „Dritte Reich" nennen. Daß sie hier so zwanglos mit seriöseren Waffenfreunden und Sportschützen zusammenwohnen, ist bemerkenswert und sollte denen zu denken geben, die nicht zu Unrecht um den guten Ruf der ganzen Branche besorgt sind: Es wäre ja immerhin denkbar, daß man sich in den Kreisen jenes Waffensports, der sich anheischig macht, Charakter und Verantwortungsbewußtsein zu fördern und keine Gefahr, sondern eher eine Stütze der öffentlichen Sicherheit zu sein, – daß man sich in diesen Kreisen der Mitbewohner geniert und sie gar nicht erst ins Haus läßt. Davon aber ist auch nicht andeutungsweise etwas zu bemerken.

SS-Führer-Koppelschloß, Kopie ab 90 Mark. – Partei-Abzeichen 20 Mark. – Adolf-Hitler-Köpfe, Porzellan, Höhe 17 cm, 80 Mark. – Verkaufe Fallschirmjäger-Helm M 37 der Luftwaffe, eine Schraube und Hakenkreuz am Adler fehlt –

– und was dergleichen mehr ist, Marschallstäbe, Bomberjacken, Wimpel, und, für lächerliche 500 Mark, ein Fischmesser aus der Kanzlei „des Führers", und man wundert sich nur, daß nicht auch ein Stück Stacheldraht aus Dachau dabei ist, – Geschmacksgründe können es jedenfalls nicht sein, die das verhindern.

Dem Nazi-Plunder gesellen sich die Effekten zu, die irgendeinen Krieg dieser Welt anfaßbar machen, zwar nicht das Grauen, nicht die Angst, nicht die Wunden, die er schlug, nicht weinende Bräute und verwaiste Kinder, sondern die martialischen Gestalten derer, die dazu abkommandiert waren und sich zweckentsprechend ausstaffieren mußten. Da gibt es neuwertige Wüsten-Tarnanzüge aus dem Golfkrieg, Original US Vietnam Splitterschutzwesten, deutsche Stahlhelme als Bodenfunde aus dem Kampfgebiet Halbe bei Berlin, wo die Souvenirsammler mit Hilfe ihrer Metalldetektoren eifrig dabei sind, den Schlachtenmüll von 1945 zu bergen und anschließend zu verscherbeln.

Das ganze Elend einer kriegerischen Welt, in der die Menschen einander metzeln, aus rationalen und aus ganz irrationalen Gründen, pervertiert hier zu Sammlerglück und Männerfreude, unter Berufung auf das Grundgesetz, welches die freie Entfaltung der Persönlichkeit garantiert, einschließlich der Freiheit, makabre Witze zu machen, wie denn zum Besuch einer neuen Großkaliber-Schießanlage mit dem Slogan eingeladen wird:

„Können Sie schießen – treffen Sie Freunde!“

Natürlich sind die Waffenzeitschriften, die uns ein – wenngleich mehrfach gefiltertes und zivilisatorisch geschöntes Bild der Waffenfreunde aller Couleur vermitteln, nicht für uns gemacht. Wir sind es demnach selbst schuld, wenn uns die Kalaschnikow AK 47 mit Nachtsichtgerät noch in den Schlaf verfolgt und wenn uns auch die Nachricht nicht froh stimmen kann, daß die Schießsportler von den unfreundlichen Farben Grün und Braun Abschied zu nehmen beginnen und zunehmend dazu übergehen, ihre Schießeisen poppig einzufärben:

Am beliebtesten ist der Fünffarbenschaft, aber insgesamt kann der Kunde aus 60 Farben wählen. Die Version mit der nackten Lady neben dem Tigerkopf auf knallrotem Untergrund wird freilich nur von Kennern geordert.

Was sind das für „Kenner“? Was kennen sie, die Liebhaber von nackten Ladies nebst Tigerkopf? Wir sind es selbst schuld, wenn uns solche Fragen beunruhigen und wenn wir uns in bangen Minuten sogar fragen müssen,ob denn jene, die da das Grundrecht der freien Entfaltung der Persönlichkeit für sich in Anspruch nehmen, ihrerseits, wenn sie denn das Sagen hätten, uns das Grundrecht der freien Entfaltung der Persönlichkeit gewähren würden.

Aber auch so schon ist der Blick in die Zukunft getrübt. Nicht wegen des CDU-Abgeordneten Rudolf Krause, der die Aufrüstungsfreiheit für alle Bürger fordert, sondern weil, wie wir aus unseren Waffenzeitschriften lernen, dieser Aufrüstung gar nichts mehr im Wege steht, nicht einmal eine Bedürfnisprüfung:

Der perfekte Selbstschutz: Power-Schocker. Elektroschockgeräte, von 65 000 Volt bis 150 000 Volt, auch mit Blitzeffekt. Ein superstarker elektrischer Schlag wehrt jeden Angreifer ab. Starke Schmerzen, geistige Verwirrung und Verlust des Gleichgewichts setzen ihn außer Gefecht und geben Ihnen Zeit zur Flucht. Betrieb mit einer 9-Volt-Batterie. Gegen böse Tiere oder schwere Jungs, –

– vorausgesetzt, die schweren Jungs sind da nicht auch schon drauf gekommen; denn daß auch sie zu den Abonnenten der Waffenzeitschriften gehören, das muß wohl angenommen werden.

Es ist alles ganz anders

Verlorenes Haus am Fluß

Ein ganz gewöhnlicher Fall von Esoterik

Du hast noch nichts begriffen.

Sie sagte das in der Küche. Draußen vor dem Fenster zogen die Schiffe vorbei. Schön sind sie heutzutage nicht mehr, eher plump, aber das Tuckern ihrer Motoren klingt verläßlich und beständig, die Schiffe werden alle irgendwo ankommen und sie werden wieder zurückkommen, am Küchenfenster vorbei.

Nichts begriffen. Viele Jahre und Jahrzehnte lang nachgedacht, gelesen, erfahren, gefragt, gelernt, geahnt, zusammengereimt, geglaubt, gezweifelt –

Du hast noch nichts begriffen.

– noch nicht, das will sagen: es kann noch kommen, man muß sich nur bemühen, niemand ist verloren.

Du hast noch nichts begriffen, aber irgendwann muß es jeder begreifen.

Was denn begreifen?

Daß alles ganz anders ist.

Der Lehrmeister des Andersseins kam von den Philippinen und war ein Geistheiler, der sich von anderen philippinischen Geistheilern immerhin dadurch unterschied, daß er keine blutigen Wattebäuschchen aus unsichtbaren Operationswunden zog, sondern feuchte Wattebäuschchen auf die Augenlider seiner Klienten legte, um dann, ungesehen, seine Hände über den Körpern schweben zu lassen, zu einem Honorar von rund gerechnet zehn Mark pro Minute. Auch Fernheilungen werden gern übernommen.

Wenn einer von den Philippinen kommt, oder aus Indien oder Sri Lanka, dann gerät er leicht in den Geruch, heilkräftig zu sein, und er hat kaum Schwierigkeiten, glaubhaft zu machen, daß er zum Weltgeist in direkter Verbindung steht. Vertrauen ist für ihn leicht zu gewinnen, Hoffnung schlägt ihm entgegen, und wenn dann noch gemunkelt wird, er habe, was natürlich niemand wissen solle, gelegentlich auch den Papst sowie den amerikanischen Präsidenten behandelt, dann ist der Andrang zu seinen Behandlungsstunden kaum mehr zu bewältigen; er bleibt auch nicht an einem Ort, sondern bildet rundherum im Lande Stützpunkte und versorgt mit dem Auto eine sehr zahlreiche Klientel.

Es ist eine Gnade, wenn du zu ihm gehen darfst.

Weil es aber zu einer Gnade eigentlich gehört, dass sie honorarfrei gewährt wird und weil eine honorierte Gnade doch weniger eine solche, als vielmehr eine gewöhnliche Dienstleistung ist, so wird dem Außenstehenden, der die Honorare bemäkelt, versichert, der Filipino behalte nur einen kleinen Teil des Geldes, alles andere sei für das Kloster bestimmt, das ihn zum Außendienst nach Europa beordert habe. Einmal im Jahr fährt er dorthin: Zahltag.

Gerda, die spirituell sehr begabt ist, hat ihn einmal auf den Philippinen gesehen, mit ihren geistigen Augen. Er war weiß angezogen und ging in ein Haus. Als sie ihm davon berichtete, strich er ihr über die Augen, womit er Gerdas Geschichte zugleich bestätigte wie auch für die Zukunft unterband, denn seither hat sie ihn nicht wieder gesehen. Gerdas Tochter aber, die spirituell noch begabter ist und Zwiegespräche mit ihrem Schutzengel zu führen pflegt, hat ihn neulich, als er wieder unten war, in einer Höhle erblickt, da saß er und plauderte mit Jesus.

Nichts ist angenehmer zu glauben als das Unglaubliche, nichts ist lockender, als just das für wahr und wirklich zu halten, was wunderbar und schier unglaublich scheint: Ein Abglanz des Wunderbaren fällt auf den, der es bezeugt, er wird zu einer Art Teilhaber des Wunders. Manches Gerücht mag seine Entstehung dem Wunsch seines Erfinders verdanken, vom Leuchten des Fabelhaften etwas abzubekommen.

Es gibt sieben esoterische Schulen. Die, an der ich teilhaben darf, ist die bedeutendste.

Das verschlägt dem anderen die Sprache, und jede Rückfrage, die er dennoch wagen könnte, würde ihn nur entlarven als einen, der noch nichts begriffen hat.

Der Filipino ließ sich in Bremen nieder, nahm eine Krankenschwester zur Frau und begann die Landessprache zu erlernen. Er machte darin große Fortschritte, doch blieb ihm ein sympathischer Akzent erhalten, zum Beispiel sagte er Lickt statt Licht.

Licht wurde nun eines seiner wichtigsten Worte, denn jetzt begann der Filipino, übrigens zu vergleichsweise bescheidenen Preisen, esoterische Seminare abzuhalten, und was da für die Schüler unter anderem zu erlangen war, war das Erlebnis des Lichtes, gewonnen in der Meditation.

Ein wacher Mensch, dem man alle sinnlichen Reize nimmt, schafft sich selber welche. Die grellsten Farben und die merkwürdigsten Töne erlebt der, den man in eine stockdunkle und vollkommen tonlose Kammer sperrt. Um nicht verrückt zu werden, produziert er – oder: produziert sein Bewußtsein eben jene Wahrnehmungen, für die ihm von

seinen Sinnen in Wahrheit gar keine Signale gegeben werden.
Das spricht keineswegs dagegen, in meditativer Versenkung eine Klarheit der Gedanken und Empfindungen gerade dadurch zu erlangen, daß man sich über alle Gedanken und Empfindungen zu erheben versucht, doch erlaubt es sanfte Zweifel daran, ob denn das Licht, das bei solchen Übungen schließlich aufleuchtet, tatsächlich das große göttliche Licht des Geistes ist – oder nicht vielmehr eine schöne, aber nichts weiter bedeutende Empfindung.

Du weißt nichts darüber, wenn du es nicht erfahren hast. Und wenn du es erfahren hast, dann weißt du einfach, daß es das Licht des Göttlichen ist. Es schenkt Ruhe und Heiterkeit und Gelassenheit. Du mußt es erfahren.

Aber er widersetzte sich dem Ansinnen, die Seminare des Filipinos zu besuchen, um das Licht sehen zu lernen. So drangen nur Stichworte zu ihm herüber:

Ich bin auf dem Weg der Einweihung. – Es gibt keinen Zufall. – Ich habe einen Zipfel der Wahrheit sehen dürfen. – Das wichtigste Geistige Gesetz ist das Gesetz von Ursache und Wirkung. Es gibt keinen Zufall.

Sie zog sich immer häufiger zu langer Meditation zurück. Das Haus begann sich zu verändern. Es roch nach Räucherstäbchen, und schon am Vormittag konnte man Schallplatten mit Entspannungsmusik und Kassetten mit esoterischen Vorträgen hören. Ein Meditationskissen wurde angeschafft, sowie bunt schimmernde Kristallpyramiden und ein Jesusbild von sehr süßer Art, auf übernatürliche Weise von einem Astronauten im Weltall fotografisch empfangen.

Gegen die Behauptung, das Jesusbild stamme aus dem Weltraum, läßt sich so wenig sagen wie gegen alle anderen, im Zustand der Erleuchtung empfangenen Informationen über Plan und Ziel der Welt und den Lebensauftrag ihrer Einwohner, und über die Kräfte und Mächte und Geister, die uns in Bewegung gesetzt haben und in Bewegung halten. Die Erleuchtung setzt ihr eigenes Recht, belächelt die Ungläubigkeit der Ungläubigen im besten Falle nachsichtig, im schlimmen Falle spöttisch.

Ich habe noch nie jemanden gesehen, der so bockbeinig ist wie du.

Draußen vor dem Fenster zogen die Schiffe vorbei, drinnen ging er auf Zehenspitzen und vermied laute Geräusche, wenn er ahnte oder wußte, daß wieder eine Stunde der Meditation gekommen war. Er suchte im Haus nach Refugien, aber der Geruch der Heiligkeit drang durch alle Ritzen, und selbst der schöne Ton der thailändischen Gongschale verlor für ihn allen Reiz, wenn er bedachte, was denn mit diesem Gong eingeläutet wurde. In dem gleichen Maße, wie das Meditationswesen immer mehr den Tageslauf bestimmte, erlahmte ihr Interesse an den Ereignissen der großen und kleinen Welt. Was sie überhaupt wahrnahm, quittierte sie mit nichtssagenden Bemerkungen, die ganz offenkundig aus einer großen Entfernung herüberhallten, höflich, aber geistesabwesend.

Ich habe immer nach dem Absoluten gestrebt. Du hast mich an meiner Entfaltung gehindert, denn du gehst den intellektuellen Weg, und der kann nie zum Licht der Wahrheit führen. Du hast von meiner Kraft gezehrt, wenn du melancholisch warst, und ich mußte mir eine Quelle suchen, aus der ich neue Kraft schöpfen kann. Die Quelle habe ich jetzt gefunden.

Wirklich war er, von Zeit zu Zeit, dem Gefühl der Vergeblichkeit erlegen und hatte sich und sie gefragt, ob denn die Welt wohl einen Sinn habe, – mit dem Ergebnis, daß er den kleinen Sinn, den man für heute und morgen ermitteln kann, um so ernster nahm und aus jeder kleinen Melancho-

lie alsbald mit neuen Plänen, neuen Wünschen, neuen Absichten erwachte.
Auch vom Tod hatte er gesprochen und sich zu der Ansicht bekannt, daß gerade heutzutage Verhältnisse denkbar und möglich seien, in denen es menschenwürdiger erscheinen kann, den Abschied von der Welt selber herbeizuführen und nicht zu warten, bis die Ärzte oder die Generäle den Tod zur Tür hereinlassen. Er wollte nicht noch einmal einen Krieg erleben und wollte auch nicht auf irgendeiner Intensivstation mühsam zu Ende leben. Nun also zeigte sich wohl, daß er mit solchen Überlegungen eine Schuldenlast angesammelt hatte, die nicht er selbst abtragen durfte, die vielmehr auf eine andere Weise aufgewogen wurde.

Ich habe immer nach dem Absoluten gestrebt.

– und nun hatte der Filipino die Verbindung zum Absoluten hergestellt. Das war für sie die einstweilen höchste Stufe eines Aufstiegs, der mit Yoga-Übungen begonnen hatte, auch zur Wahrsagerin führte, die für hundert Mark beruhigende, aber unzutreffende Prognosen lieferte; dann gab es eine Steuerberatersgattin, die in allen Zweifelsfragen beim Heiligen Chrysostomus um Auskunft bat, woraufhin ihr Kugelschreiber sich selbständig in Bewegung setzte und ausführliche Antworten, sogenannte „Durchsagen" aufschrieb: Diagnosen, Vorhersagen, Ratschläge, die durchaus nicht dem Wissensstand der Zeit des jenseitigen Ratgebers entsprachen, sondern genaue Kenntnis neuzeitlicher Verhältnisse verrieten. Bald darauf trennte sich jene Frau von ihrem Steuerberater und tat sich mit einem Stadtinspektor zusammen, welcher dem Rutengängerwesen oblag.

Wer den Geheimnissen dieser Welt so hart auf den Fersen ist, kann eben nicht mit jemandem leben, der, wie der unspirituelle Steuerberater, sich vornehmlich ans Sichtbare hält und seine Schriftsätze nicht in Trance empfängt, sondern mühsam selber ersinnt.

Die Kommunikation zwischen einem Esoteriker und einem Nicht-Esoteriker bekommt leicht etwas Gespenstisches, weil der eine die Vorfälle der Welt arglos hinnimmt als das, was nun eben geschieht und was er, je nachdem, beeinflussen, genießen oder abtun kann, während der andere noch das unscheinbarste Geschehnis als Wink, als Führung, als geheimnisvolle Analogie, kurzum als ein Walten höherer Mächte ansieht, das zunächst einmal gedeutet und möglicherweise des längeren und weiteren meditativ verarbeitet werden muß. Das Leben wird, bis in die letzten Trivialitäten hinein, zum Waten in einem Schlamm von Tiefsinn und Bedeutung. Wenn jemand anruft, an den man gerade gedacht hat, dann wird dies als ein Beweis für die geistigen Kräfte der Verbindung unter gleichgesinnten Menschen angesehen, und wenn zugleich mit der Aufforderung zu einer Steuernachzahlung eine Geldsendung eintrifft, die jene aufwiegt, dann wird das auch dann als eine Hilfe von oben gerühmt, wenn die Geldsendung zu erwarten war und gar keine Überraschung, sondern den gerechten Lohn für geleistete Arbeit darstellt. Das Empörendste an diesen Deutungen ist ihre Beliebigkeit.

Ich habe immer nach dem Absoluten gestrebt –

– und das Absolute macht sich, wenn man es nur recht zu deuten weiß, unablässig bemerkbar, es klopft nicht, wie das Schicksal, in besonderen Momenten dräuend an die Tür, sondern vollführt ein Stakkato, daß einem Hören und Sehen vergeht.

Aber mit dem Absoluten ist es wie mit dem Licht des göttlichen Geistes: Das Empfinden, es wahrzunehmen in einem großen Aufschwung des Fühlens, besagt noch nicht das geringste darüber, ob es das Absolute und das göttliche Licht denn wirklich gibt und ob jenes Fühlen von ihm hervorgerufen worden ist.

Vielmehr spricht manches für die Vermutung, daß sich hier sehr leicht der Wunsch seine Erfüllung schaffen kann als eine Illusion, so wie der Verdurstende in der Wüste die Quelle imaginiert, weil alle seine Sinne, und eben auch die Augen, nichts anderes als diese wollen. Da hat dann im Erlebnis der Begegnung mit dem Absoluten alles Wünschen und Fragen ein Ende, weil es nicht auszuhalten scheint, daß das Ende nur Wünsche und Fragen wären: Die Angst vor der schieren Fraglichkeit gebiert ihre Antwort, die universale Gewißheit, als deckungsgleiches Gegenbild wie das Negativ ein Positiv, und folgerichtig ist der Jubel über die besiegte Angst nichts anderes als die nach außen gestülpte Angst selber.

Was da gesehen und erlebt wird, geschieht ja durchaus nicht als spontane Widerfahrnis, sondern wird angekündigt, vorab beschrieben und demnach erhofft, ersehnt sowohl als Erlebnis wie auch als Erweis dafür, daß der Schüler gelehrig war.

Der Filipino verkündete in seinen Seminaren gute Nachricht kunstreich zusammengefügt aus Elementen christlicher Erlösungsgewißheit, buddhistischer Weltverleugnung, indischer Atemtechnik, suggestiven Praktiken und autosuggestiven Empfehlungen, vor allem aber auch jene Tips und Tricks, die von der Verhaltenspsychologie systematisiert und mit der theoretischen Begründung versehen worden sind, fast alles, was wir täten, sei das Ergebnis irgendeines Lernvorganges, und wenn es nicht richtig funktioniere oder gar Schmerz und Leid hervorrufe, dann müsse man eben einen neuen Lernvorgang in Gang setzen und die falsche Denkgewohnheit durch eine andere ersetzen.

Das Verfahren ist für manche Alltagsmißlichkeit wohl brauchbar, es taugt zum Beispiel dazu, die Flugangst zu vertreiben oder bei der Entwöhnung vom Rauchen zu helfen. Andererseits liegt seine große Gefahr darin, daß es eben nur die Sicht auf die Dinge verändert und nicht die Dinge selber. So trägt denn auch die Beschäftigung mit der Esoterik, gerade auch wegen der mehr oder weniger verborgenen Anwendung verhaltenspsychologischer Prinzipien, nicht zur Verbesserung der Welt bei, sondern nur dazu, ihre Verschlechterung erträglicher zu machen, indem man Schmerz und Leid und Ärger und Verzweiflung zu falschen Sichtweisen erklärt und die angeblich richtigen einübt. Nicht nur das eigene Leid läßt sich auf solche Weise unschädlich machen, – auch auf die garstige Welt da draußen kann man das Prinzip trefflich anwenden:

Jenes spirituell begabte junge Mädchen zum Beispiel, das mit seinem Schutzengel zu sprechen versteht und übrigens mit einem jungen Mann zusammenlebt, mit dem sie schon in mehreren vorherigen Leben liebend vereint war, jenes junge Mädchen brachte das auf den Punkt, als sie fröhlich kichernd bekannte, sie brauche sich über Leid und Leichen in der Tagesschau nicht mehr aufzuregen wie früher, vor der Zeit des Filipinos, denn nun wisse sie ja, warum das alles so sein müsse und daß sie, aus einem ganz falschen Weltbild heraus, die falsche Einstellung von Mitleid und Zorn dazu gehabt habe, während sie jetzt nur noch darüber lachen könne.

So entwirrte der Filipino mit leichter Hand die Knoten fast aller Welträtsel, er wußte auf jede Frage eine Antwort. Vor allem aber bot er zwei Mittel gegen die Einsamkeit und die damit einhergehende verzweifelte Hilflosigkeit, die den Menschen erfassen kann, wenn er sich als Einzelner in einer unergründlichen Welt erblickt, und er bot ein Mittel gegen die Endlichkeit, an die zu denken so quälend sein kann.

Gegen die Einsamkeit kann die Gruppe helfen, in der sich die Einsamen zusammenfinden und die Vereinzelung in eine große Einigkeit verwandeln. Man atmet miteinander, man meditiert miteinander, man faßt sich an den Händen und bildet Kreise der Einigkeit, in welche dann die himmlischen Kräfte einströmen. Wenigstens stundenweise wird hier jene Wärme ausgeteilt und aufgenommen, für die man sonst, der Geschäfte wegen, die Zeit nicht hat.

Wenn im Ring der ausgestreckten Hände die himmlische Wärme kreist, dann ist das ein hübsches Beispiel für die Bereitschaft, mit der sehr schlichte psychologische Phänomene als Beglaubigung für unermeßliche Weltweisheiten genommen werden. Der Wunsch, den Wärmestrom zu fühlen, die Ankündigung durch den Filipino, daß man sie jetzt fühlen werde, und spätestens der erste Ruf eines Teilnehmers, nun fühle er es, ist eine völlig ausreichende, jederzeit funktionierende Voraussetzung dafür, daß das Erwünschte dann auch tatsächlich gefühlt wird. Wenn die Mitglieder der Gruppe die gleichen Absichten hegen, wenn sie einig sind in der Erwartung, hier ihre Ängste, ihre Hemmungen und Stauungen zu verlieren, das Licht zu sehen, für das sie bar bezahlt haben, dann entfaltet die Gruppe ihre spezifische Wirkung. Die Impulse verstärken und bestätigen sich wechselseitig, die Erwartungen erfüllen sich im Überschwang eines erhebenden Gemeinsamkeitsgefühls, und jede, aber auch jede Form ekstatischen Erlebens wird möglich.

Die Teilnehmer mögen sich hinterher wohler fühlen, sie mögen sich wirklich von Kräften durchströmt, vom Hellen aufgenommen und mit dem Weltgeist einig fühlen – aber mit der Wahrheit dessen, das da bestätigt und verstärkt und erlebt wird, hat das nichts zu tun. Die affirmative Wirksamkeit des Gruppenerlebens läßt sich, wie die Weltgeschichte an zahllosen Beispielen gezeigt hat, für nahezu jeden beliebigen Unfug aktivieren, bis hin zum kollektiven Selbstmord in allen denkbaren Formen, deren banalste seinerzeit darin bestand, daß 900 Sektenmitglieder auf Kommando Limonade mit Zyankali tranken und elend verreckten.

Etwa aufkeimende Zweifel haben kaum Chancen, ans Licht

zu kommen, weil sie den Zweifelnden als Außenseiter und Störenfried ausweisen würden. Der Weise weiß auf alle Fragen die Antworten – es kann nur ein Narr sein, wer auf alle Antworten noch Fragen weiß.

Das zweite Mittel der Esoterik gegen die Verlorenheit des einzelnen ist die Lehre, daß der Mensch nur Werkzeug, Durchgangs-Kanal von Kräften sei, die von höheren Instanzen und jenseitigen Existenzen ausgehen und denen er sich vertrauensvoll hinzugeben habe. Da kann sich der Schüler in einen großen Zusammenhang aufgenommen fühlen, er schwebt nicht mehr beziehungslos im Leeren, er sieht sich nicht mehr zentrifugal hinausgeschleudert in die Kälte, sondern zentripetal angezogen vom Zentrum des wärmenden Lichtes, in das er eingehen darf. Mehr noch: Indem er sich jenen Kräften anvertraut, ist ihm eine Führung verheißen, die ihm den richtigen Weg weist.

Freilich gibt es da auch noch den freien Willen, und der sorgt für Unzuträglichkeiten, denn gegen ihn kann auch die Führung nichts ausrichten; sie gibt nur den Rahmen, die Vorschläge, die Gelegenheiten; der freie Wille ergreift sie oder nicht.

Das macht die Ausdeutung aller Lebensvorkommnisse sehr leicht: Hat einer etwas Richtiges getan und Erfolg gehabt, dann war es die „Führung", die ihn dahin kommen ließ. Hat er etwas Falsches getan und ist auf die Nase gefallen, dann war es sein törichter freier Wille, der ihn vom rechten Führungsweg abkommen ließ. Und ist ihm irgend etwas zugestoßen, wofür er nach landläufigem Verständnis nun wirklich nichts kann, dann sagt man gern:

Der braucht das jetzt!

Die Führung hat ihn gewissermaßen eingeholt, indem sie ihn straft, für irgendein Versäumnis, für seine Begriffsstutzigkeit. Er soll auf etwas hingewiesen werden, soll lernen, und wenn er in sich geht, dann wird er schon drauf kommen, was er pexiert hat. Da der Filipino in gewisser Weise die „Führung“ repräsentiert, so kann es auch vorfallen, daß er selber die Bestrafung vollzieht und, nötigenfalls von Bremen aus, nächtens Zahnschmerzen durch den Äther schickt, so streng sind da die Bräuche.

Es sieht so aus – und vielleicht ist etwas Richtiges an dieser Deutung – als wären alle diese Menschen auf der Suche nach einem strengen, aber gerechten Vater, der alles weiß, alles besser kann, dem man sich anvertrauen kann und der, indem er straft, nicht nur sein wirksames Vorhandensein ganz deutlich fühlbar macht, sondern auch das Bewußtsein des Fortschreitens von einer Stufe der Erleuchtung zur nächsten gerade dadurch weckt, daß er Schmerz bereitet. Das ist wie bei der schlecht schmeckenden Medizin, die ja auch die Hoffnung auf Besserung bestärkt.

Krankheiten, Mißerfolge, Rückschläge, unangenehme Vorfälle aller Art sind in dieses Bild väterlicher Führung nahtlos eingepaßt als Züchtigungen von pädagogischem Wert, sie weisen auf begangene Fehler hin, auf ein falsches Leben vielleicht sogar, an dem etwas Grundsätzliches geändert werden muß. Kein Schnupfen, dem da nicht sogleich eine tiefere Bedeutung zugemessen würde, kein Schicksal, bei dem sich nicht vermuten oder sogar nachweisen läßt, daß alles Beklagenswerte daran eigentlich selbstgemacht ist, kein noch so banaler Vorgang, der nicht der Mystifikation zugänglich wäre, in ausschweifender Beliebigkeit.

Und das Geborgensein in einer väterlich bestimmten, nach allen Richtungen festgezurrten Lebenswelt erbringt eine Selbstsicherheit, eine Gelassenheit, die komische Züge annehmen kann, dann nämlich, wenn sie in Wahrheit auf Kosten der anderen praktiziert wird, sogar im wörtlichen Sinne:

Ich bin einem System angeschlossen, das mich trägt. Wenn ich Geld brauche, werde ich Geld haben –

– und da das Geld nirgendwo direkt vom Himmel fällt, heißt dies, daß derjenige, der ihr dazu verhilft, und sei es nur aus purer Gutmütigkeit, unwillentlich ein Werkzeug des Himmels ist, ein nützlicher Idiot, der zwar nichts begriffen hat, aber die Knete rausrücken muß, weil die Führung es so will.

Die familienförmige Hierarchie, die Strömungen und Kräfte, die Gruppe, die Führung durch den Filipino, der notfalls alles in die Hand nimmt und zum Guten wendet, – das sind Wege aus der Einsamkeit, aus der Weltangst, und das hilft gegen alle Probleme, gegen Depressionen und, weil alles so wunderbar spannend und übersinnlich ist, auch wohl gegen Langeweile, das birgt und wärmt, selbst dann noch – oder gerade dann – wenn es als Züchtigung daherkommt.

Ruhig und zuversichtlich gehe ich vorwärts. Ich weiß, alles ist gut. Ich werde wissen, wie ich jedes Problem lösen kann . . . leicht und zuversichtlich. Ich bin entspannt im Hier und Jetzt.

Auch die quälende Vergänglichkeit wird überwunden, das drückende Bewußtsein des Sterbenmüssens, das all unsere Tätigkeiten und Werke relativiert, ihren Sinn fraglich erscheinen läßt, alles Feste und scheinbar Endgültige im fahlen Licht des Todes als Vorläufigkeiten kenntlich macht. Just jene, die schon zwei Drittel ihres Lebens hinter sich gebracht und immerhin so viel erreicht haben, daß sie imstande sind, die Honorare des Filipinos zu bezahlen, neigen dazu, wenn sie müder werden, vor der Sterblichkeit zu erschrecken und sich zu fragen, was das alles eigentlich soll und warum sie sich noch weiter mühen sollen.

Es ist eben, so stellt sich dann heraus, alles ganz anders und dieses Leben nur ein Vorgeplänkel oder ein Zwischengeplänkel, denn es gingen ihm andere Leben voraus und es werden ihm andere folgen. Wir sind auf der Durchreise. Wir sollen uns vervollkommnen, und wenn wir noch nicht vollkommen sind, so ist das vor allem eine Hypothek aus früheren Zuständen, die Auswirkung des in einem früheren Leben angesammelten Karma.

Wir müssen unsere Schulaufgaben machen –

– jene, die wir beim vorigen Mal nicht zur Zufriedenheit erledigt haben und jene, die uns für diesmal aufgegeben sind. Und wenn wir auch diesmal etwas versäumen, dann wird es uns nicht erlassen, sondern wir müssen es beim nächsten Mal nachholen, bis wir dereinst, nach Erfüllung aller Schulaufgaben, aus dem Kreisverkehr der Reinkarnationen ausscheiden dürfen. Wilhelm Busch hat, ganz einleuchtend, dagegen zu bedenken gegeben: „Die Lehre von der Wiederkehr ist zweifelhaften Sinns. Es fragt sich sehr, ob man nachher noch sagen kann: Ich bin's."

Aber jene sind sich da ganz sicher und vermögen offenbar sehr leicht zu verifizieren, ob jemand, beispielsweise, eine wiedergeborene Heilige Clara ist, und der Gesinnungsgenosse in der gleichen Stadt – o wundersamer Zufall, aber es gibt eben keine Zufälle! – der Heilige Franziskus, so paßgenau reinkarniert, dass die beiden nun endlich, was ja damals dem Abt und der Äbtissin nicht vergönnt war, zueinander kommen dürfen.

Was da als gnädige Schickung bejubelt wird, fand Gotthold Ephraim Lessing, obwohl er an die Wiedergeburt glaubte, eher lästig: Die Erinnerung an frühere Zustände, meinte er, würde ihm „nur einen schlechten Gebrauch des gegenwärtigen zu machen erlauben". Aber die schlichte Ansicht, es komme darauf an, dieses Leben zu bestehen, ganz gleich, was ihm vorangegangen sein oder noch folgen könne, nimmt sich natürlich blaß und langweilig aus gegenüber der Behauptung, man sei nicht nur man selbst, sondern darüber hinaus gewissermaßen auch noch jemand anderes, was ja einschließt, daß man das zuvor Erlebte, Errungene, Erarbeitete wie einen geheimen Schatz mit sich trägt, aus dem sich mindestens eine Art von dunkler, rätselvoller Bedeutung ableiten läßt. Wer sich, zum Beispiel, als wiedergeborene ägyptische Prinzessin präsentiert, darf wohl damit rechnen und rechnet auch damit, daß vielen Zuhörern ein angenehmer Schauer über den Rücken läuft und daß sie es, vorsichtshalber, an Respekt nicht fehlen lassen.

Das fügt sich zwanglos ein in das Sammelsurium der Übersinnlichkeiten, der kanalisierten Kräfte, der wunderfähigen Pyramiden, unter denen die Wurst nicht schimmeln soll, und wenn sie es dennoch tut, dann hat eben irgend etwas nicht gestimmt, der Eingebungen und Gesichte des ganzen Schamanentums im Taschenformat, des geheimnisvollen Raunens, dem ein verlockender Mechanismus der Selbstverstärkung innewohnt: Wer etwas fest genug behauptet, um gläubige Anhänger zu finden, der wird aus deren Glauben dann Bekräftigung dafür ziehen, daß das, was er sagt, glaubwürdig ist.

Ich bin seit Jahrhunderten als geistige Lehrerin tätig. Wahrscheinlich schon seit Jahrtausenden. Und ich muß diesen Weg auch in diesem Leben wieder gehen. Es ist ein steiniger und steiler Weg, und er wird immer schwerer. Aber es ist ein schöner Weg. Du kannst ihn mitgehen. Wenn du ihn nicht mitgehen willst, dann ist das dein freier Wille. Es ist deine Entscheidung. Aber wenn du meinen Weg nicht mitgehst, dann weiß ich nicht, was aus uns wird.

Draußen tuckerten die Schiffe vorbei und veranschaulichten eine andere, irdischere Form des Wiederkehrens.

Sie wurde zur geistigen Lehrerin, und ihre Verwandlung ließ sich fast von Tag zu Tag verfolgen. Binnen kurzer Zeit veränderte sich ihre Stimme, freilich auf eine angestrengte,

bemühte Weise, so als müsse sie erst noch den Ton finden, der sich für eine tausendjährige Lehrerin ziemt, und als wolle sie den Eindruck verwischen, den sie eben dadurch um so unfehlbarer hervorrief: daß dies eine einstudierte Rolle war, im Grunde aus lauter Zitaten bestehend, manche davon schon sehr geläufig reproduziert, andere noch zaghaft. Ein starres, maskenhaftes Lächeln legte sich auf ihr Gesicht – und blieb dort liegen, als Ausdruck von Unnahbarkeit, Selbstgewißheit, Unverletzbarkeit, und nur wer sie schon lange kannte, konnte tief darunter eine starre Angst vermuten.
Blick und Lächeln und Reden schienen gar nicht mehr dem individuellen Gegenüber zu gelten, sie hatten etwas Allgemeines, Abwesendes, Entrücktes, beliebig deutbar als selbstgerecht oder mitleidig, verächtlich oder huldreich.

Ich habe nicht das Recht, das, was ich erfahren durfte, egoistisch nur für mich zu nutzen. Ich muß es weitergeben, die Menschen brauchen diese Hilfe.

Also begann sie ihren Weg als Verkünderin esoterischer Wahrheit, heilend und lehrend und mit verwandelter Stimme.

Ja, ich habe mich verwandelt. Wir müssen uns alle verwandeln. Auch du mußt dich verwandeln. Du gehst den intellektuellen Weg. Das ist der Weg des Leides. Du hast noch nichts begriffen. Ich gehe den Weg der Freude. Du siehst, wie freudig ihn die anderen mitgehen.

Wahrhaftig, ja. Die Gruppen und Grüppchen, die Klienten und Besucher, die nun das Haus zu erfüllen begannen, waren von auffallender Heiterkeit. Sie lärmten sogar gern ein wenig, lachten fast immer und lächelten mindestens. Sie schienen jeden Augenblick zeigen zu wollen, daß esoterisches Wissen jedwede Traurigkeit verscheucht und die darin Geeinten zu einer großen Familie zusammenschweißt, was sie durch Küsse und Umarmungen unentwegt bekundeten. Es war selbst für den Außenstehenden schwer, sich diesen Liebesbezeugungen zu entziehen. Wenn jemand ruft: Jetzt muß ich Sie aber endlich mal küssen, dann kann man sich nicht einfach umdrehen.

Sie war sehr stolz darauf, daß nun auch junge Menschen in ihre Seminare kamen und mit Eifer und Enthusiasmus ihre Lehren in sich aufnahmen. Sie sah das als erwünschte Bestätigung und offenbar ohne jeden Gedanken daran, daß diese Jungen, ungeübt und vielleicht auch unlustig zu strengerem Denken, nur versehentlich und übergangsweise einer solchen, leicht eingängigen, sämigen Weltdeutung verfallen könnten, derzufolge alles wirklich Schwierige vom Vater in die Hand genommen wird. Eine Zeitlang finden sie es ganz angenehm zu erfahren, wie sich mit Yin und Yan alles zum Besten ordnen läßt und daß die Welt nach ein paar sehr einfachen Prinzipien durchschaubar gemacht werden kann, aber dann erwachen die bohrenden Fragen in ihnen, und es genügt ihnen nicht mehr, bei mildem Licht entspannt im Hier und Jetzt zu sein und die universale Harmonie zu erleben, indem sie wieder und wieder in der kosmischen Vorsilbe OM verschwimmen und die Wärme ihrer Gefährten von rechts nach links oder von links nach rechts strömen zu fühlen – und dann ziehen sie sich wieder zurück und hoffen, ihre Fragen anderswo auf andere Weise beantwortet zu bekommen.

Diejenigen, die blieben, verharrten bewegungslos und zufrieden lächelnd in dem warmen Nest, über dem der gütig-strenge Vater wachte, wo alle Fragen ihre Antwort fanden und wo selbst die kranke Katze keines Tierarztes und keiner Medikamente bedurfte, weil auch dafür ein Telefongespräch nach Bremen mit der Bitte um weitere telepathische Fürsorge ausreichte, und wenn die Katze dann doch gestorben war, dann gab es gewiß jemanden in der Runde, der das schon vorher gewußt, aber aus Zartsinn verschwiegen hatte.

Anderwärts, so bemerkte Gerdas Tochter stolz, sei derlei mit Geld und mit einem Guru und mit allerlei sektiererischem Getue verbunden, aber der Filipino sei ja kein Guru und das Geld sei für sein Kloster. Die Sektierer sind immer die anderen.

Geld kosteten natürlich auch die Kassetten, die jetzt erzeugt wurden, mit durchaus wohltätigen und wirkungsvollen Entspannungsübungen, mit suggestiven Aufforderungen zu positivem Denken und mit jenem Raunen, das den Hörer erschauern läßt in dem Empfinden, er sei der Erlösung schon ganz nahe.

„Aus der Mitte meines Leibes fließt die Energie in das linke Bein hinein, wärmend, heilend geht sie durch den Oberschenkel langsam weiter zum Knie, in die Kniekehle, die Kniescheibe, in den Unterschenkel hinein, füllt die Wade aus, das Schienbein, strömt durch die Knochen abwärts, in das Fußgelenk, in die Fußsohle, erfüllt die Innenräume meiner Zehen, so daß ich deutlich hineinschauen kann. – Mein Bein hat sich in Licht verwandelt! Die kleine Sonne in meinem linken Fuß strahlt nach innen wie nach außen. Die warme, leuchtende Energie verwandelt die Materie in Geist! Ich schaue von innen durch das Leuchten, durch meine Haut in den Raum, in dem ich bin. Ich nehme wahr, wie das Licht meinen anderen Körper durchdringt und nach außen weiterwirkt, mich umgibt wie ein schützender Mantel – und weiterfließt.“

Eindringlich forderte sie ihn auf, doch seinen Widerstand aufzugeben und sich endlich zu verwandeln. Geduldig versuchte er darzulegen, warum er sich nicht einfach so verwandeln könne und wolle und daß doch auch seine Anschauung von der Welt nicht ganz aus der Luft gegriffen sei, sondern auf erworbenen Überzeugungen beruhe. Worauf sie, streng dozierend, aber durchaus unfähig oder unwillig, auf Argumentationen einzugehen, nur wieder schilderte, wie doch alles ganz anders sei, und dies sei eben so und alles

Deuteln daran fruchtlos und eigentlich auch unangemessen angesichts der strahlenden Wahrheit dieser Botschaft. Er habe noch nichts begriffen, war dann der Schluß, aber er werde schon noch begreifen; auch er müsse sich verwandeln.

Aber er verwandelte sich nicht, sondern versuchte, traurig, verzweifelt, hinter dem Bild der Verwandelten, der Lehrerin mit fremdem Tonfall, die nun meist in strahlendes Weiß gekleidet war, die altvertraute Gestalt zu sehen, das Bild festzuhalten, das er zwanzig Jahre lang geliebt hatte.

Es war ein Vexierbild daraus geworden: Manche Gesten waren dieselben wie früher, auch das Lachen manchmal, Alltägliches ging seinen Gang, als wäre gar nichts, – aber von einer Sekunde zur anderen konnte das Bild umspringen, dann stand oder ging oder sprach da eine Fremde, und der Abgrund war bodenlos vor ihr.

Die Sprache vermochte den Abgrund nicht mehr zu überwinden. Die Einwände und Bedenken dessen, der noch nichts begriffen hat, sind für den, der „begriffen" zu haben glaubt, nicht mehr als ein heiseres Echo aus jener dunklen Zeit, da er noch nicht verwandelt, noch nicht vom Licht der Erkenntnis getroffen war. Worte erreichen ihn nicht mehr, Gedanken der herkömmlichen Art sind für ihn nicht mehr als mürbe Papierschnitzel, die im Augenblick der Berührung zu Staub zerfallen. Auf dem Wege des Nachdenkens läßt sich nichts Wahres oder Brauchbares ermitteln, das ist ein Weg, der in die Irre führt und ins Leiden. Erst wer begriffen hat und nicht mehr zweifelt, kann den Weg der Freude gehen, immer dem Licht entgegen.

Es vollzog sich da eine absurde Aufspaltung der Wirklichkeiten, indem jeder die seine für die wahre Wirklichkeit hielt, während doch beide im gleichen Raum saßen und dieselben Dinge sahen. Der Unterschied bestand aber darin, daß sie lächelnd, hoheitsvoll, mit der nachsichtigen Arroganz der Expertin fürs Übersinnliche, sich ihrer Gewißheit freute, während er immer mehr in eine verzagte Hilflosigkeit sank. Manches schien ihm zum Lachen, aber das Lachen blieb ihm im Halse stecken, und oft fühlte er sich wie jemand, der genau weiß, was er sagen will, aber er hat die Sprache verloren, und die Worte, die er im Kopf hat, formen sich nicht zu Lauten.

Du mußt jetzt sehr viel leiden, damit du begreifen lernst. Auch du bist nur ein Werkzeug, ob du willst oder nicht.

Er entschloß sich zur Flucht. Es war eine erste, vorläufige Flucht, in einer Art von Betäubung unternommen. Er hatte ein Idealbild vor Augen, eine Fata morgana – neu anzufangen, den ganzen Dunst des magischen Räucherns hinter sich zu lassen, die meditativen Klangorgien und das Raunen von Kräften und Strömungen, wieder frei zu atmen. Wie hatte das alles so kommen können, was war da geschehen?

Du hast die Verwandlung nicht mitgemacht. Wenn du gehst, ist das dein freier Wille. Ich darf dich nicht daran hindern. Du kannst jederzeit wiederkommen.

Die Gelassenheit, mit der sie das sagte, war einerseits ernüchternd, andererseits erschreckend als Ausdruck eines gleichgültigen Abschiedes von der bisherigen Wirklichkeit, wie ihn nur jemand vollziehen kann, der diese Wirklichkeit längst nicht mehr wünschenswert gefunden hat und, bei lebendigem Leibe, in eine andere Wirklichkeit entrückt ist. Der Filipino hatte die Führung übernommen, und gegen die von ihm eröffneten Ausblicke in den Himmel des ewigen Lichtes verlor alles Bisherige, Irdische seine Bedeutung.

Er floh aus seinem Haus. Aber man kann ein Haus nicht einfach verlassen auf Nimmerwiedersehen. Er mußte zurückkommen, etwas holen, etwas regeln – und irgendwo hatte er bei jedem Wiederkommen die kindische Hoffnung, es könne sich etwas verändert haben: Der läppische Satz „Das kann doch nicht wahr sein“ schoß ihm hundertmal am Tag durch den Kopf, und wenn er ins Haus kam, saß er am Fenster und sah, daß die Schiffe immer noch vorbeizogen, nicht schneller und nicht langsamer als zuvor.

Im Haus ging es nun, da sein Vorhandensein nicht mehr störte und nichts mehr behinderte, sehr viel lebhafter zu als zuvor. Seminare wurden anberaumt, besonders vertraute Mitglieder der esoterischen Großfamilie kamen zum Wochenende, manche Klienten zum Einzelgespräch, und es wurde viel telefoniert, nicht nur zum Zweck der Lebenshilfe und der direkten oder die Meinungen des Filipino aus Bremen vermittelnden Beratung, sondern auch einfach so, weil in der esoterischen Familie, wie in allen Familien, immer etwas los ist, worüber kreuz und quer gesprochen werden muß, und da die esoterische Familie viele Mitglieder hat, gibt es immer vieles hin- und herzuwenden, was man, unter gewöhnlichen bürgerlichen Verhältnissen, Klatsch und Tratsch nennen würde, und was auch oft zum gleichen Ende führt wie Klatsch und Tratsch, nämlich zu Zerwürfnissen. Denn was hier unnachsichtig abgehandelt wird, das sind die Verhaltensweisen, die Krankheiten, die Äußerungen der Gruppenmitglieder, warum jener jetzt seine Nierenkolik gebraucht hat und daß jene ihrem Freund das Rauchen verbieten sollte, wenn sie auf Dauer in der Gruppe bleiben will, denn die bewußtseinstrübende Wirkung des Tabaksqualms reicht natürlich bis in die Gruppe hinein. Vom gleichgültigen Achselzucken über den milden Spott bis hin zum gnadenlosen Ausschluß reicht das Repertoire der Sanktionen, mit denen einer da zu rechnen hat, wenn er auf irgendeine Weise die große Harmonie stört.

Es verhält sich nämlich so, daß im Reiche der Liebe, des Lichtes und der Freude, wo alle immerzu das Dunkle weit hinter sich lassen und mit dem Universum eins werden, eine sonderbare Strenge waltet, auch Hierarchien der Einweihung und folglich der Kompetenz, und jede Mißachtung rächt sich ebenso bitter wie jeder Zweifel an der Lehre. Fragen sind gerade noch erlaubt, aber Verachtung trifft den, der mit den Antworten nicht zufrieden ist. Und wenn er hinterher krank wird, darf er sich nicht wundern – es ist die Führung, die ihn zur Besinnung bringen will.

Äußerste Strenge ist ein Kennzeichen fast aller kleinen religiösen Gemeinschaften, die sich um einen im Fleische anwesenden Lehrer scharen. Solche Gemeinschaften gleichen Schulklassen, in denen jeder Schüler es darauf anlegt, durch gute Leistungen zu glänzen, sich keinerlei Blöße zu geben und sich jederzeit so zu verhalten, daß weder der Lehrer noch die folgsame Klasse Grund hat, ihn zu strafen oder gar auszustoßen. Zorn und Verachtung derer, die die umfassende Liebe zum Prinzip erheben, sind allemal tiefer und schärfer als Zorn und Verachtung gewöhnlicher Menschen, denn je höher man sich zum Himmel erhebt, um so lächerlicher erscheinen einem die kleinen armen Menschlein, die diese Levitation noch nicht vollzogen haben.

„Na ja, da hat er's hinter sich, der Fettwanst", sprach Gerdas Tochter, die spirituell Begabte, als der Tod eines Seminarteilnehmers gemeldet wurde, der noch in den Anfängen geistiger Erhebung stecken geblieben war und noch sehr wenig begriffen hatte.

Dem Wunsch des einzelnen, nicht anzuecken, entspricht bei der Gruppe eine lauernde Aufmerksamkeit darauf, ob nicht doch irgendwann jemand ein Zeichen von Unbotmäßigkeit erkennen läßt, was einerseits als strafwürdiges Vergehen angesehen wird, andererseits aber insgeheim herbeigesehnt wird, weil es die Möglichkeit bietet, die Prinzipien der Gruppe zu exekutieren.

Es kam eine Frau ins Haus, die als hilfsbedürftige, aber zu Hoffnungen berechtigende Schülerin erkannt und fürs erste freundlich in die Gruppe aufgenommen wurde. Ihr Mann, ein erfolgreicher Strafverteidiger, galt als schwierig und, wie fast alle Männer der Gruppenmitglieder, als hoffnungsloser Fall, kaum jemals für Esoterisches zu gewinnen. Nach einiger Zeit erkrankte der Mann und sollte in einer fernen Universitätsstadt operiert werden. Die Frau, durchaus nicht hilfsbedürftig oder schwach, entschloß sich sofort, ihrem Mann beizustehen und ihn nicht nur zu begleiten, sondern bis zu seiner Entlassung bei ihm zu bleiben.

Als sie in die Gruppe zurückkehrte, empfing sie eisiges Schweigen und kaum verhohlene Ablehnung: Sie hatte nichts begriffen, sie hatte nicht begriffen, daß ihrem Mann das schwere Schicksal der Operation jetzt von der Führung zugemessen worden war, als Vorschlag, sich zu besinnen, auf einen anderen Weg zu kommen. Indem sie mit ihm gegangen war, hatte sie nicht nur ihm die Chance zur Verwandlung verpatzt, sondern zugleich sich – und indirekt die Gruppe – den negativen Strömungen der Krankheit ausgesetzt.

Trauer und Krankheit und Zorn erzeugen eine schädliche Ausstrahlung, der man sich möglichst zu entziehen hat. Jemandem, der traurig ist, darf man nicht den Arm über die Schulter legen, wie er sich das als Trost wünschen mag, denn dann nimmt man die Kräfte der Traurigkeit in sich auf. Nichts kann grausamer sein als diese Art aseptischer Liebe, die sich Strenge anmaßt, wo die Regung des Mitgefühls das Natürlichste von der Welt wäre und auf den gemeinsamen Weg aus der Trauer zu leiten vermöchte.

Als er auf dem tiefsten Punkt seiner Verzweiflung war, die Fremdheit des einst Vertrauten so wenig zu fassen vermochte wie er sich irgendeine andere Art von Leben als das vergangene vorzustellen imstande war, als er einsehen mußte, aber noch nicht fassen konnte, daß er auf den Trümmern eines Lebens stand, daß alles vertan und verflogen war, da sagte sie zu ihm:

Ich weiß die Lösung für uns, aber ich darf sie dir nicht sagen, es ist eine Sache deines freien Willens.

Und sie sagte auch:

Es gibt nur einen, der dir helfen kann, du weißt, wen ich meine. Du brauchst ihm nichts zu sagen, er weiß ohnehin alles, denn er ist immer bei dir, er steht hinter dir, er kennt dich. Wenn es dein freier Wille ist, dann geh zu ihm.

Also ging er zu dem Filipino, da ihm alles gleich war, wenn er nur aus der Dunkelheit dieses Zusammenbruchs wieder herausfinden konnte.

In der Wohnung, in der der Filipino seine Heilungsstunden abzuhalten pflegte, waren viele Menschen versammelt. Die Menschen waren alle sehr fröhlich, den meisten konnte es wohl gar nicht so sehr um die Heilung von irgendwelchen Beschwerden gehen, als vielmehr darum, wennschon gegen Honorar, die Zuwendung des Meisters zu genießen wie einen Theaterbesuch, auf den man sich schon lange gefreut hat. Es gab Kaffee und Kuchen. Nacheinander wurden die Klienten aufgerufen und durften nach oben gehen, wo der Filipino sie in einem kleinen Zimmer empfing. Wer herunterkam, wurde von den anderen, die noch in Vorfreude harrten, ausgefragt, ob es schön gewesen sei und ob es etwas gebracht habe.

Es ist eine Gnade, wenn du zu ihm darfst.

Als die Reihe an ihn kam, ging er hinauf, wurde freundlich begrüßt und mußte sich auf einer weißbezogenen Liegestatt ausstrecken. Der Filipino nahm zwei feuchte Wattebäuschchen, legte sie auf seine Augen und fragte, wo es denn fehle. Er antwortete, er habe seine Freude und seine Heimat verloren und wisse nicht mehr aus noch ein. Der Filipino sagte, das sei wohl eine Folge von zuviel Intellekt; was die Heimat angehe, so könne er in dieser Sache nichts tun, wohl aber etwas für die verlorene Freude und dann werde sich das mit der Heimat schon finden; er müsse das Gehirn behandeln und die Verdauung, aber dazu bedürfe es zweier Behandlungen, für heute könne er sich nur das Gehirn vornehmen. Er umfaßte den Kopf des Klienten von hinten mit beiden Händen und zog daran, mehrmals und ruckweise. Sodann hörte der Klient ihn vom Kopfende der Liege zur Mitte und dann zum Fußende gehen und nahm durch einen Spalt unter den Wattebäuschchen wahr, daß der Filipino seine Hände wie segnend über mehreren Stellen des Körpers schweben ließ. Nach wenigen Minuten war alles vorbei, der Filipino bedankte sich für den Briefumschlag, in dem ein Fünfzigmarkschein lag – fünfzig reicht, hatte sie gesagt, was bedeutete, daß eigentlich hundert die Regel war, so daß der Filipino wohl mit dreitausend oder viertausend nach Bremen heimfahren konnte, übrigens in einem sehr schweren Wagen.

Er hatte es in einer wilden verzweifelten Hoffnung für möglich – oder doch: für nicht ganz unmöglich gehalten, daß der Filipino ihm helfen könnte, und er hatte, als er da lag, nichts weiter gedacht als nur: Hilf mir! – aber es war nichts, es hatte sich nichts verändert.

Und was sich dann, in quälenden Monaten, ganz langsam veränderte, das war eher dem Psychotherapeuten zuzuschreiben, der geduldig zuhörte und fragte und ihn, von Mal zu Mal genauer, alles beschreiben ließ, was geschehen war, was er dabei gefühlt hatte. Schmerz und Trauer wurden nun nicht mehr denunziert als Irrtümer eines Unerleuchteten, das Nachdenken nicht mehr als ein Irrweg verdächtigt, und Verzweiflung nicht mehr als verdiente Strafe für intellektuelle Bemühungen, sondern als Anlaß dafür, Gedanken und Gefühle zu sortieren. Er durfte und sollte all seine Möglichkeiten, also auch die des Denkens, des Redens, des Analysierens, des bildlichen Beschreibens nutzen, um die Verwirrung endlich zu lösen und die Trauer einzuschmelzen. Und wurde auch aufgefordert, seinem Zorn freien Lauf zu lassen, um daran nicht zu ersticken, während er zuvor genötigt gewesen war, jeden Zorn zu zerkauen und hinunterzuschlucken, weil sie darin eine Aggression sah, die nur negative Kräfte und dunkle Strömungen erzeugte und geradezu etwas Schmutziges hatte, so daß man sich von einem Zornigen unverzüglich rückwärtsgehend zu entfernen hatte, damit der Schmutz einen nicht von hinten überspülen konnte. Der Psychotherapeut half ihm mit seinem Fragen aus der Lähmung der Fraglichkeit heraus, aus dem Dunst der Unwirklichkeit.

So wurde die Trennung möglich, aus der vorläufigen Flucht wurde ein endgültiger Abschied.

An dem, was gewesen ist, hängt man mit vielen Strängen. Wenn sie reißen, dann doch nicht alle zu gleicher Zeit und manche nie. Das macht die Abschiede so schwer und belädt sie mit Widersprüchlichkeiten, mit dem Gewicht von Spannungen zwischen dem, was man will und dem, was man eigentlich will und dem was, man vielleicht andererseits doch auch noch will. Neue Gewohnheiten treten an die Stelle der alten, aber auf eine peinigend langsame Weise, um so langsamer, je länger die anderen Gewohnheiten Zeit hatten, vom Kopf in die Glieder zu gehen und sich dort festzusetzen. Unmerklich fügt sich eine neue Form des Lebens zusammen, von der man anfangs noch nicht weiß, ob sie rudimentär oder embryonal ist – ob es also die letzten Reste sind, die man zusammenkratzt und neu zu verbinden sucht, oder ob es der Anfang von etwas ganz Neuem sein könnte.

Aber das Haus – geplant, geliebt und bis in den letzten Winkel gebildet als die Quintessenz eines Lebens und als vermeintlich letztes Gehäuse einer Gemeinsamkeit. Die undichte Stelle am Südfenster, die Drehorgel, das Quietschen der Schwingtür, der uralte Backofen mit der geheimnisvollen schwarzen Klappe, das Birnenspalier an der Südfront, der Blick vom Schreibplatz auf die ziehenden Schiffe. Verlorenes Haus – und mit dem Zorn kam, zu spät, die Einsicht, daß es wohl besser gewesen wäre, den esoterischen Mummenschanz aus dem Haus zu jagen, statt davor zu fliehen, und den Filipino dem Gesundheitsamt zu melden, statt tatenlos zuzusehen, wie er abkassiert und zugleich Fremdheit sät zwischen denen, die „begriffen" haben und denen, die „noch nicht begriffen" haben, und wie er das nährt, was so gut gegen das Gefühl der Verlorenheit, gegen die Angst in der Welt hilft: das Sendungsbewußtsein, die Arroganz der Auserwählten, die sich freilich zu verkleiden weiß als Bescheidenheit und als liebevoll heilender und lehrender Dienst an den Mitmenschen:

Vielleicht tröstet es dich, daß in diesem Haus nun etwas für die Menschen getan wird, daß ihnen geholfen wird, daß sie gern hierherkommen, weil sie wissen, daß ihnen hier Kraft für ihr Leben geschenkt wird.

Aber war denn das, was er in diesem Haus getan hatte, weniger wert gewesen, war es nicht für die Menschen getan? Ist nicht alles, was wir tun, für die Menschen getan, da wir doch nichts wirklich nur für uns selber tun können? Gibt es da Unterschiede, ist es besonders löblich, die Lehre von Yin und Yan, von der Wiedergeburt, von den positiven Kräften und den negativen Strömungen zu verbreiten, so daß man recht daran täte, sich lautlos zurückzuziehen und das Haus dem Walten der Führung und den immer fröhlichen Esoterikern zu überlassen?

Wir sind doch nur zu Gast auf dieser Welt. Nichts gehört uns wirklich, alles ist geliehen, und alles ist doch nur Materie.

Das ist wohl wahr. Doch klingt es nicht sehr weise, sondern eher höhnisch, wenn es derjenige sagt, der über hinreichende Mengen Materie gebietet, und wenn er es just demjenigen nachruft, der mit leeren Händen weggeht.

Verlorenes Haus – und ein ganz gewöhnlicher Fall von Esoterik, das heißt: von der Erbarmungslosigkeit der universalen Liebe, von den Verstiegenheiten des neuen Bewußtseins, von der Anmaßung derer, die sich erleuchtet wähnen, und nicht zuletzt vom tollkühnen Dilettantismus der selbsternannten Heiler, die ihre eigenen Ängste bannen wollen, indem sie die Ängste der anderen beschwören.

Verlorenen Haus, das heißt wohl auch, von der anderen Seite her gesehen: ein Haus der Verlorenen.

Aus Handel und Gewerbe

Wer liefert eigentlich was?

Ein Universum von Wörtern und Sachen

Vor Zeiten, als man es mit den Strahlen noch nicht so genau nahm, gab es in fortschrittlichen Schuhgeschäften einen Apparat, bei dem man unten die Füße mit den neuen Schuhen über eine Art Lampe stellte und oben auf einer Mattscheibe kontrollieren konnte, ob die vielen kleinen Fußknöchelchen freies Spiel hatten oder etwa irgendwo zusammengedrückt wurden. Das war eine Art Röntgenapparat und die skelettierten Füße auf dem Bildschirm boten einen ebenso unheimlichen wie faszinierenden Anblick.

Dann erzählte mir jemand – und konnte es auch beweisen –, daß der Apparat einen Namen hätte, er hieße: Autoelektroteslaphotokathodaskop. Das mußte aufgeschrieben werden, und dann hielt es über Jahrzehnte im Gedächtnis, wurde genüßlich wiedergekäut, wo immer sich eine Gelegenheit dazu bot: Autoelektroteslaphotokathodaskop. Gelegentlich zählte ich auch aus, wieviele a's und o's und e's das Wort enthält und welche Buchstaben darin überhaupt nicht vorkommen.

Wörterspiele. Das ist natürlich nur einer und dazu ein sehr vordergründiger Aspekt auf die Erzeugnisse, mit denen die Erfinder unser Leben ausstaffiert haben. Geheimnisvolle Vorrichtungen, Apparate und Maschinen aller Art, undurchschaubare Kästen mit Schaltern und Knöpfen – von den Fachleuten mit mehr oder weniger künstlichen Namen belegt, die für den Außenstehenden manchmal kaum verständlich sind, im Kreis der Eingeweihten aber vertraut und eindeutig.

Die Verlockung solcher Wörter ist nicht der geringste von allen Reizen eines Buches, das knapp zweihundert Mark kostet, Jahr für Jahr in einer neuen Auflage von 80.000 Exemplaren erscheint und acht großformatige Bände von insgesamt 36 Pfund Gewicht umfasst; aufeinandergestapelt sind sie gut als Hocker verwendbar.

Die acht Bände sind in dunkelblaues Kaliko gebunden und darauf steht in weißer Schrift die Frage, die auf 17.000 Seiten vielstimmig und vielsprachig beantwortet wird:

Wer liefert was?

Das Werk erscheint seit 1932 – und es ist noch nicht lange her, kaum zwanzig Jahre, da genügte für die Auskünfte ein einziger Band, ein Sechspfünder immerhin. Die Zeiten waren wohl noch etwas bescheidener, die Zahl der Industriegüter wirklich geringer, und die Europäisierung noch nicht so weit fortgeschritten, daß man – wie heutzutage – sechs Sprachen und vier eigene Länderbände braucht, um alles aufzulisten, was hierzulande, in Österreich, in der Schweiz und in den Benelux-Ländern erzeugt wird.

Auch war es damals wohl mühevoller als heute, die Adressen und Lieferprogramme zu sammeln und zu sortieren. Heute gibt man die Daten in einen Computer ein, dann folgen ein paar Befehle, und fertig ist das Buch. So stelle ich mir das jedenfalls vor, und wenn es auch falsch sein mag, so ist es sicher doch auch irgendwie richtig und wäre nicht der erste Fall, in dem die Möglichkeiten des Computers die Wirklichkeit eines über alle Ufer quellenden Flusses von Informationen gebären.

Eine Steigerung scheint möglich. Die Firma Ameritech, zu deren Imperium „Wer liefert was?“ gehört, stößt unter dem

Leitwort „Ihre Verbindung zu einem besseren Leben“ fürchterliche Fortschrittdrohungen aus:

„Unterstützt von den fünf Bell Companies im Mittleren Westen der USA und anderen Tochtergesellschaften bietet Ameritech vielfältige Dienstleistungen: Telefonservice, mobile Kommunikation, Firmenverzeichnisse, Sprachübermittlung, Kundensystemanpassungen und Audioplex-Service.

Da wird uns der Kopf brummen, in den Ohren wird es sausen, und die Augen gehen uns über. Inzwischen gibt es die acht Bände von „Wer liefert was?“ schon als CD-ROM, also komprimiert auf einer vom Computer benutzbaren Scheibe, die dann nur noch ein Tausendstel wiegt, ganze 16 Gramm, und was man jetzt blätternd liest, erscheint dann auf dem Bildschirm. Aber das ist natürlich nur etwas für die professionellen und deshalb stets eiligen Benutzer, nicht für unsereinen, der die Bände um sich herum aufstellt, einen davon auf die Knie nimmt und, vor allem und zuerst, auf die Suche nach Wörtern geht, nach den Namen der Gegenstände, die da feilgeboten werden.

Das sind schöne alte, bekannte Gegenstände, wie die Aalreuse, der Aschenbecher oder die Puppenstube, aber auch moderne wie das Kernkraftwerk, die Fotopapierrückseitenbedruckmaschine oder die Computerfütterungsanlage.

Die Computerfütterungsanlage. Das gibt es also, eine Maschine, die den Computer mit Daten füttert, auf daß er sic später in verdauter Form wieder ausspeie? Wenn wir dann nachschlagen, um zu sehen, wer denn eine solche Maschine zu liefern bereit ist, dann finden wir ein Unternehmen für Melktechnik in 87654 Friesenried, und es fällt uns wie Schuppen von den Augen: Die Computerfütterungsanlage füttert nicht den Computer, sondern sie füttert mit Hilfe des Computers das Milchvieh.

Wörter wie Computerfütterungsanlage oder Fotopapierrückseitenbedruckmaschine heißen bei den Grammatikern Kopulativa, zusammengesetzte Wörter also, und wo sie auftauchen, lauern die Mißverständnisse. Mit Recht vermerkt deshalb der Duden bei der Besprechung der Kopulativa, man müsse ein Vorverständnis der Zusammenhänge haben, um solche Wörter-Additionen zutreffend zu deuten. Das gilt auch für die Einzelbestandteile von Zusammensetzungen. Wer den Landjäger nur als alte Berufsbezeichnung für den Polizisten kennt, wird fassungslos vor dem Angebot einer Landjäger-Portioniermaschine stehen und erst aufatmen, wenn er erfährt, daß mit dieser Maschine kein Menschenfleisch, sondern Tierfleisch in Wurstportionen eingeteilt wird. Dem Mißverständnis, daß eine Schießbrille ein Pistölchen im Bügel hat, mit einem Augenzwinkern zu bedienen, könnte man leicht vorbeugen, indem man von einer Schützenbrille spräche, aber die Wortschöpfer sind manchmal so lässig, wie sie andererseits penibel sein können. Sie machen zum Beispiel einen Unterschied zwischen Brillenputz*läppchen* (trocken) und Brillenputz*tüchern* (feucht) und lassen uns in tiefes Nachdenken darüber versinken, ob die Unterscheidung zwischen Läppchen und Tüchern damit zu tun hat, dass die einen aus Stoff und die anderen aus Papier sind, und ob man die trockenen Läppchen auch Tücher und die feuchten Tücher auch Läppchen nennen könnte oder nicht.

Dabei kommt es ja bei solchen Wörtern gar nicht auf Genauigkeit an, sondern darauf, daß man sich einigt. Man könnte die trockenen Brillenputztücher genausogut Nöxel und die feuchten Läppchen Pöxel nennen, ohne daß dies die Kommunikation gefährden würde.

Früher waren die Kopulativa eher selten. Die Dinge hatten ihren Namen, einen richtigen Namen wie Rad und Hobel und Zange. In den Wörter-Additionen spiegelt sich die rasante Entwicklung der Technik, die immer neue und geradezu beliebige Kombination hergebrachter Elemente zu immer komplizierteren Gebilden, die so schnell vonstatten ging, daß die Erfinder gar keine Muße hatten, neue Wörter dafür zu erfinden, so daß sie sich mit der Addition der alten begnügten. Es spiegelt sich in der nüchternen Addition auch ein gewandeltes Verhältnis der Menschen zu ihren Werkzeugen, ein distanzierteres und eher vorläufiges Verhältnis. Die verschlissene Fotopapierrückseitenbedruckmaschine gegen eine neue auszutauschen, ist ein viel gleichgültigerer Vorgang als den alten Hobel wegzulegen und einen neuen in Gebrauch zu nehmen.

Schließlich aber drückt sich in den Kopulativa auch die Not der Redakteure von Lieferantenverzeichnissen aus, die Schwierigkeit, prägnante Bezeichnungen zu finden, von denen man hoffen kann, daß sie mit den Suchbegriffen der Benutzer übereinstimmen. Die englische Sprache eignet sich etwas besser für Kopulativa, sie klingen auf englisch etwas zwangloser: Die *photo-paper backing-up machine* ist zweifellos zupackender als die Fotopapierrückseitenbedruckmaschine. Andererseits ist das Niederländische vergleichsweise noch umständlicher, man meint aus der Bezeichnung geradezu das ungläubige Staunen darüber herauszuhören, daß es so etwas überhaupt gibt – *Persen voor het bedrukken van de achterzijde van fotografisch papier.*

Einhundertundfünfzig Redakteure sind für „Wer liefert was?“ tätig, um die Warenbezeichnungen in sechs Sprachen so aufzubereiten, daß jede einzelne in der großen Fülle auffindbar bleibt. Wie sagt man zum Beispiel, wenn jemand Einrichtungen und Apparate ersinnt und herstellt, die dazu geeignet sind, wartende Kinder zweckmäßig unterzubringen und mit Bildern und Tönen ruhigzustellen? Man spricht von: audiovisuellen Kinderwartezonen und in Bad Nenndorf gibt es einen Lieferanten dafür.

Die Wörter, so künstlich und kunstvoll wie sie sind, erheben die Sache über die banale Wirklichkeit, indem sie abstrahieren, alles Greifbare möglichst verwandeln in etwas kühl Begriffliches, und lassen auch eine Art von Unerbittlichkeit spüren, die allen technischen Machenschaften eigen ist. Man würde sich nicht wundern, wenn zur audiovisuellen Kinderwartezone ein elektronischer Sensor gehörte, der, mit einstellbarer Toleranz, allfällige Unbotmäßigkeiten der Kinder wahrnimmt und mittels irgendwelchen schlagenden oder vielleicht nur zupfenden Vorrichtungen unterdrückt.

Die Wörter, so abstrakt sie manchmal sind, illustrieren doch aber in ihrer Fülle auch die Vielfalt der Waren und überraschen immer wieder mit dem Hinweis auf etwas, wovon man sich nie hätte träumen lassen, daß es das gibt:

Brückenbesichtigungswagen – Eiskremstielherstellungsmaschinen – Darmreinigungsmaschinen . . .

. . . natürlich für Tierdärme, – und dann:

Polyethylenterephthalat

– mehr noch:

Polybutylenterephthalat, schlagzäh modifiziert

Hie und da begegnet man solchen exotischen Namen ja auch im gemeinen Leben – aber einzeln. Es ist die Reihung, durch die sie bemerkenswert werden und, über die Vokale, ein irisierendes Leuchten bekommen. Jenseits allen Sinnes konstituiert sich in den Lauten eine neue, schwebende Ordnung, die nicht mehr danach fragt, was das denn alles zu bedeuten hat. Kinder, wenn sie sich ihrer Sprache vergewissern, spielen genußvoll mit dem Unsinnigen, bei dem die Sprache nur Klangkörper ist. Marie von Ebner-Eschenbach erzählt in ihrem „Zeitlosen Tagebuch" von Kindern, die unentwegt ein ganz unsinniges Lied sangen:

„Was singt ihr denn da? fragte ich, was soll denn das heißen? – Sie sahen mich an und lachten mich offenbar aus. Ein Knabe sprach mit Überlegenheit: Was braucht es denn zu heißen?"

Krippgitter – Lubrikatoren – Fräsmaschinenschnellwechselpalettiersysteme – Luftduschkabinen – Dilsonyladipat – Lötmuffen ...

Und dann kann es sein, daß sich aus der Reihe ein Wort löst und sich ganz allein auf sich selbst stellt. *Lötmuffe.* Wir sprechen das Wort aus, nehmen es kaum mehr mit den Augen wahr und wiederholen es – *Lötmuffe* – und je öfter wir das tun, um so mehr entweicht aus dem Wort jeder Sinn, jede ordentliche Bedeutung, es steht als Hülle da und ist scheinbar so ohne jedes Leben, daß es gleich in sich zusammenfallen muß.

Dann aber, beim immer neuen Wiederholen, gewinnt die Hülle, die da übrig blieb, vom Klang her wieder ein Eigenleben, eine geisterhafte Existenz ganz im Akustischen, die mit vernünftiger Bedeutung nichts zu tun hat. Blickt man wieder hin auf die Wortgestalt, auf das Schriftbild, dann ist der Spuk vorbei und die Lötmuffe wieder eine Lötmuffe, das Wort bezeichnet wieder etwas Greifbares.

Der Vorgang scheint banal, doch ist er höchst beunruhigend: Die Wirklichkeit, wie sie im Wort festgebannt ist, scheint sich unversehens aufzulösen, und mit der Augenblicksfurcht, man könne sie tatsächlich verlieren, geht die Spannung einher, wie lange es gelingen wird, das Wort in dieser Schwebe zu halten. Da wird die Wörterliste, die solche Akrobatenstücke provoziert, zum Anlaß einer Art von Meditation.

Ich stelle mir vor, daß man den Indexband von „Wer liefert was?", der nur die Stichwörter enthält, eines nach dem anderen in alphabetischer Reihenfolge und deshalb in schwindelerregender Unzusammengehörigkeit, – daß man diesen Indexband anstelle der üblichen illustrierten Blätter in den visuellen Wartezonen für Erwachsene, das heißt: in den Wartezimmern der Ärzte auslegt. Wer wirklich noch lesen kann, wird in den Wörtern versinken wie in einem wohltätigen Schaumbad, wird seine Schmerzen vergessen, wenn er, zum Beispiel, im Geiste den Windungen der Buckelschrauben, der Augenschrauben, der Drallhaftschrauben, der Rändelschrauben und Rippenschrauben, der Wulstklammerschrauben und der Kreuzschlitzschrauben folgt und sich in den Unendlichkeiten des Sachen-Universums träumend verliert.

388 Seiten zu je 185 Stichwörtern umfaßt der Indexband – die 1.200 Seiten fremdsprachiger Register nicht gerechnet macht das über 72.000 Stichwörter, und wer nur eine Viertelminute auf jedes verwendet, um die zugehörige Sache vor seinem inneren Auge erstehen zu lassen, sich den Fleiß und die Erfindungskunst und die kommerzielle Energie zu vergegenwärtigen, der würde dreihundert Arbeitsstunden darauf verwenden müssen – aber was, sage ich: *Arbeitsstunden* und *müssen* – es ist ein Fest, sich auf diesen Seiten zu verlieren.

Auch den Kindern sollte man diesen Index, der ein Index der Sachenwelt ist, in die Hand geben, sozusagen als zeitgemäße Neufassung des alten *orbis pictus*, der in schlichten Bildern die Welt abmalte, während hier ein ungleich vielfältigeres Bild entworfen wird, das auch ganz schnell in Bewegung gerät, indem aus scheinbar statischen Aufzählungen eine unerwartete Dynamik entsteht – Abläufe, Lebensgeschichten:

Sackpapiere – Säcke – Sackbedruckmaschinen – Sacknähanlagen –Sackverschlüsse – Sackverschließautomaten –

Sackzunähmaschinen – Sackkarren – Sackumfüllanlagen – Sackentleerungsanlagen –

und dann, so geht es eben in der Welt:

Sackzerreißmaschinen.

Da entsteht eine Ahnung davon, wie allüberall unter Sheddächern, hinter Glasfassaden oder in unscheinbaren Backsteinhäusern Millionen Menschen am Werk sind, erfinden und entwickeln, zeichnen und konstruieren, fräsen und bohren und schneiden und schweißen, und wenn man sie alle hören könnte, es wäre gar nicht auszuhalten.

Weshalb wir vom Umfassenden der Sachenwelt gleich wieder zum Speziellen übergehen. Da leitet uns das Stichwort *Sicherheitsseile* zu einem Unternehmen für Seil- und Netztechnik, das sich ausschließlich mit Seilen aller Art aus Stahl und Kunststoff und Naturfasern befaßt, eine sehr große Firma offenbar mit einem achtunggebietenden Lieferprogramm, und nun muß man sich einmal vorstellen, daß all die Mitarbeiter, von der Raumpflegerin bis zum obersten Geschäftsführer immerzu mit Seilen und Gurten und Ketten zu tun haben, daß sich ihr ganzes Denken, Tag für Tag, um Sicherheitsseile, Auffanggurte, Taubenabwehrgeräte, Rankhilfen für Grünpflanzen, Abseilgeräte und Zurrsysteme dreht, mit allem, was an Schäkeln und Klemmen und Klauen dazugehört. Die Leitwörter dieses Denkens sind in ihrer Häufung faszinierend und lassen daran denken, daß sich aus ihnen eine Philosophie des Seiles entfalten ließe: Das Seil, wie es schwingt und trägt, verbindet und trennt, Tauben an der Landung hindert und Hochspannungstechniker vor dem Absturz bewahrt, in Seilwinden und Sportbooten so unentbehrlich wie in Kränen und Baggern. Seile durchziehen die Welt und werden zu Netzen geknüpft, kein Leben ohne Seile.

Neben der Breitendimension, die sich in der alphabetischen Nachbarschaft der *Seife* auf der einen und des *Seismographen* auf der anderen Seite andeutet, eröffnet sich hier die Tiefendimension des Lieferantenverzeichnisses. Kein Stichwort unter den 72.000, bei dem man nicht in die Tiefe seiner Universalität loten könnte, wenn man nur imstande ist, gleichsam vom fokussierenden Tele-Blick auf Weitwinkel umzuschalten und das große Ganze zu sehen, innerhalb dessen ja noch die *Sofakissenfüllungen* aus Dinkelsbühl, lieferbar auch in Sondergrößen und Sonderformen, einen Platz haben, und weiter im Alphabet folgen die *Softbrötchen,* das sind die gummiähnlichen Spezialbrötchen für Hot Dogs. Man braucht keinen Schritt vor die Tür zu setzen und nimmt doch teil am großen Gewoge der Waren und es ziehen die Bilder vorbei von nicht abstürzenden Hochspannungstechnikern, die zwischendurch ein Softbrötchen essen, während andere arbeitsame Menschen Softbrötchen herstellen, und wieder andere arbeitsame Menschen Softbrötchenherstellungsmaschinen herstellen, und wenn man da noch an die Zulieferer denkt, die die Herstellung einer Softbrötchenherstellungsmaschine erst möglich machen, bis hin zu ihrer letzten Kreuzschlitzschraube, für die es übrigens Schraubenkopfschlitzmaschinen gibt, – dann wird einem atemberaubend deutlich, daß schon der winzige Ausschnitt der Welt, worin ein Hochspannungstechniker ein Softbrötchen verzehrt, so prall mit Leben und Technik gefüllt ist, daß man an die Frau des Hochspannungstechnikers, die derweil auf der Sondergröße eines Sofakissens aus Dinkelsbühl sitzt und kein Softbrötchen ißt, gar nicht denken darf, auf daß einem nicht schwindlig werde vor so viel buntem Leben.

Wenn wir derart, nun weit weg vom nachschmeckenden Herumkauen auf den Einzelwörtern, die große Schau auf die Zusammenhänge wagen, dann wird uns auch klar, was die Redaktion von „Wer liefert was?“ meint, wenn sie schreibt:

„Know-how erfolgreicher Einkaufsexperten besteht sehr wesentlich aus Know-who. *Wer liefert was* stellt die gewünschten Informationen in einer so guten Qualität zur Verfügung, daß sie nicht nur von Einkäufern, sondern längst auch von tüchtigen Verkaufs- und Marketingspezialisten genutzt werden."

Will sagen: Das große Werk – ohnehin nicht für uns gedacht, die wir über jede Sackzerreißmaschine staunen – ist nicht nur ein Buch für jene, die dauernd etwas für die Firma einkaufen müssen, sondern auch für jene, die dauernd etwas verkaufen sollen. Jeder Hersteller, das lernen wir, ist zugleich auch ein potentieller Besteller, und so darf man sich die in „Wer liefert was?" verzeichneten Firmen als in ständiger Verbindung untereinander vorstellen. Jeder kauft etwas vom anderen, und jeder verkauft dem anderen etwas, und wir normalen Menschen, die wir nichts herstellen, sind nur das letzte Glied, welches die Softbrötchen ißt.

Natürlich ist das nichts Neues, daß Handel und Wandel hin- und herwogen, aber wenn man in ein paar Bänden alle Namen und Adressen und Telefonnummern und Lieferprogramme derer beisammen hat, die diesen unablässigen Austausch von Waren veranstalten und dabei nicht wie unsereiner durch die Stadt schlendern und an den Schaufenstern stehenbleiben, sondern ernsten Gesichtes am Schreibtisch nach den strikten Regeln der Zweckmäßigkeit und Rentierlichkeit ihre Auswahl treffen und dabei mit einem Federstrich ganze Lastzüge in Bewegung setzen, dann ist das Buch ein Symbol von weit mehr als 36 Pfund Gewicht, ein Symbol für das rastlose Rotieren eines Erwerbslebens, welches längst, bevor es uns beliefert, sich selbst beliefert hat.

Man wünschte sich, „Wer liefert was?" wäre nicht erst 1932 zum ersten Mal erschienen, sondern, sagen wir, tausend Jahre vorher, als gerade Otto I. in Aachen zum König gesalbt wurde und damit das Hochmittelalter eröffnete. „Wer liefert was?“ hätte ja nicht gerade jährlich neu erscheinen müssen, aber vielleicht alle fünfzig Jahre – dann hätten wir jetzt zwanzig Bände da stehen, aus denen sich der Wandel der Zeiten trefflich aus den Gegenständen ablesen ließe, die man herstellte, und aus den Angaben über die Produzenten, von den Zünften über die Manufakturen bis zu den vollautomatischen Fabriken, vom Melkschemel bis zur Computerfütterungsanlage.

Und dann könnten wir ermitteln, welche dieser Gegenstände denn auch heute noch zu haben und welche weggefallen sind. Immerhin finden wir in der aktuellen Ausgabe noch die *Aalreuse,* das *Lineal,* auch den *Hobel* (diesen übrigens in drei Versionen – für Holz, für Käse und für Hornhaut), ferner *Hirschhornknöpfe, Heurechen, Salzstreuer* und andere altmodische Gegenstände, die wohl auch zur Zeit Ottos I. schon im Schwange waren.

Aber wir richten unseren Blick gleich wieder auf die acht Bände, die jetzt vor uns liegen, und wenn wir sie weiter durchblättern, dann finden wir die Auflistungen immer wieder unterbrochen durch ganzseitige bunte Anzeigen, in denen einzelne Lieferanten eine Vorstellung vom Umfang ihres Programms zu geben suchen.

Manche dieser Anzeigen möchte man ausschneiden und an die Wand hängen – zum Beispiel die Anzeigen jener Unternehmen, die sich mit Drähten aller Art und ihrer Zurichtung für bestimmte Zwecke befassen. Wie bei den Wörtern der Klang, so bezaubert uns hier die Form, diese schier unendliche Reihe der Abwandlungen, in denen man einen Draht – einen der wiederum unendlich vielen möglichen Drahttypen – biegen, spiralig aufwickeln, umspinnen und beschichten und mit Löchern und Ösen versehen kann, jedes dieser Drahtstücke mit einem ganz bestimmten Daseinszweck und jedes doch zugleich so aussehend, als habe ein Künstler immer wieder modulierend die ganze Fülle der möglichen Drahtformen durchspielen wollen.

Die Frage, wozu diese Drähte da sind, wird sogleich verdrängt von der anderen: ob man wohl, so wie man für einen bestimmten Zweck einen bestimmten Draht erfindet, auch, von der Gestalt ausgehend, für diese einen Zweck ersinnen kann.

Wahrscheinlich entspricht das nicht der Denkweise derer, von deren Zeichenbrettern all diese bizarren Formen kommen, die Drähte nicht nur, sondern all das, was da aus Blech gestanzt, aus Kunststoff tiefgezogen, aus Messing gegossen, aus allerlei alchemistischen Legierungen gefräst und gedreht wird. Das Sammeln von Bierdeckeln und Briefmarken erscheint abgeschmackt und langweilig gegenüber der Möglichkeit, Zieh-, Preß-, Dreh-, Biege- und Stanzteile aller Art zu sammeln – oder Federn, Schenkelfedern, Spiralfedern, Flachfedern, –

– oder einfach nur Gummiringe. Die Anzeige einer Fabrik, die jede Art von Gummiformteilen herstellt, insbesondere aber Gummiringe, führt uns vor, welcher Abwandlungen in Größe, Farbe und Profil ein so einfacher Gegenstand wie der Gummiring fähig ist, und der lose Haufen von Beispielen, der auf dem Anzeigenbild bunt und rund nebeneinander liegt, kann schon den Wunsch wecken, wenigstens ein paar Dutzend davon zu besitzen.

Das ist nicht so dahin gesagt, ich weiß, wovon ich spreche, denn ich habe eine kleine Sammlung von Nägeln, die mit einem dreihundert Jahre alten Scheunennagel aus Schweden beginnt. Ich werde nach und nach alle Fabriken anschreiben, die in „Wer liefert was?“ für ihre großen Nagelsortimente werben. Vielleicht kann man mir die *Ankernägel* bemustern, die ich noch nicht habe, und sehenswert müßten die *Doppelkopfnägel* sein. Braucht man für den Doppelkopf zwei Hämmer? Und wie sehen *Fenstersternnägel* aus, was sind *Glockennägel*? Nur die *Ziernägel* werde ich mir sparen, die handgeschmiedeten.

Wünsche werden wach. Die unerschöpflichen Listen lassen uns Dinge wiederfinden, die wir uns immer schon gewünscht, dann aber wieder vergessen haben,

Banknotenrotationsdruckmaschinen

– sie lassen uns Dinge entdecken, von deren Existenz wir keine blasse Ahnung hatten, deren Anschaffung aber immerhin zu erwägen wäre,

Begrünungsmaschinen

– und Dinge, von denen wir nicht wissen, was es damit auf sich hat:

Belgische Brocken – Friemelkanter

und über die wir uns deshalb informieren sollten, denn man möchte ja wissen, was in der Welt so vor sich geht und womit andere Leute ihr Geld verdienen.

Zu diesem Zweck könnte, – ja sollte man sich einen Stempel anfertigen lassen, mit einem eindrucksvollen, aber unspezifischen Firmennamen, zum Beispiel „Balnaco“ oder „Fumana“. Und dann schreiben wir oder faxen gar und bitten um Informationen und Prospekte oder sogar um bemusterte Angebote – *Berufen Sie sich bitte auf „Wer liefert was?“* – ja, natürlich berufen wir uns auf „Wer liefert was?“, und wir würden sogar Rückporto beilegen, aber das sieht unprofessionell aus. Und dann bringt der Postbote Tag für Tag Preislisten und Muster, von allem und allem:

Monsterfiguren – Marinaden – Vandalismussichere Leuchten – schlüsselfertige Speiseeisfabriken – Geldeinrollapparate – Hahnenfedern – Goldmedaillen – Wahlurnen – Unterwasserboote – Friedhofsbagger – und *Briefumschlagfenstereinklebemaschinen*

Und wenn wir einmal Besuch haben und das Gespräch stockt, dann öffnen wir die Schatztruhe unserer Prospekte, und es werden den Leuten die Augen übergehen. Und dann werden wir auch endlich wissen, was eigentlich ein Friemelkanter ist.

Waren-Rezensionen

Vorbemerkung

Nicht einzusehen, warum eigentlich nur die Gegenstände des Bücherhandels der Zensierung und Rezensierung unterworfen werden: als gäben nicht auch Tassen und Teller, Töpfe und Knöpfe, Apparate und Apparätchen Auskunft über die Lage des Menschen. Aus der Beschaffenheit der Nicht-Bücher läßt sich ableiten, was die Leute tun, wie sie es tun und warum, aus ihrem Preis läßt sich erkennen, welche Wertschätzung dieses Tun genießt und aus den Fehlern und Mißbildungen bei den Nicht-Büchern lassen sich Schlüsse ziehen auf Wünsche und Irrtümer, Hoffnungen und Enttäuschungen. Die Praktiken der Verkäufer spiegeln die Schwächen der Käufer.

Sowenig der Verriß eines Buches ein Angriff auf den Stand der Verleger oder der Autoren ist, sowenig kann der Hinweis auf kaufmännische Untaten den Kaufmannsstand als solchen treffen; wenn gleichwohl Lug und Trug des einzelnen Produkts an Lug und Trug bei anderen Produkten erinnern und einen Argwohn wecken, der weit über den ersten Anlaß hinausgeht, dann ist das nicht die Schuld des Rezensenten – jedoch entspricht es seiner Absicht.

Elektronik für die Hosentasche

Die häufig wiederholte Behauptung, der Erfolg eines Warenangebotes sei als Beweis für das Vorliegen eines einschlägigen Bedürfnisses zu werten, ist zweifelhaft genug; sie wird aufs neue widerlegt, ja weggespült von der Flutwelle der elektronischen Rechenmaschinen. Kein unbescholtener Mensch, dem nicht ein solcher Apparat schon offeriert worden wäre, denn das Ziel, so verlautet aus Wirtschaftskreisen, ist das Vorhandensein eines Taschenrechners in jedem Haushalt, das macht zusammen 23 Millionen Stück. Man sei, so die Wirtschaftskreise, „auf dem Weg zur totalen Rechner-Versorgung".

Das ist, schon des „Totalen" wegen, kein anheimelnder Gedanke. Vor allem aber fragt man sich natürlich, was die Leute eigentlich alles rechnen sollen. Vor Zeiten gab es da noch dies und das, was unter der Überschrift des sogenannten Bürgerlichen Rechnens gelehrt und angewendet wurde, aber seit die Telefonrechnung, die Stromrechnung, die Einkommensteuererklärung und andere bürgerliche Rechnungen der Datenverarbeitung anheimgefallen und kaum mehr lesbar, geschweige denn durch eigenes Addieren nachprüfbar sind, seit man schon beim Einkauf von zwei Paketen Tiefkühlspinat einen Rechenstreifen ausgehändigt bekommt, kurz, seit das bürgerliche Zahlenleben so kompliziert und andererseits der elektronische Service so umwerfend geworden sind, hat der gemeine Mann kaum mehr Gelegenheit, eigene Rechenkunst zu erproben. Was nützt es, selbst die Durchschnittsnote des Abiturzeugnisses mit elektronischer Zuverlässigkeit bis auf die vierte Stelle hinterm Komma zu ermitteln, wenn man dennoch dem numerus clausus zum Opfer fallen kann?

Der Schnellrechner in jedermanns Hosentasche veranschaulicht den beklagenswerten Umstand, daß die Segnungen der Erfindungskunst dem einzelnen meist erst zugänglich werden, wenn es schon wieder zu spät ist. Nachdem die großen Rechenmaschinen das bürgerliche Leben so undurchsichtig und automatisch gemacht haben, ist der Massenvertrieb von kleinen Rechenmaschinen geradezu ein Hohn; das Angebot erweckt den Eindruck, man könne dem Fortschritt auf den Fersen bleiben, mit dem preiswerten Familienrechner, sechsstellig mit Fließkomma-Automatik, Speicher und Vorzeichen-Wechseltaste, in der Zehnerpackung beträchtlich billiger, aber während die Sammelbestellungen noch eingesammelt werden, ist der Fortschritt schon wieder ein paar Schritte weiter, und wer seine Altersrente im voraus berechnen möchte, dem nützt kein Taschenrechner, sondern nur ein Fachmann.

Natürlich sind die Hosentaschenrechner auch gar nicht wegen eines Bedürfnisses nach Rentenberechnungen oder wegen sonst eines Bedürfnisses entstanden, sondern nur, weil man etwas, was sich so billig herstellen läßt, nicht einfach unhergestellt sein lassen will. Und deshalb gibt es jetzt viele Leute, die haben einen Taschenrechner, und sie sitzen da und multiplizieren ihre Autonummer mit dem Geburtsjahr, ziehen davon die Inflationsrate ab, addieren das Alter ihrer Katze, erheben das Ergebnis zum Quadrat und behaupten steif und fest, dies sei die Art, wie sich ein Taschenrechner amortisiere.

Hundeleine mit Machteffekt

Nie werden die Hundehalter so ganz genau erfahren, was die Nicht-Hundehalter von ihnen und ihren Hunden wirklich denken – es ist für die Nicht-Hundehalter viel zu gefährlich, darüber laut zu reden. Manchmal sickert etwas durch, gerüchtweise, etwa dies: daß die Nichthundehalter die Hundehalter für Leute halten, die deshalb Hunde halten, weil sie jemanden brauchen, der ihre Befehle ausführt und widrigenfalls gezüchtigt werden darf, ein Geschöpf, dem sie pfeifen können. Tatsächlich macht ja ein pfeifender Hundehalter ein Gesicht, als hätte er nur auf diesen Augenblick gewartet.

Der Gebrauch von Macht aber wird, wie man weiß, durch Verfeinerung erst schön – zum Beispiel durch Mechanisierung. Deshalb gibt es jetzt eine Hundeleine, die der Hund, indem er läuft, wie ein Bandmaß aus der Trommel in seines Herrn Hand zieht, deren Abwicklung aber jederzeit durch Knopfdruck gestoppt werden kann, wenn der Hund sich von der Freiheit, die ihm gelassen wird, auch nur einen Zoll zuviel nimmt. Weit übertrieben scheint nach aller Erfahrung die Erwartung, die neue Leine könne dazu dienen, daß der Herr seinen Hund an der Belästigung von Menschen oder an der Verunreinigung von Sandkästen hindert. Nach allem, was man weiß, hat der abrollende Riemen mit dem Sperrhaken vielmehr den Zweck, das Erlebnis, eine Kreatur an der Leine zu haben, dadurch zu vervollkommnen, daß man die Kreatur jederzeit und überraschend darauf aufmerksam machen kann, wer es ist, der die Länge der Leine bestimmt. Ein Druck auf den Knopf, der Sperrhaken rastet ein, Triumph, das Tier steht wie von Wotans Blitz getroffen; Wotan, weich gestimmt, nimmt den Daumen wieder vom Hebel und gibt noch einen halben Meter zu.

Die hergebrachte Leine hatte dies nicht zu bieten: das tief befriedigende Erlebnis, daß man die Macht, statt sie in sturem Gleichmaß anzuwenden, dosieren, durch Gewährenlassen unterbrechen und durch Abwechslung erst richtig spürbar werden lassen kann, wobei zugleich der brachiale Anteil, die Gewalt, durch Vermittlung des Mechanismus auf das Minimum eines Knopfdruckes reduziert wird. Eines der Kennzeichen des Perfiden ist seine Eleganz, und Macht schmeckt am besten dort, wo man, um sie zu kosten, nur lächelnd einen Finger krumm zu machen braucht.

Das Wunder aus dem Versandhaus

Ein Versandhaus, das unter dem Motto „Immer etwas Besonderes“ eine höhere Art von Tinnef offeriert und diejenigen bedient, die ein springendes Pferd als Lampensockel nicht nur für statthaft zu halten, sondern sogar für 700 Mark zu erwerben fähig sind – dieses Versandhaus hat sich selbst übertroffen, indem es, für nur 480 Mark, etwas anbietet, was der Dichter des Katalogtextes „Ein Wunder aus der Sahara" nennt. Durch Zufall, so singt der Dichter, hätten Geologen in Marokko ein Gestein gefunden, das eine Sensation für sie bedeutet habe: einen rötlichen Kalkstein mit versteinerten Ammoniten.

Das ist natürlich geflunkert. Weder haben die Geologen das Gestein durch Zufall gefunden, noch hat es ihnen als Sensation gelten können. Der Anblick versteinerter Ammoniten reißt einen Geologen nicht vom Stuhl, und niemand braucht nach Marokko zu fahren, um dergleichen zu finden. Aber ein Wunder aus der Sahara ist leichter auszuschreien als eines aus der Eifel, vor allem ist man in der Preisgestaltung ziemlich ungebunden und kann für eine zwei Zentimeter dicke Platte von 40 mal 30 Zentimeter vierhundertachtzig Mark verlangen. Die Zahl ist frei aus der flirrenden Saharaluft gegriffen, hat mit dem Dekorationswert der Platte so wenig zu tun wie mit ihrer wissenschaftlichen Bedeutung und läßt sich nur denen abfordern, die keine Ahnung haben, was sie kaufen; sie sind auf den Katalogdichter angewiesen, der da dichtet: „Gemessen an der Vergänglichkeit modischer Eintagskunst und verspielter Nichtigkeiten ist das ein Zeitdokument von säkularer Gültigkeit – ein Memento von einmaligem Rang."

Wahr ist das, nur: Wenn man einen solchen Naturgegenstand eigens aus der Sahara importiert, poliert, mit Aufhängelöchern versieht und für 480 Mark zum Kauf anbietet, dann hat man mit ein paar Handgriffen und Federstrichen daraus just die modisch-verspielte Eintags-Nichtigkeit gemacht, über die der Katalogtext sich entrüstet. Was diesen Leuten in die Hände fällt, verdirbt, indem es zum gehobenen Geschenkartikel erniedrigt wird.

Zu Unrecht vermerkt der Katalogdichter, die polierte Platte berge „die Wunder vom ersten Schöpfungstag“ – der Dichter weiß nicht, daß die Ammoniten als Wassertiere erst am fünften Tage an der Reihe waren. Zu Recht jedoch schreibt er, daß diese Wunder „uns den Weg ermessen lassen, den unsere Erde bis zum Heute zurücklegen mußte“. Wahrlich, es ist ein weiter Weg gewesen von den Ammoniten bis zu den Versandhändlern, welche Ammoniten polieren und verkaufen, um für einen gaunerischen Preis die billige Einsicht zu vermitteln, daß eine Evolution, die als eine Art Wunder begann, nach 350 Millionen Jahren aber in der Dummdreistigkeit solcher Verkäufer gipfelt, als gescheitert betrachtet werden muß. Daß die Expertise eines Heidelberger Geologie-Professors im Preise einbegriffen ist, macht die Sache nicht besser, sondern fügt nur der Information über Versandhäuser noch eine über die Universitäten hinzu.

Postskriptum über das Versiegeln

Die Oberfläche jener Ammoniten-Platte ist, wie der Katalog meldet, mit Polyester versiegelt. Zwischen das Fossil und den einfältigen Snob legt sich ein Film aus Kunststoff und schützt die Urzeittiere vor der Berührung durch Unbefugte, die sich die Wunder vom ersten Schöpfungstag samt Expertise ins Haus schicken lassen und sie dann befingern, wie eben jemand, der die Wunder der Schöpfung für käuflich und sich selbst für kaufberechtigt hält, seinen Einkauf befingert.

Hier, wo das Wunder zum Versandhausartikel degradiert wird, hat es mit der „Versiegelung“ seine Richtigkeit, sie schützt das Wunder wenigstens in einem zart-metaphorischen Sinne. Im übrigen aber bezeichnet dieser neuere Begriff der Versiegelung eine der Stellen, an denen der Verfall sich in einem Wort-Bild spiegelt. Das eigentliche Versiegeln ist ganz aus der Mode gekommen, die Kouverts sind gummiert, das muß reichen. Das Wort ward, als es nichts mehr zu versiegeln gab, zu anderweitiger Benutzung frei und wurde den Parkettböden und Marmorstufen zugeteilt, sie sollen, „versiegelt", den Schmutz nicht aufnehmen, der ihr Altern anzeigen würde. Früher schützte das Siegel ein Geheimnis; jetzt liegen die Geheimnisse offen, dafür sind die Fußböden versiegelt. Die Petschafte sind beim Trödler billig zu haben, denn die Versiegelung der Gegenstände erfolgt mit dem Pinsel; sie wird nach Quadratmetern berechnet.

Scherben aus Jerusalem

Die Phantasie der Verkäufer beim Erfinden von Verkäuflichem ist beinah grenzenlos und wird nur übertroffen von der Phantasie der Wiederverkäufer beim Erfinden von Gründen, die für den Kauf angeführt werden können oder mit denen der Käufer sich anführen läßt.

Was die Verkäufer angeht, so kommt aus Israel die Kunde, daß man dort ein neues Puzzlespiel erfunden hat, von dem die ersten Lieferungen schon zu uns unterwegs sind. Es handelt sich, wie den Prospekten der Wiederverkäufer zu entnehmen ist, um Nachbildungen antiker Tongefäße aus dem archäologischen Museum in Jerusalem. Da diese Nachbildungen aber für sich noch kein Puzzlespiel abgeben, schlägt man sie vor dem Verkauf in Stücke und füllt die Scherben in ein Tütchen. Wer das Tütchen kauft, für sieben Mark das Stück, der soll die Scherben wieder zur Vase zusammenkleben. Wer je eine sehr kaputte Vase repariert hat, weiß, was das bedeutet. Dies sei, so sagen die Wiederverkäufer, „Amateurarchäologie", denn Archäologen sind im Verstand der Wiederverkäufer Menschen, welche kaputte Vasen reparieren.

Jedes Puzzleväschen mißt, wenn es wieder ganz ist, zehn Zentimeter in der Höhe und beweist, daß in einem geordneten Handelswesen alles möglich ist, selbst dies: daß man die Ware zerstört, bevor man sie an den Mann bringt; und die Käufer dieser Ware geben Geld für einen Gegenstand aus, den sie mit Mühe und Leim in einen Zustand versetzen müssen, in dem er sich vor der mutwilligen Zerstörung bereits befunden hat. Das ist weit mehr als eine beliebige Absurdität, es ist der Nachweis, daß, im äußersten Falle, die vom Verkäufer proklamierte Definition ausreicht, um einen Gegenstand verkäuflich zu machen, der es ohne diese Definition nicht wäre. Daß das Publikum mit diesem Verfahren gern einverstanden ist und es weit von sich weisen würde, über die Definition selber zu bestimmen, zeigt ein einfaches Gedankenexperiment: Würde man die kaputten Väschen ohne die Definition anbieten – kein Mensch gäbe auch nur eine halbe Mark dafür aus; und würde man sie gar im unzerstörten Zustand verkaufen und dem Käufer anheimstellen, durch Zerstören der Väschen ein Puzzle herzustellen –, auch dies stieße auf Unverständnis: Das Väschen, das man selbst kaputtmacht, ist nur ein kaputtes Väschen, während das vom Verkäufer zerschlagene Stück, indem es als Puzzle definiert wird, zur Ware geweiht ist.

Es kommt alles nur auf den Slogan an, und der lautet hier: „Sensationelle archäologische Schätze, Archäologie ein Kinderspiel, echte Restaurations-Wissenschaft.“ Davon ist keine Silbe wahr – aber die ersten Bestellungen liegen schon vor, und wunderlich bleibt es doch, daß die Puzzlewilligen nicht eine beliebige Tasse aus dem Schrank nehmen, diese behutsam zerstören und die Scherben wieder zusammenkleben. Das hätte mit Archäologie fast genausoviel zu tun wie die Jerusalemer Väschen, böte den zusätzlichen Reiz des Zerschlagens, man könnte gewissermaßen zuerst den Zahn der Zeit spielen und dann den Archäologen aus dem Jahre 3000, das Ganze käme beträchtlich billiger und noch der letzte Slogan der Vasen-Wiederverkäufer würde darauf passen, welcher lautet: „Eine creative Aufgabe für die, die jenseits aller Schablonen neue Wege des Relaxens gehen."

Schwingquarz am Handgelenk

Einerseits gewinnt die alte Sanduhr immer mehr an Boden: Man hat sie dem Sensenmann, der sie früher trug, aus der Hand genommen und stellt sie in die Regalwand – nicht als Hinweis auf die Vergänglichkeit, sondern als „Design". Andererseits ist die elektronische Armbanduhr, wie man so sagt, „auf dem Vormarsch".

Eine elektronische Armbanduhr erkennt man daran, daß sie nicht wie eine Armbanduhr aussieht, sondern wie ein Abfahrtsschild auf dem Bahnhof: Sie hat kein Zifferblatt, sondern wenn es zwölf ist, dann steht da „1-2-0-0". Dies gilt als immenser Fortschritt und kostet auch danach, obwohl die Zahlen ziemlich unleserlich und die Gehäuse abscheulich sind.

Der Fortschritt aber besteht darin, daß man, nach der Uhrzeit gefragt, nicht mehr mühsam den Stand der Zeiger abschätzen und in eine Zahlenangabe übersetzen muß, sondern nur vorzulesen braucht, was da am Handgelenk steht, vier-dreiundvierzig, elf-neunundzwanzig, das klingt nach Flugplatztower, nach Präzision und Streß und es putzt ungemein.

Freilich: Öfter als man nach der Zeit gefragt wird, möchte man sie selber wissen. Und da zeigt sich dann, daß sieben Uhr dreißig in Zahlen gelesen etwas anderes ist als halb acht, von einem Zifferblatt abgeschaut: Das Zifferblatt macht den Zeitraum sichtbar, der vor und hinter diesem pünktlichen Moment liegt; auf dem Zifferblatt rundet sich die Zeit des Tages zur anschaulichen Gestalt des Kreises und die Stellung der Zeiger gibt nicht nur Auskunft über einen Zeitpunkt, sondern zugleich über seine Stellung innerhalb des Zeitraums.

Das ist keine Sentimentalität, sondern eine zusätzliche bildhafte Information, auf welche die Digitaluhr mit ihren nackten Zahlen einfach verzichtet, zugunsten des kleinen Vorteils, daß man das Wunderding aus Transistoren und Schwingquarzen und integrierten Schaltkreisen höchstens einmal im Jahr nachzustellen braucht, während man eine herkömmliche Armbanduhr alle zwei Tage zurechtweisen muß. Für einen winzigen Zugewinn an Zweckmäßigkeit zahlt man mit dem Verlust der Sinnfälligkeit, und hinterher müssen die Designer sich die Köpfe zerbrechen, wie sie den Verlust wieder wettmachen und die Unmanierlichkeit der elektronischen Zahlen einigermaßen kaschieren können, denn so wie sie dastehen, sehen sie immer so aus wie ein Countdown, die nächste Rakete startet in drei Minuten. – Mit einem Wort, diese Uhr ist weniger eine Uhr, als vielmehr der Versuch, die irdischen Umstände dem Stand der Raumfahrttechnik anzugleichen, und eben dies ist das Verdrießlichste an ihr.

Der Schraubenschlüssel

Der Erfindungsgeist weht, wie es sich für einen Geist gehört, wann und wo er will. Seinen Spuren ist schwer zu folgen. Das ist der Grund, warum allem Datieren von Erfindungen, soweit es überhaupt möglich ist, etwas Willkürliches anhaftet: Das Datum bezeichnet, indem es einen Punkt nennt, in Wahrheit einen darum herum liegenden Zeit-Raum, innerhalb dessen, meist an verschiedenen Stellen der Welt gleichzeitig, ein Geistesblitz einschlug, ein Funke sprang oder ein Groschen fiel.

Wenn wir also erfahren, daß am letzten Tag des Jahres 1840 dem Engländer Joseph Stubs das Patent Nummer 8764 für einen verstellbaren Schraubenschlüssel erteilt worden ist, dann wissen wir einerseits gar nichts – denn Stubs hat den Schraubenschlüssel ja nicht an Sylvester erfunden und in Frankreich hatte man ihn auch erfunden, um die nämliche Zeit –, aber andererseits haben wir doch ein Datum, an dem wir uns festhalten können, wenn wir die Geschichte der Technik, in welcher der Erfindungsgeist weht wann er will, überschauen wollen.

Mit ein wenig Großzügigkeit können, ja müssen wir in Ermangelung anderer und genauerer Daten, diesen 31. Dezember 1840 als den Tag ansehen, an welchem die Geschichte des verstellbaren Schraubenschlüssels begann. Weit bemerkenswerter aber: Genau an diesem Punkt vollendete sich zugleich die Geschichte der Schraube. Das will erläutert sein:

Es verhält sich beim verstellbaren Schraubenschlüssel so, daß seine Backen, welche die Schraube oder die Mutter an ihren Kanten packen (und zwar ganz unabhängig davon, ob es vier oder sechs Kanten sind und ganz gleich, wie weit voneinander entfernt), daß also die Backen des Schraubenschlüssels mittels einer Schraube einander so angenähert werden, daß sie die Kanten zu fassen kriegen und daß man dann, mit dem Griff des Schraubenschlüssels als Hebel, die Schraube oder ihre Mutter drehen kann, festdrehen oder losdrehen, je nachdem, es sei denn, die Mutter ist verrostet.

Das heißt, etwas allgemeiner gesehen: Der Umgang mit der Schraube wurde vervollkommnet durch ein Gerät, das seinerseits als wesentlichen Teil eine Schraube enthielt. Die Schraube ermöglichte den Zugriff auf die Schraube, und derart kehrte mit der Erfindung des verstellbaren Schraubenschlüssels vor 150 Jahren die Schraube gleichsam zu sich selbst zurück, und aller Fortschritt des Schraubenwesens konnte nun nichts grundsätzlich Neues mehr in die Welt bringen.

Auf Tag und Jahr kommt es dabei um so weniger an, als die Schraube eine lange Geschichte hinter sich hatte: Archimedes, dem großen griechischen Mechaniker und Mathematiker, wird die Erfindung der nach ihm benannten Schraube zugeschrieben, die als Förderanlage für Wasser und Schlamm in Gebrauch war. Innerhalb eines hohlen Zylinders wird das Wasser durch ein Gewinde nach oben gebracht, wobei die Gewindegänge aus dichten Lagen von Weidenzweigen bestanden, die mit Pech verklebt und verschmiert waren.

Die Archimedische Schraube steht für die erste Epoche der Schraubengeschichte, worin noch nichts zu sehen ist von all jenen Verwendungszwecken, für die man später Schrauben, damals aber noch ausschließlich Stifte und Nägel nahm.

Die zweite Epoche begann mit dem römischen Altertum.

Man baute Wein- und Ölpressen mit schweren Holzschrauben, die oben ein Gestänge als Widerlager hatten und unten eine Platte auf die Trauben oder die Oliven drückten. Aus einem Wandgemälde in der verschütteten Stadt Pompeji wissen wir, dass ebensolche Pressen auch zum Glätten der Wäsche verwendet wurden.

Also so immer noch nichts von eigentlichen Schraubverbindungen, im Gegenteil: Später – aber das war dann schon im 15. Jahrhundert – gab es Brechschrauben, mit denen man nichts verband, sondern etwas sprengte, Gitterstäbe auseinanderzwang oder Mauern bersten ließ. Und es gab die unterschiedlichsten Schraubenpressen, in denen, meist zur höheren Ehre Gottes, aus Menschen Geständnisse herausgepreßt wurden, mit Daumenschrauben, oder mit der Pommerschen Mütze, die den Kopf zusammenpreßte, oder mit den Spanischen Stiefeln, die die Beine zusammendrückten. Das sind die Schrauben, die Goethe meinte, als er Faust zu Wagner sagen ließ:

„Geheimnisvoll am lichten Tag / läßt sich Natur des Schleiers nicht berauben/ Und was sie deinem Geist nicht offenbaren mag / das zwingst du ihr nicht ab mit Hebeln und mit Schrauben.“

Erst mit der beginnenden Neuzeit setzte die dritte Epoche der Schraubengeschichte ein: die Verwendung von Schrauben zur Befestigung. Eine frühe eiserne Schraube findet sich zum Beispiel in der eisernen Hand des Götz von Berlichingen. Es gab aber große Schwierigkeiten beim Schneiden der Gewinde, so dass man sich oft mit aufgelöteten Metalldrähten behalf.

Erst gegen 1800 wurden die ersten Gewindeschneidwerkzeuge entwickelt, und um diese Zeit war die Schraube endgültig in die Technik eingeführt als ein von nun an schier unentbehrliches Mittel zur Verbindung – durch eine

Verzahnung, die die physikalischen Prinzipien des Hebels, des Keils und des Rades in sich vereint: Ein Keil, das Gewinde, wird so um eine Achse gewickelt, daß er sich bei der Drehbewegung ins Holz oder in das Gegengewinde der Mutter hineinschraubt, wobei der Schraubenzieher oder der Schraubenschlüssel die Hebelwirkung nutzt.

Für das Hantieren und Bauen mit Metallen war die Schraube vor allem dadurch bedeutsam, daß sie Verbindungen erlaubte, die mit den alten, aus dem Holzbau stammenden Methoden gar nicht zu bewerkstelligen gewesen wären. Zwei Löcher genügten, um zwei Teile durch eine Schraube miteinander zu verbinden, zuverlässig und dennoch so, daß die Verbindung jederzeit wieder gelöst werden konnte.

Passend zu den Zwecken und Materialien wurden neue Schrauben entwickelt; just in dem Jahre 1840, als Joseph Stubs sein Patent bekam, fiel dem Engländer Nettlefold ein, die Holzschrauben am vorderen Ende zuzuspitzen, und um diese Zeit wurden auch die Maschinen zur Schraubenherstellung vervollkommnet. 1868 schreibt der Große Brockhaus: *„Die Verfertigung von Schrauben gehört zu den wichtigsten Aufgaben der praktischen Mechanik.“*

Tatsächlich: Ohne die Schraube wäre das technisch-industrielle Zeitalter gar nicht denkbar, und die Schraube symbolisiert die neue Zeit auch dadurch, daß sie für die stärkeren Kräfte und die gröbere Präzision steht, während der Nagelstift dagegen etwas urtümlich Anheimelndes hat. Es bleibt aber in einem solchen Bild der fortschrittlich-starken Schraube auch noch eine Erinnerung an die alten Folterzwecke, hart und drückend ist die Schraube, so wie die neuen Ziele und Methoden der Technik immer mehr Druck und Härte zeigten.

In der Natur gibt es nur Stifte, keine Schrauben, die in etwas hineingebohrt werden. Die einzige, vergleichsweise sanfte

Ausnahme ist eine Storchschnabel-Art, deren Samen einen schraubenförmigen Fortsatz tragen; fällt der Samen zu Boden und wird die Schraube naß, so wickelt sie sich, mit der Erde als Widerlager, selbst ab und bohrt dabei den Samen in die Erde hinein.

Was man sonst bei Tieren oder Pflanzen an Schraubenformen findet, hat keinen Schraubenzweck im menschlich-technischen Sinne, es sind Spiralformen, die technisch höchstens zum federnden Aufhängen, aber niemals zum Bohren und Schrauben taugen, wie die Zentralspindeln der Gehäuseschnecken oder die Spiralranken der Kürbisgewächse und Hülsenfrüchte.

Als Symbol fand die Schraube auch Eingang in die Sprache, sie wurde als Gleichnis genommen und wird es noch, freilich überraschenderweise vor allem in Redensarten, die gerade *nicht* die Festigkeit, den strammen Druck der Schrauben zum Bild nehmen, sondern ihre Veränderbarkeit. In dem gleichen Jahr 1840, als Joseph Stubs sein Patent erhielt und Nettlefold die Holzschraube anspitzte, erschien das Vollständige Wörterbuch der deutschen Sprache von Dr. Theodor Heinsius, und dort lesen wir, wenn man von einer Sache sage, sie stehe auf Schrauben, dann bedeute dies, daß die Sache unbestimmt und schwankend sei. „Was acht ich Menschen Tand, der doch nur steht auff Schrauben“ – hieß es schon bei dem Barockdichter Johann Rist. Und wer „seine Worte auf Schrauben stellt“, der setzt sie so, daß man sie je nach den Umständen oder Wünschen unterschiedlich deuten kann. Vom derart beliebigen Schrauben war dann auch die Redensart abgeleitet: „jemanden schrauben“, das heißt, nach Heinsius, *„ihn mit künstlich gestellten Worten, mit uneigentlichen Ausdrücken, durch Anspielungen etc. necken, zum Besten haben, aber auch ihn durch List, durch einen Vorwand, um sein Geld bringen.“*

„Geschraubt sprechen“ heißt wie heute auch vor 150 Jahren, sich in gewundenen, gesuchten Ausdrücken ergehen, und da man damals das Wort schrauben auch stark konjugieren konnte, so hieß es für geschraubt auch geschroben, wie es in dem Wort verschroben noch erhalten ist.

Die drückende Schraube gibt es nur als Bild von der Steuerschraube; und die lockere Schraube und die alte Schraube erwähnen wir nur der Vollständigkeit halber, ohne sie weiter zu erläutern, –

– und kehren geschwind zurück zum Schraubenschlüssel: Angesichts der Verschiedenheit von Schrauben und Muttern und ihrer zunehmenden Verwendung war der verstellbare Schraubenschlüssel eine deutliche Erleichterung. Man nannte das neue Instrument bald „Engländer“ oder „Franzose“ nach der Nationalität der Erfinder, ein paar Jahre später gab es auch einen „Deutschen“. Von den dreien ist bis heute der „Engländer“ übriggeblieben, was sich also auf unseren Mr Stubs bezieht. Später hieß der Schlüssel aber auch Universalschlüssel, weil er universal für jede Schraube anwendbar war, und dieses Wort universal ist ein Lieblingswort der mit Euphorien aller Art beginnenden Technik-Zeit. Es taucht in vielen Zusammenhängen auf und wurde um die Jahrhundertwende zu einem schlagenden Reklameargument; alles war „universal“ anwendbar oder hatte einen universalen, das heißt alles andere überragenden Wert, vom Universal-Haarwasser bis zum Universal-Küchenmesser. Der Universal-Schraubenschlüssel ist da nur ein Bruchteil aus jener umfassenden Universalität, die man sich von den technischen Errungenschaften versprach, – während der Schraubenschlüssel an sich, ob universal oder nicht, ein oft verwendetes Symbol blieb für die Entschlossenheit und die Fähigkeit, die Maschinen in Gang zu halten und dabei beständig, durch Anziehen und Lösen der Schrauben, korrigierend tätig zu sein, all die Teile der großen und allgemeinen Verschraubung einzustellen und zu sichern – die Hammerschrauben und Sechskantkopfschrauben und Zylinderkopfschrauben, die Linsensenkkopfschrauben und was es sonst noch gibt. Ein Schraubenschlüssel taucht auch als Symbol in Charlie Chaplins Film *Moderne Zeiten* auf, in welchem der Held oder Antiheld sich ebenso verzweifelt wie erfolglos bemüht, der übermächtigen Maschine mit dem Schraubenschlüssel beizukommen.

Es mag erlaubt sein, dieses Bild noch ein wenig weiterzuspinnen. Der universale Schraubenschlüssel repräsentiert auf seine Weise etwas von den Methoden und Zielen der Industriezivilisation, deren vermutlicher Transformation wir beiwohnen, und wir, die wir inzwischen zu Recht beunruhigt sind über die lebensgefährlichen Erfolge dieser universalen Verschraubung, sind unentwegt auf der Suche nach dem Universalschraubenschlüssel, mit dem wir die Weltmaschine daran hindern können, mit großem Krach entweder zu kollabieren oder auseinanderzufliegen.

Aber eben jene Entwicklung, an der auch Mr. Stubs mit seinem Patent Nummer 8765 seinen Anteil hatte, hat sich ja auf vielfache Weise selbständig gemacht, und wir suchen nach dem Universalschraubenschlüssel so vergebens wie nach der Stellschraube, an der sich korrigieren ließe, was falsch erscheint. Nicht anders als Charlie Chaplin rasen wir verzweifelt und manchmal kopflos von einer Schraube zur anderen, und wenn wir schon meinen, eine richtige gefunden zu haben, lockert sich gerade eine andere. Menschen Tand, der doch nur steht auf Schrauben, und wir drehen hie und da mit groben Schlüsseln daran und sind ziemlich weit entfernt von der Freude, mit der man vor 150 Jahren so ingenieuse Erfindungen wie die des Universal-Schraubenschlüssels als einen Schritt auf dem Weg in eine bessere Welt begrüßte.

Ich will nicht sagen, das Elend habe mit dem Engländer angefangen. Aber irgendwo in der Gegend ist es wohl geschehen: daß man die Fertigkeit der Verschraubung mit der Fähigkeit der Beherrschung zu verwechseln begann.

... und morgen ein Präsidentensarg

Achtlos gehen wir an den Schaufenstern der Bestattungsunternehmen vorbei. Die Särge, die da zur Schau gestellt sind, werden wir uns erst genauer ansehen, wenn wir genötigt sind, einen davon zu wählen. Und was der Bestatter eigentlich tut – in seltenen Fällen ist es auch eine Bestatterin – das erfahren wir auch nur im Ernstfall. Der Bestatter übt sein Gewerbe in aller Stille aus, und daß das Bestatten überhaupt ein Gewerbe ist, sucht er möglichst zu verschleiern. Er nennt seine Firma meist Bestattungs„institut", manchmal heißt sie auch „Pietät" oder „Friede" oder „Zur Ruhe", manchmal auch nur „Sarg-Müller".

Der Sargtischler ist einer der Vorfahren des Bestatters; ein anderer ist der einst verfemte, aus der Gesellschaft anständiger Menschen ausgeschlossene Totengräber. Heute gibt es Baggermaschinen für die Gräber, und für die Särge viele, viele Sargfabriken. Deren Annoncen sind das erste, was uns in die Augen fällt, wenn wir die Hefte der *Fachzeitschrift für das Deutsche Bestattungsgewerbe* durchblättern, einer Zeitschrift, die uns, Seite für Seite, die Augen öffnet für das, was sich hinter den weißen Gardinen der Sargschaufenster verbirgt, was da zusammenkommt an redlichem Gewerbefleiß und beinhartem Konkurrenzkampf, an dezenter Beratung der mehr oder weniger trauernden Hinterbliebenen und vielfältiger bürokratischer Betriebsamkeit, an Desinfektion und Dekoration. Das ist eine dem Zweck entsprechende, gleichwohl manchmal bizarre Verknüpfung von Entsorgung und Prachtentfaltung, von Trauer und Umsatz, von Prosaischem und Elegischem, kurz: von Tod und Leben.

Die Särge. Es gehört zu den Besonderheiten dieses Produkts, daß man keinen Bedarf dafür wecken kann. Särge werden gebraucht, aber nicht mehr, als es Gestorbene gibt, – im Gegenteil, sehr viel weniger, wie die Statistik zeigt: Auf rund 900 000 Sterbefälle im Jahr kommt in Deutschland eine Produktion von nur 500 000 Särgen. Wir lassen diese Differenz einstweilen auf sich beruhen, nehmen uns vor, demnächst einen Bestatter um Aufklärung zu bitten, und wenden uns den Särgen zu, die in der Fachzeitschrift für das Deutsche Bestattungsgewerbe feilgeboten werden:

„Vollholzsärge aus 30 mm in Kiefer und Eiche. – Kiefernsärge in Eiche – geritzt. – Kiefernsärge altdeutsch, Nußbaum-, Kirschbaum- und Mahagoni-Imitation. Eichensärge in rustikal und altdeutsch.“

Dieses wahrhaft altdeutsche – und offenbar unsterbliche – Sortiment wird aber neuerdings durch eine Serie von Särgen erweitert, welche den Titel TEMA trägt und mit der es sich so verhält:

„Die typische Sargform wurde als Grundlage genommen, um mit den üblicherweise nur als Verzierung eingesetzten Mitteln – Leisten, Kehlungen, Schnitzungen – dem Sarg die Symbolik des *Viaduktes,* des *Schiffes* und der *Burg* zuzuweisen. So beherrscht das Thema die Gesamtform des Sarges, ohne den Verbraucher mit allzu modernen und abstrakten Formen zu konfrontieren. Alle Modelle der Serie können sowohl in weltlicher als auch in geistiger Betrachtungsweise die Persönlichkeit des Verstorbenen widerspiegeln.

So ist das Schiff nicht nur für einen Seemann bestimmt, sondern auch Zeichen für die Reise in eine andere Welt. Der Viadukt mag dem Architekten und Brückenbauer entsprechen, ist aber allgemeiner betrachtet ein Symbol für Schutz und Geborgenheit –“

– Geborgenheit unter der Brücke, unpassende Assoziationen bieten sich an, aber für Sozialhilfeempfänger gibt es schmucklose Einfachsärge ...

„Die Burg ist nicht nur ein Sarg für einen historisch interessierten Menschen, sondern vielmehr ein Hinweis auf Trutz und Beständigkeit der letzten Behausung."

Die Erweiterung der Serie ist geplant, und für die Verknüpfung zwischen Sargform und Beruf des Toten gibt es ja noch eine unauslotbare Fülle von Möglichkeiten. Was aber Trutz und Beständigkeit der letzten Behausung angeht, so müssen wir erfahren, daß viele Särge schon nach allzu kurzer Zeit dem Erddruck nicht mehr gewachsen sind, und daß nur der handwerklich gut gearbeitete Sarg mit Joint-Nail-Eckverbindungen und eingebauten Deckelstützen Aussicht hat, die Liegezeit unversehrt zu überstehen. Unvergänglichkeit und Vergänglichkeit liegen unter der Erde im Streit, Pietät und Ökologie suchen einen Reim. Der Sarg soll beständig sein, alles andere soll sich auflösen: „Die einzige vergängliche Leichenhülle mit Reißverschluß. Grundwasserneutral, biologisch abbaubar, verbrennt ohne Schadstoffe – und trotzdem ein Superpreis."

Und natürlich gibt es auch einen naturbelassenen Ökosarg, der vor allem bei der Verbrennung die Umweltfreundlichkeit garantieren soll. Leider ist er, wie die Prüfung unter Praxisbedingungen ergab, noch nicht ausgereift: Die Griffmulden, die die metallenen Beschläge ersetzen, sind unpraktisch, und bei der Verbrennung müssen, in Ermangelung umweltschädlicher Lacke, erhebliche Mengen von Gas zugeführt werden, damit nachher wirklich nur ein Häuflein Asche zurückbleibt, das in die Urne paßt. Aber die Kommunen, die die Krematorien betreiben, drängen auf umweltfreundliche Entsorgung.

„Hier offenbaren sich die Schwächen unserer Kommunalverwaltungen, die es nicht geschafft haben, sich auf die seit

Jahrzehnten ständig steigenden Einäscherungszahlen einzustellen. Findige Verwaltungsleiter versuchen einen anderen, bequemeren Weg zu gehen: Wenn der Output der Krematorien unzulässige Werte zeigt, muß man eben den Input so reglementieren, daß sich die Schadstoffe reduzieren. Da werden Vorschriften gemacht, wie der Sarg beschaffen sein muß, am liebsten ohne Lack und Farbe, ohne Beschläge und mit umweltgerechter Innenauskleidung. Eigene Textilien sind bei manchen Krematorien nicht zugelassen. Daß die Angehörigen von Verstorbenen in würdiger Weise, mit den Kleidungsstücken, die sie nicht selten vorher bestimmt haben, Abschied nehmen wollen, scheint den Verantwortlichen für solche Vorschriften gleichgültig zu sein. Ebenso findet man kaum Verständnis dafür, daß die Angehörigen auch bei einer Einäscherung einen würdigen Sarg als optischen Mittelpunkt einer Trauerfeier sehen möchten, damit sie nicht das Gefühl haben müssen, an einer menschlichen Entsorgungsfeier teilgenommen zu haben. Am liebsten würde man ohne den Verstorbenen einäschern, weil das so schöne umweltfreundliche Emissionswerte ergibt."

Aber die Bestatter fanden einen Weg aus der Misere der deutschen Krematorien:

„Holländische Krematorien sind modern, sauber und entsprechen den dortigen Auflagen des Umweltschutzes. Außer Tulpen und Radieschen gehen deshalb seit der Öffnung der EG auch Verstorbene in nicht unbeträchtlicher Zahl ohne Zollformalitäten über die Grenze. Seither, so berichtet ein Aachener Bestatterkollege, fahren wir morgens mit den Verstorbenen nach Holland und mit den Urnen zurück."

Die Urnen. Da gibt es schlichte Behältnisse, es gibt aber auch solche von erschütternder Häßlichkeit, mit Dürers betenden Händen oder mit Kreuzen und Rosen und Palmzweigen.

Jenseits von Särgen und Urnen aber, jenen Produkten, die der Kunde besichtigen und unter denen er wählen kann, gibt es, im abgesonderten Magazin des Bestatters, eine überwältigende Fülle von Bestattungszubehör, von Hilfsmitteln und Gegenständen, die uns eigentlich nichts angehen, die aber in der Art von Piktogrammen etwas von der Vielseitigkeit bestatterischer Arbeit andeuten:

„Tausend Artikel, ein Lieferant: Kühlvitrinen – Grabmatten – Sargversenkungsapparate – Kranzständer – Kondolenzpulte – Lippenkleber – Mundformer – Pietätskrepp – Air-Fresh-Raumspray – Hinterkopfschale –Desinfektionsmittel – und so weiter ...“

Und es gibt natürlich, in der Garage, das Auto, das an die Stelle der feierlichen alten Pferdegespanne getreten ist. Hoch auf dem Bock saß früher der schwarze Kutscher, und die Pferde trugen schwarze Scheuklappen und einen hohen Kopfschmuck, der im Takt ihrer Schritte traurig wippte. Schlicht sind dagegen die Bestatter-Autos, unauffällig, höchstens ein Palmzweig auf den matten Fensterscheiben verrät ihre Bestimmung:

„Heute zwei Särge, morgen viel Blumen und Geräte, dann einen Präsidentensarg – “

– und der nimmt, wie das Bild zeigt, genau so viel Raum ein wie zwei Särge von Nicht-Präsidenten. Die Menschen sind im Tode gleich, aber die Särge nicht. Das Merkwürdige ist nur, daß dem Betrachter dieser Pomp ganz unangemessen erscheint und daß er die Gleichheit der Menschen im Tode eher bekräftigt als verneint: Was nützt dem Präsidenten schon der dicke Sarg, denkt man.

Es gibt aber noch ein Verkehrsmittel für die sterblichen Überreste, doch gehört es nicht dem Bestatter selbst: das Schiff. Wenn die Aschenurne in der Nordsee oder in der

Ostsee oder auch in irgendeinem anderen Meer versenkt werden soll, dann steht dafür eine ganze Reihe scharf miteinander konkurrierender Kapitäne bereit, die sich auf die Seebestattung spezialisiert haben.

„Abendfrieden – Seebestattungen GmbH für Qualität, Image und Profit, – denn die sensible und gefühlvolle Betreuung an Bord des MS „Seewind“ während der gesamten Beisetzungsfahrt und Feierlichkeit mit Gedenkrede ergibt für Sie als Bestattungsinstitut am Ort eine phantastische dauernde Resonanz. Mitfahrt von Angehörigen möglich. Musik kann von mitgebrachten Tonbandkassetten gespielt werden. Auf Wunsch Akkordeon mit Shanties. Die Aschenamphore wird in Gebieten beigesetzt, in der die Tiefe des Meeres und die Beschaffenheit des Grundes eine ungestörte Ruhe gewährleisten. Auf Wunsch kann ein kaltes Buffet angerichtet werden.“

Im Preis einbegriffen ist ein Logbuchauszug mit echtem Siegel, eine Seekarte mit eingezeichnetem Versenkungsort und ein schmucker Köcher für beides, und wer will, kann alle Jahre wieder hinfahren:

„Bei den Familien haben die Gedenkgottesdienste ein positives Echo gefunden. Das Schiff fährt zur Beisetzungsstelle und hier findet der Gottesdienst an Bord statt. Es ist wichtig, daß die Familien auf diesem Wege einen Bezugspunkt zu dem Verstorbenen behalten, um die Trauer besser bewältigen zu können – was freilich auf dem heimischen Friedhof viel einfacher wäre. So fehlt es auch nicht an Gegenstimmen gegen das boomende Seebestattungswesen:

„Da endet das Leben eines Entschlafenen jenseits des Friedhofs in einem anonymen Massengrab, irgendwo auf dem grauen düsteren Grund des Meeres, während oben die See in ewig wechselnden Gestalten über sich das offene Zelt des Himmels hat.“

Wäre dies nicht ein schönes Bild, der Grund des Meeres, darüber nur Wogen und Himmel, weit und breit kein Lärm von irdischer Geschäftigkeit? Nein, sagt der Autor, –

„Wenn in unserer Zeit die Seebestattung einem wachsenden Interesse begegnet, kann dies (außerhalb gewisser eigentümlicher dunkler Wünsche) nur als Ausdruck einer Armut am elementar Menschlichen verstanden werden. Kein Grab auf einem heimatlichen Friedhof, kein Stein mit Namen und Trostspruch, nur eine Betonbüchse, irgendwo versenkt. Künstlicher Stein, Asche und Wasser, kein fester Ort, den man besuchen kann! Kälter und herzloser und anonymer geht es nicht. Wenn ein Enkel nach dem Verbleiben seines Großvaters fragt, ehrfürchtet seine Seele kein Grab und kein Gedenkstein – er erfährt nur, dass die Asche des Alten irgendwo auf dem Meeresboden kauert."

Daß die Asche des Alten auf dem Meeresboden kauert, ist wirklich kein schöner Gedanke – aber er beschreibt ja auch nur sehr ungenau den wahren Sachverhalt, dem gewiß auch eine tiefere und tröstliche Symbolik abzugewinnen wäre.

Der Bestatter, mit Fragen und Wünschen konfrontiert, wohl auch mit Bedenken der Hinterbliebenen gegen das, was der Verstorbene verfügt hat, muß sich auch *da*mit befassen. Wolfgang H. Zocher, der Präsident des Bundesverbandes der deutschen Bestatter, hat da eine klare Meinung:

„Wenn es den Kirchen und allen mit Tod und Bestattung Beschäftigten gelingen würde, den Menschen die Bedeutung eines Grabes als therapeutisches Mittel zur Trauerbewältigung deutlich zu machen, würde die anonyme Bestattung zwangsläufig an Bedeutung verlieren, –"

– der Präsident müßte ein Engel sein, wenn er wirklich nur die therapeutische Bedeutung der Grabstätten im Auge hätte und nicht auch die Interessen seines Berufsstandes, die übrigens nicht nur durch anonyme Bestattungen, sondern auch durch die vielen in Deutschland sterbenden Moslems empfindlich beschädigt werden: Ihre Religion erheischt erstens, dass sie – was ja noch möglich zu machen wäre – mit dem Blick nach Mekka zur Ruhe gebettet werden, und zweitens: daß diese Ruhe ewig währen darf, und das läßt sich mit den deutschen Friedhofsbestimmungen nur schwer in Einklang bringen. Präsident Zocher, seufzend:

„Es kann doch nicht sein, daß Jahr für Jahr Tausende islamischer Mitbürger in ihre Heimat zurückgebracht werden, weil sie bei uns nicht genügend Begräbnisplätze finden, die den Forderungen ihrer Religion entsprechen. Oder ist diese Erklärung für die vielen Rücküberführungen nur vorgeschoben? Sollte etwa der Wille der ausländischen Mitbürger zur Integration in unsere Gesellschaft bei der Arbeitsstelle und der Wohnung enden?“

Zu verdenken wäre es den ausländischen Mitbürgern nicht, und vielleicht wäre auch und gerade der Präsident der deutschen Bestatter der Einsicht fähig, daß eben jenes Gefühl für Würde und Bedeutung des Grabes, das er zu erhalten sucht, einen Muslim zu dem Wunsch veranlassen kann, seine letzte Wohnung eben nicht in Osnabrück oder Solingen, sondern in seiner Heimat zu nehmen.

Der Bestatter, das jedenfalls wird uns immer deutlicher, hat vieles zu bedenken und mit seinen Kunden zu erwägen. Er ist ihr erster Vertrauter, weiß alles, was in einem solchen Fall gewußt sein muß, und nimmt es in die Hand, und es kann sein, daß die Hinterbliebenen, froh, so jemanden zu haben, ihm sogar noch mehr zutrauen und zumuten wollen:

„Aus der Trauersituation erwächst die latente Aufforderung oder kommt die ausgesprochene Bitte an den Bestatter, nun auch noch selbst den Part des Geistlichen oder Trauerredners zu übernehmen. Diese Wirklichkeit zeichnet sich in den Großstädten im Norden und im Gebiet der neuen Bundesländer deutlich ab. Wurde in den 70er Jahren der Bestatter in den Städten der erste Ansprechpartner in der Trauersituation, so wird er in den 90er Jahren zunehmend der kompetente Gesprächspartner, dem man auch zutraut, das Wort zu ergreifen. Der, dem man das Wort zutraut, sollte dann auch lernen, es verantwortlich zu tun – und dabei von den Fehlern der Geistlichen ebenso lernen wie von den Mängeln der Bestattungsredner –"

– wozu es dann ein Seminar gibt, auf welchem der Bestatter die Kunst der freien Rede am Grabe lernt. So erweitert sich sein Aufgabenkreis noch einmal, und das Berufsbild des Bestatters, ohnehin ein Bild mit vielen Facetten, bekommt noch eine dazu.

Nicht unangemessen erschien da der Wunsch des Bestattergewerbes, man möge der Tätigkeit seiner Mitglieder, den Status eines Vollhandwerks zuerkennen, auf daß sie sich der Konkurrenz von ungenügend ausgebildeten Seiteneinsteigern besser erwehren könnten. Alle Bemühungen haben freilich nicht gefruchtet: Zu Beginn dieses Jahres, beim neuen Handwerksgesetz, gingen die Bestatter wieder leer aus, obwohl sie sich von der Göttinger Universität ein medizinisch-psychologisches Gutachten hatten erstellen lassen. Die Gutachterin entwarf ein beeindruckendes Bild von den Pflichten des Bestatters, das von der Desinfektion über die Organisation der Beisetzung bis zum therapeutischen Gespräch mit den Hinterbliebenen reichte, und dann fragte sie:

„Wer soll all dies organisieren und koordinieren? Die Angehörigen, so es welche gibt, fühlen sich der Aufgabe im allgemeinen nicht gewachsen. Pfarrer sind wie die meisten Vertreter der helfenden Berufe nur ungenügend auf die Trauerbegleitung vorbereitet. Das gleiche trifft für Ärzte zu. Es sind Fälle bekannt geworden, bei denen die Ärzte nach dem Ausstellen des Totenscheins nicht einmal ein

Wort der Anteilnahme fanden, geschweige denn Beistand anboten. In einer zunehmenden Zahl von Todesfällen bleibt demnach allein der Bestatter als Begleiter, Beistand, Berater und Helfer."

Er muß den Toten waschen und kleiden, muß den Sarg dekorieren und die Drucksachen bestellen, er muß dem Verstorbenen die Körperflüssigkeit entnehmen und gegen ein Konservierungsmittel austauschen können, er muß das Grab verschalen und die Blumen ordnen, er muß das Friedhofsrecht so gut kennen wie den ganzen anderen Behördenkram, der mit dem Tod verbunden ist. Und dabei muß er immer dezent, verständnisvoll und freundlich sein. Wenn man denn irgend etwas dagegen einwenden wollte, daß sein Beruf als Vollhandwerk anerkannt werde, dann eigentlich nur dies: daß angesichts solcher Universalität die Bezeichnung „Handwerk" viel zu begrenzt erscheint.

Neuerdings soll er sogar noch das Einbalsamieren lernen – oder wenigstens den gelernten Einbalsamierern die Aufträge zuschanzen, nachdem er die Hinterbliebenen davon überzeugt hat, daß das Einbalsamieren sowohl gegen Trauer als auch gegen Bazillen hilft. Da das Einbalsamieren in seiner chemisch perfektionierten modernen Form aus Amerika kommt, nennt man es in Fachkreisen ‚embalming' oder, rüde ins Deutsche gezerrt: Ämballming.

Mit Hilfe aufwendiger Operationen, die bis vor kurzem den Ärzten vorbehalten waren, und mit Hilfe von viel Formaldehyd sorgt man dafür, daß der natürliche (und ziemlich schnell verlaufende) Vorgang des Zerfalls mit all seinen nicht ästhetischen Begleiterscheinungen gestoppt wird. Selbst Hautverpflanzungen nimmt man vor, wenn es darum geht, den Leichnam so zuzurichten, daß er womöglich noch schöner aussieht als im Leben. Sorgfältige kosmetische Behandlung ist selbstverständlich, und daß dies nicht einfach heißt, ein bißchen Puder und Lippenstift aufzutragen, wird dem Laien deutlich, wenn er auch nur einen flüchtigen Blick in die Arbeitsanweisungen der Embalmer wirft:

„Behandlung verschiedener Rassen. Neger aller Altersstufen werden, ungeachtet des Grades ihrer Schwarzfärbung, zuerst mit Creme Romanisch behandelt. Bei verhältnismäßig hellhäutigen Negern nimmt man dann Hellbraun, bei ebenholzfarbener Haut eine Mischung von Hellbraun und Schwarz. Der Auftrag erfolgt in gleicher Weise wie bei Weißen. Bei sehr hellhäutigen Negern kann man mit Brunette ausgezeichnete Ergebnisse erzielen."

Die Anleitung stammt aus dem „VDT-Journal", das ist die Mitgliederzeitschrift des Verbandes Deutscher Thanatologen. In diesem Verband haben sich einige Bestatter zusammengeschlossen, die das Embalming und die fortgeschrittene Leichenkosmetik als willkommene Ausweitung ihres Arbeitsgebietes ansehen; sie waren zur Schulung im Ausland, wo das Embalming sich schon weit mehr verbreitet hat als bei uns, und sie kehrten mit sehr dekorativen Zertifikaten zurück. Jetzt wirbt der Verband Deutscher Thanatologen dafür, daß auch die Deutschen sich einbalsamieren lassen, bevor der Sargversenkungsapparat sie in die Grube hinabläßt.

Der klangvolle Name des Thanatologen-Verbandes mißbraucht bedauerlicherweise einen Begriff, der längst in einem ganz anderen Sinne als dem des Einbalsamierens etabliert ist: Thanatologie ist nach allgemeiner Übereinkunft die Lehre vom Tod und vom Sterben, und ein Thanatologe ist jemand, der sich mit allen, aber auch allen Aspekten des Sterbens befaßt, mit Psychologie, Physiologie, Soziologie, Philosophie, Religion und Geschichte, interdisziplinär also, – während jene Einbalsamierer, die sich Thanatologen nennen, fast ausschließlich darauf aus sind, aus einer herkömmlichen Leiche eine nach ihren Ansprüchen vorzeigbare zu machen.

„Das Hauptanliegen des Verbandes Deutscher Thanatologen und seiner Mitglieder ist es, Angehörigen eine würdige und angemessene Möglichkeit des persönlichen Abschiedes zu bieten. Das heißt, dem Bestatter müssen Ausbildungsmöglichkeiten zur Verfügung stehen, damit er, wenn nötig, ein zeitlich angepaßtes Embalming durchführen kann."

Um den Abschied also soll es gehen, um die Trauertherapie für die Hinterbliebenen, aber die Thanatologen pochen auch darauf, daß ein auf diese Weise hergerichteter – oder: wiederhergerichteter – Leichnam nahezu frei von Bakterien ist, also keinerlei Gefahr für die öffentliche Hygiene darstellt.

Da wüßte man natürlich gern – erfährt es aber auch nicht aus dem Thanatologen-Journal –, ob denn die herkömmlichen Methoden der Desinfektion unzureichend waren, ob gar das Abschiednehmen am offenen Sarg derzeit, soweit kein Thanatologe tätig geworden ist, gesundheitsschädlich sein könnte. Wenn nicht, dann ist der Verdacht nicht weit, hier werde aus reinem, Geschäftsinteresse eine kostspielige Methode zur unentbehrlichen Neuerung hochgelobt. Aber da man uns Laien einen solchen Verdacht streng verweisen wird, schlagen wir noch einmal die Fachzeitschrift des deutschen Bestattungsgewerbe auf und zitieren daraus:

„Einzelinitiativen von Gruppen und die Neubildung von Verbänden, die sich lediglich Teilzielen des Berufsbildes widmen, schaden dem Gesamtziel unseres Berufsstandes. Derartige Aktivitäten lassen die Vermutung daß direkt oder indirekt privatwirtschaftliche Interessen und Vorteile für einige wenige auf Kosten der anderen erzielt werden sollen, sei es durch Verkauf von Seminaren, Lehrgängen oder Produkten."

Man hört es förmlich gären im Bestatterwesen. Sie seien nicht auf der Höhe der Zeit, und versäumten einen wichtigen Fortschritt – werfen die thanatologischen Einbalsamierer den konservativen Bestattern vor, während diese der Ansicht sind, daß die sogenannten Thanatologen allzuviel Wesens machen um eine Fertigkeit, die, wenn sie denn überhaupt erwünscht ist, auch im Berufsbild der Bestatter schon vorkommt:

„Druckverband anlegen. Mund schließen. Wiederherstellungskosmetik. Teilkonservierung. Vollkonservierung. Entnehmen von Körperflüssigkeit und Austausch mit Konservierungsmitteln."

Mehr hat der Thanatologe auch nicht zu bieten – außer den Zertifikaten aus dem Ausland, und vielen schönen Worten, wie jene, die wir im Thanatologen-Journal lesen:

„Die Frage, ob wir uns mit der Herrichtung der Leichen neue Umsatzmöglichkeiten erschließen wollen, muß ich als Kaufmann zunächst mit einem klaren JA beantworten."

Doch möchte er diese Antwort nicht einfach so im Raum stehen lassen:

„Doch möchte ich die Antwort so einfach nicht im Raum stehen lassen, denn es geht hier um mehr als nur um Umsatzzahlen: Die Auseinandersetzung mit dem Tod wird durch den Anblick eines menschenwürdig hergerichteten Verstorbenen effektiver. Bestattungen werden nicht zur Entsorgung herabgewürdigt. Tradition und Kultur bleiben erhalten."

– als wäre es eine Gefahr für Tradition und Kultur, wenn man darauf verzichtet, einen Leichnam leerzupumpen, sodann mit Formaldehyd anzufüllen und alle etwa eingefallenen oder beschädigten Stellen aufzufüttern und zu reparieren, bis er zum Schluß, geschminkt bis dorthinaus, so aussieht, als habe er sich nicht von dieser Welt verabschiedet, sondern sei gerade von Teneriffa zurückgekehrt. In Wahrheit geht es ja auch nicht um Tradition und Kultur, sondern um etwas anderes:

„Der Fortbestand unserer Branche kann nur dadurch gesichert werden, daß uns Arbeiten übertragen werden, die nicht von jedem durchgeführt werden können. Sonst übernehmen wir lediglich Aufgaben, die auch von ‚Laien' ausgeführt werden können. Ich erinnere nur an die Zeiten, in denen Nachbarn unsere Aufgabe übernommen haben und Bestatter überflüssig waren."

Ja, das waren Zeiten, als die Bestatter noch überflüssig waren, weil es den Totengräber und den Sargtischler und die Nachbarn gab, die alles in die Hand nahmen, – und als auch die chemischen Methoden der Leichenkonservierung noch nicht so weit entwickelt waren, daß ein Berufsstand sich ihrer hätte bemächtigen können, um seine Existenzberechtigung zu beweisen.

Im Journal der sogenannten Thanatologen begegnen wir einem englischen Balsamierer, der bis ins letzte Detail und voll Stolz beschreibt, wie es ihm gelang, einen an Krebs Verstorbenen, dem der linke Unterkiefer und der rechte Oberkiefer und ein Auge und auch sonst noch einiges fehlte, so wieder herzurichten, daß er wieder aussah wie im richtigen Leben. Es bedürfte solcher Anstrengungen nicht, um darzutun, daß der Bestatter unentbehrlich ist. Er ist Sozialarbeiter und Unternehmer in einem, er tröstet sanft und kalkuliert scharf, er ist kosmetisch und bürokratisch tätig, kann mit Blumengebinden so gut umgehen wie mit Sterbewäsche und Sargmatratzen, er ist Nothelfer und Zeremonienmeister – und er muß seine Augen überall haben:

„Da wird mitunter während der Trauerfeiern gebaggert, da stehen Urnenträgerinnen in Strickjacken oder Kittelschürzen, da verlieren Urnenträger die Aschekapsel auf dem

Weg zur Gruftstelle. Für derartige Zwischenfälle sieht der Hinterbliebene die Schuld beim Bestatter. Noch ein Beispiel: Friedhof Auferstehung am 16. April um neun Uhr. Etwa sechzig Trauergäste warten besinnlich vor der Feierhalle und sehen die Herren Träger vor der Eingangstür in lautfröhlichem Gespräch, die Hände tief in den Hosentaschen vergraben, die Kleidung von speckigem Schwarz bis zum matten Grau recht unterschiedlich. Einer von ihnen hellt das triste Dunkel der Anzüge durch einen Ohrring auf. Auch während der Trauerfeier verstummt die Fröhlichkeit draußen nicht. Vielleicht ein Hinweis, daß der Tod zum Leben gehört?"

Ja, ein Hinweis auf jeden Fall, freilich einer, den der Bestatter, der Zeremonienmeister, zu verhindern hätte. Es wird nicht wieder vorkommen, jedenfalls nicht auf dem Friedhof Auferstehung.

Was aber die Differenz zwischen 900 000 Sterbefällen im Jahr und nur 500 000 produzierten Särgen angeht, so ist deren Ursache inzwischen aufgeklärt. Aus den Ostblockstaaten, so klagte mir mein Bestatter, kommen Lastwagen über Lastwagen mit Billigsärgen ins Land, schlechte Ware aus nicht abgelagertem Holz. So ein Sarg, sagt mein Bestatter, reißt schon nach ein paar Wochen.

Mir würde so einer reichen.

Schöner neuer Markt

Noch besteht selbst für den sogenannten Kleinanleger die Chance, in einer Nacht so viel zu verdienen wie ein Grundschullehrer im ganzen Jahr. Sogar die halbamtliche Postbank feuert uns an: „Werden Sie Global Player!" das heißt, sie will unser Geld haben, ohne uns verläßlich sagen zu können, was dann beim playen daraus wird.

Immer öfter aber hört man munkeln, daß es so nicht weitergehen wird und daß viele kleine Global Player sich eines Morgens die Augen reiben werden und daß gräßliches Wehklagen sich erheben wird, weil Infineon abstürzt und die Telekom in den Keller geht und der Dax ihr nachsteigt.

Je gefährlicher es wird, jetzt noch mit den globalen Spielchen zu beginnen, um so dringlicher werden wir von allen Seiten dazu aufgefordert. Mindestens sollen wir uns informieren – die Zeitschrift Telebörse droht: „Die Telebörse, oder alles bleibt wie es ist", Sonderpreis bei Vorlage eines Studentenausweises, denn natürlich spekulieren schon die Studenten, aber was heißt „schon", wo doch längst die Gymnasiasten das Handelsblatt lesen. Wenn erst alle Schulen am Internet hängen, dann wird kein Halten mehr sein und es wird das Fach „Zocken" eingeführt, weil man die Kinder nicht unbelehrt ins Leben starten lassen kann.

Der Paderborner Weihbischof Marx hat in schöner Übereinstimmung mit seinem verblichenen Namensvetter gewarnt, die reine Spekulation sei ethisch nicht zu verantworten und es könne nicht in Ordnung sein, wenn „aus Geld Geld gemacht wird, ohne daß es angebunden bleibt an die produktive Arbeit".

Papperlapapp, sagt die Zeitschrift Demark und fordert uns auf: „Fangen Sie heute an, reich zu werden“, – und Money-Maxx mit zwei X lockt: „Mit Money-Maxx Ihr Geld verdoppeln“, womit uns in Erinnerung gerufen wird, daß man erst einmal Geld haben muß, ehe man anfangen kann, reich zu werden.

Und viele fangen an. Lisa Weber in München, eine fitte Greisin von 92, checkt schon vor dem Frühstück die Börsenkurse; nach dem Frühstück erteilt sie ihre Orders und weiß genau, um wieviel sie heute reicher geworden ist.

Es herrscht eine große Geschäftigkeit, ja, eine Art von Rausch, und längst sind nicht mehr Golf und Autos die Themen beim small talk der Aufsteiger, sondern der Dow-Jones und die High-Tech-Aktien und der Neue Markt. Da belauert man sich gegenseitig, sucht Tips aufzuschnappen, verschweigt die eigenen Reinfälle und quittiert die Erfolge der anderen mit einem schiefen Lächeln.

Von weitem sieht das aus wie ein heiteres Gesellschaftsspiel, Global Players eben, immer auf dem Quivive. Aber so richtig heiter ist es nicht, denn man weiß ja, daß man das Geld nicht nur gewinnen, sondern auch verlieren kann, und wenn „die Bank an unserer Seite“ uns ermahnt: „Ihr Geld muß hinaus in die Welt“, so fügt sie im Kleingedruckten doch auch hinzu, daß das Geld möglicherweise in der Welt bleibt und nie wieder zurückkommt.

Aber es herrscht eine große Geschäftigkeit. Denn jeden Tag steht in der Zeitung, daß der Milliardäre immer mehr werden und daß die Millionäre schon gar nicht mehr zu zählen sind und daß sie alle dafür nichts anderes getan haben, als sich zurückzulehnen und die Kurse zu studieren und im rechten Moment zu kaufen oder zu verkaufen, gern auch im Internet.

Und immer geht es ums reine Geld. Kein Gedanke daran, ob dieses Geld nicht nur ein Phantom aus Hoffnungen und heißer Luft ist, kein Gedanke daran, daß, wer in die Biotechnologie einsteigt, sein Scherflein zur Menschenzüchtung beiträgt, oder daß die Aktien der Kommunikationstechnologie eine Investition in das inflationäre Massengeschwätz sind, welches in den Sätzen gipfelt: „Ich bin am Bahnhof. Wo bist Du? Scheint bei euch auch die Sonne?"

Da wird eine Ökonomie gemästet, die so weit wie möglich vom Nachdenken über ihre Inhalte entfernt ist und in der vor lauter Fusionen, Umstrukturierungen und Aufkäufen gar keine Zeit bleibt, an Arbeitslosigkeit zu denken oder an Ökologie oder Bevölkerungswachstum – oder gar an Gerechtigkeit und an den schlichten Wunsch vieler Menschen nach einem sinnvoll erfüllten Arbeitsleben. Dies, so meint man, müsse sich aus dem gewinnbringenden Umgang mit dem Geld als solchem irgendwie von selbst ergeben, und außerdem haben wir ja den Staat, der notdürftig die Wunden verbinden kann, die das globale Spiel schlägt: Wenn die Kleinanleger pleite sind, kriegen sie Sozialhilfe.

Wenn wir Aktien kaufen, dann sind wir mitten drin in diesem Geldtaumel, bei dem es keine Ziele zu erreichen gibt als das der Geldvermehrung. Und wenn wir keine Aktien kaufen, dann entgehen wir der Hysterie gleichwohl nicht, denn wir müssen uns anhören, daß man uns für blöd erklärt, und mindestens im Hinterkopf rumort denn auch die Überlebensangst, die Angst, überholt zu werden von den Cleveren.

Der Angst, überholt zu werden, sind die Anleger so ausgesetzt wie die Nicht-Anleger, und diese Angst kann das Leben einfärben: Sie spornt zur Eile an, läßt den Blick flackern und erzeugt Neid auf jene, die fixer sind, und Neid und Zorn auf die Großen, die an dem, was die Kleinen verlieren, tagtäglich immer reicher werden. Da ist die Luft erfüllt von Krankheitskeimen, und die Krankheiten heißen Gier, Rücksichtslosigkeit, Unbedenklichkeit, Egoismus, Aggressivität, Brutalität. Das Geldwesen infiziert die Menschen, und es ist nicht ausgeschlossen, daß eben jener, der immer auf der linken Spur fährt und uns rechts überholt, gerade im Autoradio gehört hat, daß Thyssen sich anschickt, zwölfhundert Mitarbeiter zu entlassen, was bekanntlich die Kurse in die Höhe schießen und die Anleger jubeln läßt. Da vermengt sich dann das Anlegerdenken mit dem Alltagshandeln, auf den Straßen des Erfolgs sind die Skrupellosen unterwegs, während die Eisenbahn ihre Strecken abbaut – natürlich auch dies zum Zwecke des Börsengangs und der Geldvermehrung.

Es mag ja sein, daß an all dem nichts zu ändern ist – aber es ändert die Menschen. „Telebörse, oder alles bleibt wie es ist!“ Es wird nicht so bleiben, und das ist nicht so lustig, wie es uns verheißen wird. Die Welt wird kälter mit jedem Tag.

Alles überall jederzeit

Versucht man die Idee des Fortschritts auf den Begriff zu bringen, so mag man bei dem hehren Ziel von Glück und Wohlstand für alle Menschen auskommen, aber wenn man sich darunter etwas Konkretes vorstellen möchte, muß man ins Detail gehen. Eines dieser Details heißt, wieder etwas verallgemeinert und verkürzt: Alles überall jederzeit. Das Glück der Menschen, so die herrschende Meinung, besteht darin, daß sie auf nichts verzichten müssen und das Gewünschte stets hier und jetzt bei der Hand haben.

Viel von diesem infantilen Begehren findet schon Befriedigung: Erdbeeren im Januar, tropische Inselfreuden unter Glaskuppeln in Kirchhellen und anderswo, frische Nelken aus Kolumbien in Schweinfurt, ein Kommunikationswesen, mit dessen Hilfe jedermann jederzeit erreichbar ist, Online-Shopping: Alles überall jederzeit.

Hie und da hatte man auch versucht, das in Zeit und Raum so ärgerlich begrenzte Skifahren wenigstens vom kalendarischen Zwang zu befreien: Man fuhr Skikanonen auf, die in den Alpen die hochsommerlich grünen Hänge zu gführigen Pisten verzauberten, und in Belgien und Japan wurden die ersten Skihallen eröffnet. Mönchengladbach tat den nächsten Schritt, vor drei Jahren: Auf dem Bauhof schabte man von riesigen Eisblöcken eine Art Kunstschnee ab und verteilte ihn auf der abschüssigen Hindenburgstraße, um den Mönchengladbachern und ihren zahlreich angereisten Gästen drei Tage Skivergnügen zu ermöglichen. Das Spektakel fand Anklang und wurde in diesem Jahr zum dritten Mal begangen, wobei man dem Kunstschnee vom Bauhof Lastwagenladungen echten Schnees aus dem Ötztal untergemischt hatte, – aus dem Ötztal …

Vor allem die Snowboarder kamen, es war ein großes Event, und Glühwein gab es auch, während fast zur gleichen Zeit in Den Haag die Klimakonferenz tagte und darauf drang, den Energieverbrauch drastisch einzuschränken, um die Erde wenigstens teilweise zu retten. Aber natürlich machen die Schneefuhren aus dem Ötztal die Erde nur ein so winziges bißchen wärmer, daß höchstens Spielverderber auf den Gedanken verfallen können, das Mönchengladbacher Ereignis anstößig zu finden.

Alles überall jederzeit. Da kann die beschneite Hindenburgstraße nur ein Vorgeschmack sein. Dem Endziel näher kommt schon die Skihalle, die demnächst in Neuss eröffnet wird – eine 60 Meter breite und 300 Meter lange Buckelpiste mit 30 Grad Gefälle im oberen Teil. Das sogenannte „Beschneiungssystem" erzeugt sogenannten „richtigen Pulverschnee". Wer nach Sesselliftaufstieg und rasanter Abfahrt in der „Original Salzburger Almhütte" bei original österreichischem Jagertee ausruht, wird nicht mehr spitzfindig fragen, ob man Wasserkristalle aus einer Beschneiungsmaschine „richtigen Pulverschnee" nennen darf. Man soll jedenfalls, hofft der Prospekttexter, den Eindruck haben, mitte in den Alpen einen schönen Urlaubstag zu verbringen. Dann fährt man durch die schwüle Sommernacht nach Hause und legt sich ins eigene Bett, während das revolutionäre Beschneiungssystem in der Halle die Piste für den nächsten original Alpentag präpariert.

Gar nicht so weit entfernt, in Bottrop, offeriert die Konkurrenz eine Steigerung – die längste Skihalle der Welt, doppelt so lang wie die in Neuss, und hier heißt der Schnee kurzerhand „Echtschnee", was uns wieder in tiefes Nachdenken stürzt über den möglichen Unterschied zwischen echtem Schnee und Echtschnee, da man ja auch in Bottrop diesen

„Echtschnee" in einer Beschneiungsanlage anfertigt. Außer dem Echtschnee gibt es in Bottrop, dem Standort entsprechend, ein Förderband anstelle des Lifts, ferner ein Almstüberl und weitere „Original-Holzgebäude aus dem Alpenland", Echthütten sozusagen. Hotel und Diskothek kommen später.

Schnee im Sommer, die Alpen im Ruhrpott, das Almstüberl um die Ecke: Alles überall jederzeit. Wer das für eine feine Art von grobem Unfug hält, hat zumindest die Fraktion der DKP im Bottroper Stadtrat auf seiner Seite. Man muß der DKP dankbar sein, daß wenigstens sie die Erinnerung daran wachhält, daß nicht alles, was Rendite verspricht, vernünftig und wünschenswert ist. Es tut richtig gut, wenn man auf die resignierende Frage „Muß das denn sein?" mal ein klares und zorniges Nein als Antwort hört.

Auf die weitergehende Frage, wie sich diese Ski-Späße auf das Weltklima auswirken, könnte der Spötter antworten: als Abkühlung – aber natürlich weiß er, daß die Millionen Kilowattstunden schließlich doch zur Erwärmung beitragen. Nicht umsonst wird uns ja eingeschärft, daß selbst die genügsame stand-by-Schaltung des Fernsehers klimapolitisch tadelnswert ist.

Der Spott über die Frage, ob Indoor-Ski die Klimakatastrophe beschleunigt, markiert *einen* der Punkte, an welchem alle Bemühungen zur Abwendung dieser Katastrophe unweigerlich scheitern: Die Verfehlung erscheint, am Großen und Ganzen gemessen, lächerlich unbedeutend, der Verzicht darauf hingegen als unerträglicher Verstoß gegen die Freiheit des Unternehmers, zu unternehmen, was er für erfolgversprechend hält. Wenn jemand das für überflüssigen Luxus erklärt, fragt man nicht ohne Recht, wer denn bestimmt, was überflüssig sei. Haushälterische Vernunft hat da keine Chance; die vielbeschworene Versöhnung von Ökologie und Ökonomie findet wieder einmal nicht statt, wohl aber das allbekannte Gaunerspiel der privatisierten Gewinne und der sozialisierten Verluste: Wenn die Gletscher schmelzen und der Golfstrom versiegt, sind die Skihallen-Investoren längst über alle Berge.

So landen wir nach kurzer Schußfahrt vom Scheitelpunkt neuzeitlichen Spaßvergnügens alsbald in den Niederungen eines Desasters, von dem man immer noch meint, es könnte demnächst beginnen, während es doch in Wahrheit längst begonnen hat, und aller Augen sehen es, aber die meisten Hirne sind nicht mit der Überlegung befaßt, wie es vielleicht abzuwenden sei, sondern mit Plänen, wie man den Spaß noch steigern könnte.

Die Skihallen in Neuss und Bottrop mit ihren gemütlichen Original-Hütten sind auf dem Kehricht unserer Zivilisation erbaut, die eine auf dem Abraum der Kohlezechen, den Relikten der Energieerzeugung, die andere auf einer städtischen Müllhalde. Das sind die Ablagerungsschichten einer luxuriösen Lebensweise, auf denen man noch schnell ein paar Skihallen baut, die dann selbst zu Müll werden. In einem Jodler gipfelt der Versuch, den Spaß auf die Spitze zu treiben und die Welt aufzubrauchen. Alles überall jederzeit. Daß die Erde das nicht aushält, ist bekannt. Aber noch wird gejodelt, als wäre nichts: Im niederländischen Tilburg geht man gerade daran, eine Skihalle zu bauen, die nicht 300, nicht 600, sondern 1 200 Meter lang ist. Holladiöh.

Pflanzen und Wanzen

Schwertlilie und Schokolade

Es gibt keine Duft-Wörter wie es Farb-Wörter gibt. Wenn man Düfte bezeichnen will, muß man ins Allgemeine retirieren oder ins Metaphorische, man muß Entsprechungen, Vergleiche suchen aus den Bereichen anderer Sinne. Es nimmt auch jeder einen Duft anders auf, ordnet ihn anders ein in ein System von Duft-Erfahrungen. Das Gedächtnis für solche Erfahrungen spielt eine große Rolle beim Riechen: Ein Geruch, eben weil er nicht festgelegt ist, verbindet sich im Gedächtnis um so stärker mit den Gegenständen, den Menschen, den Situationen, bei denen er zum ersten Mal wahrgenommen wurde. Das alte Klassenfoto läßt Gestalten und Begebenheiten lebendig werden – aber der Korridorgeruch der Schule bringt, wie viele Gerüche, nicht nur Bilder zurück, sondern vor allem Empfindungen, Stimmungen, vergessene Hoffnungen, abgelegte Bedrückungen.

Die Düfte sind die vierte Dimension des Gartens. Unter allen Garten-Düften erfreuen sich die süßen, betörenden Sommerdüfte der größten Beliebtheit. Der Rose wird als Königin gehuldigt, nicht nur, aber auch ihres Duftes wegen. Doch die Liebe des Gärtners richtet sich nicht nach Rang und Stand; da gibt es manchen, der erweist der Königin die gehörige Reverenz und eilt dann weiter, zu weniger majestätischen Freundinnen und Gartengenossen, –

– zum Kalmus beispielsweise, der seinen Duft in dem Schlamm verbirgt, in dem seine weißen, daumendicken Wurzeln liegen. Der Kalmus ist ein Aronstabgewächs, freilich ist seine Blüte viel unscheinbarer als die des Aronstabs, und die Blätter ähneln eher denen der Schwertlilie. Die

Wurzel, in der der Kalmus seine Nahrungsvorräte speichert, wuchert weit durchs Sumpfbeet, es schadet nichts, wenn man ein Stück davon absticht, um daran zu riechen. Die Botanikbücher schreiben, die Kalmuswurzel rieche „aromatisch“, was ungefähr so viel sagt, wie wenn jemand einen Kuß „süß“ nennt, das heißt: es sagt fast gar nichts. In der Kalmus-Wurzel ist die Essenz aller Wasserdüfte gespeichert, die Frische, der Wind, die Wassertropfen in der Luft, dazu eine Andeutung sommerlicher Süße, auch eine Prise Moder natürlich, gerade so viel, daß die Duftkomposition mit dem Thema „Badeteich im August“ eindeutig bestimmt ist, man spürt das Wasser heraus aus diesem Duft und vor allem die Weite über dem Wasser, den hellen Raum des Sommers.

Alle Düfte lassen einen Raum spüren; je süßer sie sind, zum Schwülen hin, um so enger wird der Raum; zu diesen engen Düften gehört der des Maiglöckchens – übrigens auch einer von den allgemein gerühmten Düften, die nicht deshalb so berühmt sind, weil sie so unübertrefflich wären, sondern nur, weil sie eben in jedem ordentlichen Blumenladen vorhanden sind und man sich darauf geeinigt hat, daß sie zu den berühmten Düften gehören; solcher Übereinkünfte bleiben eher geläufig, auf das Rare muß man stets von neuem aufmerksam machen –

– zum Beispiel darauf, daß das Maiglöckchen eine Konkurrentin hat; deren Duft ist um Nuancen schwächer, aber auch er kann ganze Gartenecken erfüllen – und das nicht im Mai, wenn alles duftet, sondern im Oktober; *Eleagnus pungens ebbingei*, eine Ölweidenart, blüht so spät erst, mit unscheinbaren, weißen, tatsächlich übrigens maiglöckchenähnlichen Blüten, und wenn es windstill ist und ein wenig herbstliche Wärme da war, dann schwebt eine Wolke des Ölweiden-Duftes vorbei: am Ende des Gartensjahres eine zarte Erinnerung an seinen Anfang.

Der Anfang. Auch hier wäre nicht zu reden vom Hergebrachten, von den ordnungsmäßigen Frühjahrsdüften, sondern zum Beispiel von den ersten Blattfiedern des Rainfarns, die schon im Februar ans Licht kommen können. Der Rainfarn ist kein Farn, er hat nur farnig gefiederte Blätter und wird neuerdings wieder den Chrysanthemen zugezählt, heißt demnach nicht mehr *Tanacetum*, sondern *Chrysanthemum vulgare*: Er nimmt einen der letzten Düfte des herbstlichen Abschieds vom Garten wieder auf und trägt ihn ein Jahr lang weiter, den Duft des vergehenden Winteraster-Laubes, herb und streng, mit einer Spur von Bitterkeit darin, wenn man die Blätter zwischen den Fingern zerreibt, auch eine Ahnung von Nebel und kühler Feuchtigkeit. Die Rainfarnblätter gibt es das ganze Jahr hindurch, man kann den Duft haben, wann immer es einen danach verlangt. Am besten übrigens, man pflanzt die Düfte, die man besonders liebt, in Armlänge um eine Bank herum, als Duftbibliothek, so wie man Lieblingsbücher griffbereit liegen hat.

Ein anderes der nicht geläufigen Duft-Erlebnisse währt nur knapp drei Wochen; es ist eine von den zahllosen Schwertlilien-Züchtungen, welche die Liebhaber dieser stolzen Pflanze im Laufe vieler Jahre geschaffen haben. Manche Sorten duften überhaupt nicht, manche nur ganz zart und unbestimmt, und *Iris foetidissima* soll sogar stinken, wie der Name sagt. Aber eine unter den Schwertlilien hält eine Duft-Überraschung bereit; es ist eine hohe Bart-Iris, deren Dom und Hängeblätter sich in allen Abstufungen eines vielfach gebrochenen Braun darbieten; man könnte sie, wenn so grobe Kennzeichnung an eine Iris-Blüte überhaupt heranreichte, schokoladenfarben nennen – und wenn man näher herantritt und sich nach der Blüte bückt, dann wirkt es wie die Pointe eines Witzes, daß sie, tatsächlich, ganz zart nach Schokolade riecht. Mag sein, daß Farbstoff und Duftstoff identisch sind und im Kakao wie in der Iris vorkommen, so daß es in den Augen verständiger Menschen gar kein Wunder, sondern eine blanke Trivialität ist, daß die schokoladenfarbene Iris auch nach Schokolade duftet; die verständigen Menschen können recht haben damit – aber das ist es ja, was sie so unsympathisch macht.

Einen solchen verständigen Menschen führt man am besten, zur Strafe gewissermaßen, ein paar Wochen später zur *Codonopsis*, auf Deutsch: Tigerglocke. Das ist eine ziemlich unscheinbare Vertreterin der Glockenblumengewächse, unauffällig vor allem deshalb, weil ihre kleinen Glocken an weichen Stengeln so nach unten hängen, daß man sie hochbiegen muß, um ihre Schönheit zu sehen und um zugleich zu bemerken, warum sie Tigerglocke heißt: auf weißlichem Grund eine Zeichnung aus Blau, Grün und Gelb, die, auch wenn die Farben nicht ganz stimmen, unmittelbar an die Streifenzeichnung eines Tigers erinnert. Und wenn wir den verständigen Menschen an der Blüte riechen lassen oder ihm ein Stengelstück in die Hand geben, aus dem ein Tropfen weißen Milchsaftes quillt, dann muß er bestätigen, daß der Geruch der Codonopsis keinem anderen so ähnelt wie dem der Raubtiere, ein wenig scharf und herb, nach Stroh und Käfig – aber nicht unangenehm für den, der mehr den herben Düften zuneigt als den süßen.

Die Frage, warum die Familie der Glockenblumen, die sonst mit viel Blau und Weiß einen teils unschuldigen, teils himmlischen Eindruck erweckt, dieses Raubtierwesen mit dem dazu passenden Geruch hervorgebracht hat – diese Frage wird uns der Verständige auch nicht beantworten können; er wird etwas von „Auslese“ und „Daseinskampf“ sagen, aber eine Übereinstimmung wie die zwischen dem optischen Signal für „Raubtier“ und dem gleichlautenden Duftsignal läßt sich nicht so einfach dem Raster der Zweckmäßigkeiten einordnen; da gibt es Zusammenhänge, Entsprechungen, Lebensgesten, unsystematische Verwandtschaften, nach deren „Zweck“ zu suchen schon deshalb ein fruchtloses Unternehmen bleibt, weil wir, selbst wenn wir den Zweck dingfest gemacht zu haben glauben, vom Sinn immer noch nichts wissen.

Einiges über die Eiche

Der Glengoyne Single Highland Malt Scotch Whisky braucht, wie uns seine Erzeuger versichern, einhundertundelf Jahre, bis er vor uns steht: Zehn Jahre zum Reifen, ein Jahr zum Trocknen des Holzes für die Fässer, und hundert Jahre, bis dieses Holz herangewachsen ist – es ist Eichenholz, und in der Annonce für den Glengoyne Single Highland Malt Scotch Whisky ist ein Eichenblatt abgemalt – so wie auf Firmenschildern von Bankhäusern, auf dem Schweizer Franken und auf einigen minderen deutschen Scheidemünzen und wer weiß wo sonst noch: als Bild für Reife, für Unbeugsamkeit, für Verläßlichkeit, für die Stärke des Geldes und das Aroma des Whiskys, oder umgekehrt.

Diese Bilder, wenn sie einmal ersonnen oder gefunden sind und wenn man sich auf ihre Bedeutung geeinigt hat, führen ein bewegtes Leben, tauchen unversehens bei den disparatesten Gelegenheiten auf, und der Eiche ist es darin nicht besser ergangen als manchem anderen Symbol.

Symbole sind Bilder, einfache Bilder für etwas Zusammengesetztes, Bilder von Greifbarem für etwas Ungreifbares, Bilder vom Kleinen, die für etwas Großes stehen, von Teilen für das Ganze. Die Bilder als Symbole leben davon, daß alle ungefähr dasselbe darunter begreifen und möglichst auch nicht weiter darüber nachdenken. Geht man nämlich den Bildern auf den Grund, dann kann man Überraschungen erleben, das Bild kann sich jählings auflösen in Einzelheiten, die nicht mehr zum Symbol passen. Bei der Eiche ist es eher umgekehrt: Je genauer man sie betrachtet, um so mehr Bilder entdeckt man, die ihrerseits zum Symbol taugen.

Und da muß gleich gesagt werden, daß es *die* Eiche eigentlich nicht gibt, sondern über fünfhundert verschiedene Arten von Eichen, die sich in Wuchsform, Blättern, Holz und Früchten oft ganz unähnlich sind. Manche narren uns Laien, wie zum Beispiel die Weidenblättrige Eiche mit ihren schmal-lanzettlichen Blättern, oder die Stein-Eiche, deren bestachelte Blätter denen des Ilex-Strauches ähneln. Schon die drei einheimischen oder heimisch gewordenen Arten, die Stiel-Eiche, die Flaum-Eiche und die Trauben-Eiche, machen es uns schwer genug, weil sie sowohl erheblicher Abwandlungen fähig sind als auch untereinander ganz zügellos und liederlich bastardieren und immer neue Mischlinge hervorbringen.

Die Flaum-Eiche ist oft eher ein großer Strauch, Stiel- und Trauben-Eiche aber sind Bäume mit runden, weit ausladenden Kronen, dreißig, vierzig, ja fünfzig Meter hoch werdend, mit unterschiedlichen Ansprüchen an Boden und Klima – doch lassen wir diese gärtnerisch-forstlichen Weisheiten hier beiseite, stellen auch von der Eichen-Verwandtschaft aus Südosteuropa, Ostasien und vor allem aus der Neuen Welt nur mit einem Seitenblick fest, daß es sie gibt und daß sie sehr zahlreich ist, lassen all ihre – nun wirklich kaum ohne Abbildungen darzustellenden – Unterschiede unerwähnt, verschmelzen alles zum Bild der Eiche in jenem Sinne, in dem das Sprichwort davon redet: daß sie stark und fest und unerschütterlich sei, mit einem Holz, von dem man im Altertum gar glaubte, es sei unverweslich. Unverweslich, ewig – das war ein Baum für die obersten Götter: Die Griechen hatten ihn dem Zeus geweiht, sein Orakel in Dodona war in einem Eichenhain. Für die Römer war die Eiche dem Jupiter heilig, für die Germanen dem Thor, und auch den keltischen Druiden-Priestern galt der Eichenzweig bei ihren Ritualen als unentbehrliches zauberisches Mittel.

Das Holz der Eiche hat wirklich ungewöhnliche Eigenschaften. Es ist dicht und fest und schwer, widerstandsfähig gegen alles, gegen Trockenheit, gegen Hitze und sogar gegen Feuer, vor allem gegen Fäulnis und Wasser. Des letzteren spottet es geradezu, indem es unter Wasser nun tatsächlich nach menschlichen Maßen für ewig erhalten bleibt – freilich zu Staub zerfällt, sobald es an die Luft kommt und austrocknet.

Viel Eichenholz ist im Laufe der Geschichte unter Wasser geraten, nicht nur beim Brückenbau, sondern vor allem in Gestalt von versunkenen oder versenkten Schiffen. Schiffe und Schwellen, Möbel und Häuser, Brücken und Wagen und Fässer und vieles mehr hat man aus Eichenholz gemacht, auch Särge, haltbar bis zum Jüngsten Gericht.

„Haltbarkeit" zeichnet ja schon die lebende Eiche aus. Zahllos und entsprechend unverläßlich sind die Nachrichten über vielhundertjährige, ja mehr als tausend Jahre alte Eichen. Wozu freilich vermerkt werden muß, daß nach allem, was wir einigermaßen sicher wissen, die Linde mit ihrem berühmt weichen Holz in aller Sanftheit offenbar noch längere Zeiten überleben kann als die Eiche. Weshalb es von beiden, von der Linde und von der Eiche, viele Individuen gibt, die nicht nur ein Denkmal ihrer selbst sind, sondern auch zu Denkmälern für Leute aller Art erhoben und manchmal auch eher erniedrigt wurden. Man bräuchte wohl einige Urlaubswochen, um, kreuz und quer durch Europa fahrend, alle jene Eichen zu besuchen (und zu sehen, ob es sie noch gibt), die in den Büchern aufgezählt werden.

Die berühmteste deutsche Eiche, von der sogar jedes Geschichtsbuch berichtet, ist die Donar-Eiche bei Geismar, die bei den Germanen kultische Verehrung genoß und im Jahre 725 gefällt wurde – eigenhändig, wie es heißt, von jenem Heiligen Bonifatius, der die Kunde von der Gnade Gottes mit so viel gnadenloser Verwüstung von Heiligtümern unter die Leute zu bringen suchte. Das Volk soll damals in atemloser Spannung dabeigestanden haben, in der Erwartung, daß Thor zurückschlagen und den Frevler vernichten werde. Aber erst dreißig Jahre danach brachten die Friesen ihn ums Leben.

Seitdem gibt es zwei Stränge der Eichenverehrung, einen hellen und einen dunklen. Hell ist er dort, wo man christlichfügsam, aber doch auch lässig genug war, einfach die alten Götter für den neuen wegzutauschen und Maria, die Gottesmutter, fortan in der bis dahin heidnischen Eiche wohnen zu lassen; ihr sind viele Eichen geweiht. Eher dunkel ging es dort zu, wo man den christlichen Gehorsam so genau verstand, daß man nun die Eiche als den Sitz heidnisch-schädlicher Kräfte mehr fürchtete als verehrte.

Zwischen der heiligen und der unheiligen Eiche dann, weithergebracht aus dem grauen Altertum, Eichenkranz und Eichenblatt als Preisung und oft auch als wohlfeilen Preis für Tapferkeit und Tod, für die Gefallenen der Kriege, auch für Sieger in Turnwettbewerben, also für Sieg und Tod in merkwürdig unterschiedsloser Verwendung für den Handstand auf dem Barren und den Tod auf der Walstatt, was freilich dem Umstand entspricht, daß die Leibesertüchtigung auf dem Sportfeld ja häufig als planvolle Vorbereitung für die Leistung auf dem Schlachtfeld gemeint war.

Dabei verdankt die Eiche ihre Verwendung als Ehrenschmuck im Altertum wohl der Tatsache, daß die Eichen des Mittelmeerraumes, zum Beispiel die Kork-Eiche und jene Stein-Eiche mit den stacheligen Ilex-Blättern, immergrün sind, also auch das Nie-Welkende der verliehenen Ehre zu symbolisieren hatten, während die bei uns heimischen Eichen im Winter bestenfalls welkes Laub tragen, das sie dann oft erst verlieren, wenn die neuen Blätter des Frühjahrs schon austreiben.

Was übrigens den Anlaß zu einer Sage gegeben hat, die erklärt, warum die Eichenblätter rundum so gekerbt sind: Der Teufel, so meldet diese Sage, hatte mit einem Bauern einen Pakt geschlossen, wonach er dessen Seele holen durfte, sobald die Eiche, deren Blätter damals noch ganzrandig waren, kein Laub mehr trüge, und der Teufel freute sich schon auf den Oktober. Aber es kam der November und es kam der Dezember und alle Bäume standen kahl, nur die Eiche nicht; ihre Blätter saßen, dürr und braun, noch fest auf ihren Stielen. Endlich wurde es Frühling, und die welken Blätter vielen nach und nach ab. Als das letzte Blatt gefallen war, glaubte der Teufel seine Zeit gekommen, aber als er bei dem Bauern erschien, führte dieser ihn ganz nah an die Eiche und zeigte ihm, daß längst die neuen Blätter ihre ersten Spitzen sehen ließen. Da wurde der Teufel furchtbar wütend und ließ seinen Zorn an den Eichenblättern aus, fuhr mit seinen Krallen hinein, – und seitdem sind die Eichenblätter gekerbt.

Immer noch sind wir beim Eichen-Bild der Festigkeit, des Dauerns über die Jahre und die Jahrhunderte, der unerschütterlichen Stärke als Beschwörung anderer Stärke.

Wessen Stärke? Eine schöne zweifache Antwort finden wir in einer Emblemsammlung des sechzehnten Jahrhunderts, einem jener Bilderbücher, in denen das Zeitalter seine Liebe zum vielbedeutenden Sinnbild, zur metaphorischen Veranschaulichung von Welt und Leben geradezu enzyklopädisch in Bilder und Verse umsetzte. Da gibt es in einem dieser Bücher aus dem Jahre 1550 ein Eichenbild mit der Erklärung:

„Die Eichel war der alten speiß / Jetzt braucht mans nur zum schatten leiß / Also ist dieser Baum dienstbar / Dem großen Gott Ioui fürwar“, – und, bei einem anderen Eichenbild die nahezu gegenteilige Deutung, nämlich:

„Daß die Stein Eich auß grosser hert / sich voneinander thut vnd zert / Gibt ein gemerck und anzeigung / Der Bürgerlichen embörung."

Die Stärke des Aufbegehrens von unten also, und die Stärke der Götter da oben – die Bilder verschweben in der Vieldeutigkeit.

Die Stärke ist es wohl auch, von der sich die Zuversicht ableitet, daß ein solcher Baum imstande sein muß, Last und Gebrechlichkeit vom schwachen Menschen zu nehmen. So gab (oder gibt es gar noch) bei Frammersbach im Spessart eine Eiche mit einem gespaltenen Stamm; durch den Spalt zog man rachitische Kinder, deren Krankheit dabei gewissermaßen abgeschürft und von der Eiche aufgenommen werden sollte. Und die Eichen des estländischen Wallfahrtsortes Petschuri sind oder waren fast ohne Rinde, weil diese von den Wallfahrern, die Heilung für ihr Zahnweh erhofften, abgeknabbert worden war.

Tatsächlich ist die Eichenrinde heilsam für Entzündungen im Mundraum, und diese wohltätige Eigenschaft, derer man sich auch heute noch bedient, verdankt sich der Gerbsäure, die in der Rinde besonders reich enthalten ist; sie wirkt auf die entzündlich angeschwollene Mundschleimhaut zusammenziehend – und hilft derart übrigens auch bei Frostbeulen.

Die Gerbsäue paßt zum Bild des Starken und Festen, das Zusammenziehende zum Zusammengezogenen, das Härtende zum Harten. Härtend und konservierend wirkt die Gerbsäure auch auf die Tierfelle, die man damit gerbte und gegen Fäulnis und Zerfall schützte: Die Rinden-Haut der Eiche half die Haut der Tiere dauerhaft zu machen. Ich erinnere mich noch gut des eigenartigen, für mich keineswegs unangenehmen Geruchs in einer Gerberei meiner Heimatstadt, über deren Hof ein abgekürzter Schulweg führte und wo in den großen Becken unter freiem Himmel die Häute in der Gerberlohe aus Eichenrinde vor sich hin garten. (Gerben hieß im Althochdeutschen so viel wie gar machen und wurde erst später auf die Behandlung von Fellen verengt.)

Heute benutzt man zum Gerben andere Stoffe, aber früher wurden Unmengen von Eichenrinde für diesen Zweck – und für die Apotheken – geerntet. Für die Flaschenkorken bedarf es einer besonderen Eiche, der Kork-Eiche, die vor allem in Spanien und Portugal in großen Wäldern kultiviert wird. Zwanzig Jahre alt muß eine solche Kork-Eiche sein, ehe man ihr die erste, noch unbrauchbare Rinde abschälen darf; danach erst bildet sie den weichen, zum Verschließen von Bouteillen geeigneten Kork, der alle zehn Jahre geerntet werden kann. Der Kork auf der Flasche – das ist nun eine sehr metaphorische Darstellung des Eichen-Prinzips der Dauer und Haltbarkeit, aber durchaus noch zum Bild gehörig und seinerseits der Ausgangspunkt für die Linien neuer Bilder.

Und auch dies fügt sich zur Symbolik von Stärke und Dauer: die Eiche als Baum der Fruchtbarkeit, in einem männlichen und einem weiblichen Sinne.

Männlich, indem die Form der Eichel nach den Überlegungen zur sympathetischen Ähnlichkeit der Naturformen als anatomische Entsprechung gesehen wurde und demnach die Zeugungskraft versinnbildlichte. Weiblich, indem der Reichtum gehaltvoller Früchte das Prinzip der üppigen Fülle symbolisierte.

Freilich sind diese Früchte bitter, zufolge eben des Gerbstoffes, den sie wie alle Teile der Eiche enthalten. Aber erstens macht das den Schweinen nichts aus, die man damit mästet, womit man das Bittere in Genießbares umwandelte, – und zweitens fand man Wege, die Gerbstoffe durch Rösten zu zerstören oder aber, nachdem man die Eicheln zermahlen hatte, durch Wasser herauszulösen. Was übrigblieb, war ein stärkereiches Mehl, das sich zumindest als Streckungsmittel für feine Mehle verwenden ließ, während die gerösteten Eicheln ein durchaus aromatisches Kaffeepulver ergaben.

Es kommt also einiges zusammen an Nutzbarkeit bei der Eiche, und das Symbol der Fruchtbarkeit wird beglaubigt durch die vielseitigen Eigenschaften des realen Urbildes. Aber die Fruchtbarkeit erschöpft sich nicht im Nutzen der Früchte, vielmehr erzeugt die Eiche darüber hinaus noch eine ganz besondere, ja absonderliche Art von Früchten, die die Fruchtbarkeit auf einer anderen Ebene verwirklichen und in einem merkwürdigen Gegensatz zur gerbenden Stärke der Eiche stehen.

Es verhält sich nämlich so, daß just an dem Punkt, an dem das gerbende Prinzip sich aufs äußerste konzentriert, zugleich das gerade Gegenteil ins Bild kommt: eine Weise der Unterwerfung, des laisser faire, ja der Dienstbarkeit, die man nirgendwo bei den Pflanzen und schon gar nicht bei den Bäumen so vielfältig ausgeprägt findet, so immer wieder neu erprobt und neu verwandelt und mit einer Art von spielerischer Phantasie ausgeführt.

Es sind die Eichengallen, in denen sich, einerseits, die zusammenziehenden Gerbstoffe so konzentriert versammeln wie an keiner anderen Stelle der Eiche, während sie, andererseits, Gabe und Hingabe auf eine erstaunliche Weise vorführen.

Jedermann kennt zumindest die runden „Galläpfel", die den Blättern der Eiche wie etwas ganz Fremdes aufsitzen, grau berindete Bällchen von präziser Kugelgestalt. Schneidet man einen solchen Gallapfel durch, dann sieht man einen winzigen Hohlraum in einem schwammig-holzigen Gewebe; entweder lebt darin noch eine kleine weiße Larve, oder sie hat sich schon zum Insekt verwandelt und durch einen von ihr selbst gegrabenen engen Gang die Galle verlassen. Eine solche Galle entsteht dadurch, daß das Insekt, eine Gallwespe, mit seinem Legestachel das Eichenblatt anbohrt und ein Ei hineinplaziert, ein Kuckucksei, wenn dieser bildliche Ausdruck hier erlaubt ist.

Die Eiche, sonst unerbittlich hart und gerbsauer, antwortet auf diese Zumutung nun nicht etwa mit brüsker Zurückweisung, sie kapselt sich nicht ab, sie wirft den Eindringling nicht hinaus, sondern sie läßt sich anzapfen, mehr noch: sie tut vom gleichen Augenblick an alles, um das Ei vor jedem Schaden zu bewahren, sie baut ihm eine Hülle, und diese Hülle ist mehr als eine simple Büchse für das Ei, nämlich zugleich das zuträgliche Nährgewebe für die bald aus dem Ei schlüpfende Larve.

Ein Lebkuchenhaus, ein Schlaraffenhaus, ein eßbares Kinderzimmer mit wohlschmeckender Tapete und nahrhaftem Fußboden. Während die Mutter längst auf und davon ist, wird das Kind von der Eiche behütet und genudelt.

Das alles ist über die Maßen staunenswert, aus mehreren Gründen. Erstens, weil es so gar nicht zum widerstandsfähigen Wesen der Eiche passen will, daß sie sich überhaupt herabläßt, einem ganz unbedeutenden Insekt mit immensem Aufwand eine Heimstatt zu schaffen; zweitens, weil sie keinerlei ersichtlichen Vorteil von dieser Symbiose hat, weshalb man auch gar nicht eigentlich von einer Symbiose sprechen kann, es handelt sich vielmehr, wie ein Insektenkundler es einmal ausgedrückt hat, um eine „fremddienliche Zweckmäßigkeit", womit freilich, wie so oft, das Rätsel keineswegs gelöst, sondern nur in einem Fachausdruck vorderhand unschädlich gemacht ist.

Drittens: Die Eiche bildet hier eine Form aus, ein Gehäuse, dessen Gestalt an keinem anderen Punkt der Eichengestalt wiederkehrt. Die geometrisch makellose Kugel ist wirklich nur für dieses Tier gemacht und für sein Fortkommen. Die Eiche „kennt“ für sich selbst diese Form überhaupt nicht, sie bringt sie völlig neu in die Welt, nachdem das kleine Insekt sein Ei abgelegt hat, – ein Vorgang übrigens, der sich über Stunden hinziehen kann und bei einer bestimmten Gallwespenart, deren Weibchen ihre Eier im Winter ablegen, auch dann nicht unterbrochen wird, wenn das Weibchen nächtens einfriert Sobald es wieder aufgetaut ist, setzt es sein Legegeschäft fort.

Die Biochemiker haben inzwischen die Stoffe analysiert, die von den Gallwespen zusammen mit dem Ei der Eiche injiziert werden und die Bildung der Fremdgestalt auslösen. Neue Merkwürdigkeit: Wenn man diese zweifelsfrei ermittelten Stoffe in Eichenblätter spritzt, passiert überhaupt nichts. Die Eiche reagiert nur dann darauf, wenn sie von der Gallwespe verabreicht werden, sie läßt sich nicht durch Synthetisches betrügen.

Damit sind die großen Rätsel der Eichengallen keineswegs erschöpft: Daß keine andere Pflanze so bereit ist, Gallen zu bilden, heißt nicht nur, daß man an fast allen Eichen Gallen findet, sondern auch: daß keine andere Pflanze imstande ist, so viele ganz verschieden gebaute Gallen für jeweils andere Gallwespen zu erzeugen. Außer den eben beschriebenen Galläpfeln gibt es Holzkugelgallen, Blattwulstgallen, es gibt Kartoffelgallen, Linsengallen und Eichenrosen, es gibt eine Kohlrabigalle, die tatsächlich so aussieht wie sie heißt, und es gibt die Seidenknopfgalle, die eine Vertiefung in der Mitte hat und rundherum mit schimmernden Haaren so umsponnen ist wie ein Seidenknopf, – es gibt, um dies abzukürzen, an der Eiche weit über 120 verschieden geformte Häuser für entsprechend viele verschiedene Gallwespen-Arten.

Das ist eines der Symbole, die wie die Puppe in der Puppe im Eichen-Symbol beschlossen liegen: Ein kräftiger und starker Baum macht sich eine für ihn selbst vielleicht nicht bedeutende, für die Schlupfwespen aber lebenswichtige Mühe, indem er etwas abgibt, ohne eigenen Vorteil, ohne Zinsen gewissermaßen, um dem ganz Schwachen zu helfen, und dies nicht als formlose Spende so nebenher, sondern als konstruktiven Beitrag zum Leben, für den überhaupt keine Gegengabe fällig wird, nicht einmal eine Rückerstattung.

Man darf aber dieses Bild eines schönen Mäzenatentums nicht aufmalen, ohne gleich zwei Einschränkungen anzufügen, – erstens, daß die Biologen, die ja auf die Zweckmäßigkeit, also auf eine Art von Rentabilität jeglichen Daseins aus sind, immerhin gemutmaßt haben, die Eiche mache das alles nicht aus purer Gutmütigkeit, sondern weil sie sich, indem sie das Schlupfwespenei einkapselt, vor größerer Schädigung schützen will. Das ist zwar aus den verschiedensten biologischen Gründen eher unwahrscheinlich, aber ich muß der Vollständigkeit halber darauf hinweisen.

Zum zweiten wird das Bild mäzenatisch garantierten Wohllebens arg gestört dadurch, daß, so wie es keinen gallenfreudigeren Baum als die Eiche gibt, auch kaum jemand sonst im Tierreich wiederum so von Mitessern heimgesucht wird wie die Bewohner der Eichengallen. Niemand außer ihnen ist so vielen hochspezialisierten Feinden ausgesetzt, und so kann es vorkommen, daß man in einer einzigen Galle mehrere Dutzend artverschiedene Schmarotzer findet – während die ursprüngliche Gallwespenmade, der all diese Nutznießer den Lebensraum und die Lebensmöglichkeiten verdanken, längst dahin ist.

Im Bild: Jene Hilfe, die nicht auf Rentierlichkeit und Rückzahlung spekuliert, kann auch dazu führen, daß schließlich ganz andere Lebewesen den Vorteil von der Großzügigkeit der Eiche haben. Und weiter im Bild: Schadet das denn etwas? Ist das nicht im Gegenteil eine heitere Bestätigung dafür, daß allerlei Getier leben will und leben dürfen sollte aus einem großen Reichtum, einer Freigebigkeit, der es an der Vielfalt liegt und nicht an Zweck und Nutzen?

Mit den Galläpfeln hat es aber noch etwas Besonderes auf sich, und das ist zugleich ein Nachtrag zum Bild der Eiche als Sinnbild des Dauernden: Die Galläpfel waren über sehr lange Zeit der wichtigste Rohstoff für die Erzeugung der Tinte, des Stoffes also, mit dessen Hilfe Menschen ihren Gedanken, Mitteilungen, Rechnungen, Pakten, Friedensschlüssen und Befehlen und nicht zuletzt ihrer Buchführung verläßliche Dauer verliehen.

Die Unvergänglichkeit der Tinte beruht auf der Tatsache, daß die Gerbsäure der Eichengallen zusammen mit Eisenverbindungen einen schwarzen Farbstoff ergibt, der sich in die Fasern des Papiers so unlösbar einfrißt, daß die Tinte, selbst wenn sie einmal ausbleichen sollte, mit chemischen Tricks jederzeit wieder aufgefrischt werden kann.

Es gab für diese Tinten hundert verschiedene Rezepturen, mit denen man auf jeweils andere Weise die Schwierigkeit zu überwinden suchte, daß die Eisengallustinte gern in der Flasche schimmelte und im übrigen sehr dünnflüssig war. Man mußte ihr mit Gummi arabicum oder ähnlichen Stoffen eine etwas zähere Konsistenz verleihen, und gegen den Schimmel fügte man Quecksilberpräparate hinzu. Die Dauerhaftigkeit der Eiche erscheint hier gleichsam verflüssigt – und zugleich noch verstärkt durch die Härte des Eisens, das mithalf, die Wörter und Zahlen und Namen unzerstörbar zu machen.

Just damit, mit diesem strebenden Bemühen der Menschen, sich selbst Dauer zu verleihen, Rechnungen zu schreiben, zu herrschen, zu erobern, – just damit hat nun auch das letzte Kapitel über die Eiche zu tun, auf eine bittere und mahnende Weise, und das führt uns einerseits zurück ins Altertum, andererseits in unsere unmittelbare Gegenwart.

Im tiefsten Altertum der europäischen Menschengeschichte (erdgeschichtlich gesehen freilich in jüngster Neuzeit) waren die Länder ums Mittelmeer noch mit dichten Wäldern bedeckt, und darin war die Eiche, vor allem die ilexblättrige Stein-Eiche, sehr zahlreich vertreten. Nur bescheidene Reste davon sind heute noch anzutreffen, aber immerhin hält die Eiche noch einen Anteil von einem Fünftel an den spärlichen Waldgebieten des Mittelmeers.

Der Eiche wie auch den anderen Baumarten der antiken Wälder wurde ihre Brauchbarkeit für alle Zwecke der Zivilisation zum Verhängnis. Zwar hatten die weiträumigen Rodungen des Altertums auch die Gewinnung von Ackerland zum Ziel, aber schließlich entscheidend war doch der Raubbau, der auf Brennholz und Bauholz aus war, letzteres vor allem für die unersättlichen Militärs, die Schiffe über Schiffe bauen wollten. Das Land, in Griechenland wie in Italien, im Libanon und wo sonst noch, verkarstete, der fruchtbare Boden wurde abgeschwemmt, ein für allemal, denn so ein umfassender Eingriff läßt sich nicht wieder rückgängig machen, und während die eichenen Schiffe und Tempeldächer längst dahin waren, auch die Eroberungen längst wieder verloren, blieben die Spuren der Verwüstungen, die man dafür angerichtet hatte, über die Jahrtausende sichtbar – und fühlbar für die Menschen, die dort leben.

Daß die Nutzung der Wälder sich so auswirken würde und daß dies aus „ökologischen“ Gründen so sein müsse, wußte man damals noch nicht, kannte demnach auch noch nicht die Notwendigkeit des Aufforstens. Es muß aber auch gesagt werden, daß damals, vor allem in den landeinwärts gelegenen Regionen, noch sehr viel übrig geblieben war vom alten Wald, was dann erst den viel brutaleren und technisch intensiveren Machenschaften des neunzehnten Jahrhunderts zum Opfer fiel. So müssen wir den Griechen und den Römern und den anderen Mittelmeervölkern, die zweifellos einen gigantischen Verbrauch von Wäldern ins Werk gesetzt haben, dreierlei zugute halten: Sie wußten nicht von der ganzen Tragweite dessen, was sie taten; sie sahen die Rodung nicht ganz zu unrecht als rühmenswerte zivilisatorische und für die wachsende Menschenzahl ja auch notwendige Leistung an, und: sie allein hätten gar nicht vermocht, was dann erst mit Hilfe technischer Errungenschaften der Neuzeit gelingen konnte.

Und nun der Sprung in unsere Gegenwart des ausgehenden zweiten Jahrtausends: Da erscheint die Eiche, den Waldschadensberichten zufolge, als neues Opfer der schleichenden Vergiftung durch die Ausdünstungen des menschlichen Gewerbefleißes, nach Fichte und Tanne.

Zwar wiegen die Fachleute noch die Köpfe und mögen nicht ausschließen, daß es auch andere Faktoren sind, die dazu beitragen, daß die Eichen siech und schwach werden, aber vieles spricht für den Verdacht, daß es, wie bei den anderen sterbenden Bäumen, die unsichtbaren Schwaden der Luftgifte, die unsichtbaren Angriffe der Bodengifte sind, denen die sonst so ausdauernde und mächtige Eiche nicht zu widerstehen vermag. Sie verweigert sich dieser Zumutung, zieht sich in sich selbst zurück, verabschiedet sich, macht sich grußlos davon.

Man muß sehr unempfindlich sein, wenn man diesen Vorgang ohne Bewegung des Gemüts und ohne Beklemmung hinzunehmen fähig ist. Bäume – und nicht nur die Eiche – wirken, da sie länger leben als wir, wie größere Wesen, zwischen Menschen und Göttern, ihr Tod weckt Trauer, weil er sinnfällig macht, daß auch diese größeren Wesen, aus deren Unerschütterlichkeit und scheinbarer Unberührbarkeit wir Zuversicht gewinnen können, sterblich sind. Mancher Hausbaum hat das Haus überlebt, zu dem er gepflanzt wurde – da werden andere Zeitbögen sichtbar, die größer sind als der unserer Lebensspanne. Um so mehr muß uns dann erschrecken der Gedanke – oder vielmehr: das Wissen, daß es unsere Art zu leben, unser in der Menschheitsgeschichte ganz einmaliger Lebens-Erfolg ist, dem die Eiche zu weichen beginnt.

Was bei diesem Bild ganz besonders anrührt, ist der Gegensatz zwischen der Stärke der Eiche und der Feinheit der Mittel, mit denen wir sie umbringen. Es ist eine Perfidie dabei, der der redliche Baum nicht gewachsen ist, Heimtücke des Giftes, dagegen Bonifatius ein ehrlicher Mann und die Griechen nur naive Bauern und Militärs.

Da wird, zum Schluß, die Eiche zum Symbol für all das, was wir in Habgier und Erfolgslust und ahnungsloser Verwegenheit, oft freilich auch wissend, in dieser Welt ruiniert haben, – Kulturen, Völker, Landschaften, Flüsse, bald auch Meere und den Luftraum, und haben gemeint, das Lebensrecht der Indianer und der Urwälder und der Eskimos gälte nur gering gegenüber unserem Wunsch, reich und mächtig zu werden und es mit unserer Zivilisation immer weiter zu treiben. Wir haben gemeint, die vornehmliche Aufgabe der Flüsse sei es, unseren Dreck wegzutransportieren, und die Aufgabe des Windes, unsere Abgase fortzuwehen. Wir haben uns getäuscht, und unsere neuerdings erwachte Bereitschaft, immer neue Filter zu erfinden, wird uns nicht viel nützen, denn Frevelhaftigkeit läßt sich nicht abfiltern.

Natürlich ist es niemand gewesen, und niemand hat es gewollt, niemand etwas gewußt. Aber der Satz „Was für ein Ende soll die Ausbeutung der Erde in all den künftigen Jahrhunderten noch finden, bis wohin soll unsere Habgier noch vordringen?“ – dieser Satz stammt nicht von heute, sondern den schrieb der alte Plinius in Rom vor fast zweitausend Jahren im Anblick kahlgeschorener Berghänge. Er jedenfalls und manche nach und sogar vor ihm haben etwas gewußt, gespürt zumindest, und haben auch die Beweggründe beim Namen genannt.

Angesichts dessen liegt eine feine weltgeschichtliche Ironie darin, daß wir unser Geld gelegentlich mit einem Eichenblatt dekorieren, ihm damit den Stempel der Dauerhaftigkeit aufdrücken wollen und doch zugleich symbolisch dasjenige miteinander verbinden, wonach wir gejagt haben – ohne das lange Gedächtnis der Natur in Rechnung zu stellen – und dasjenige, was wir damit um seine Fortdauer gebracht und einem langsamen Sterben überantwortet haben.

Am Ende der Bilder, die wir von der Eiche gesehen haben, steht der sterbende Baum, reckt seine Äste gen Himmel – gen Himmel? was heißt das, als Bild? – reckt die Äste gen Himmel und klagt, klagt und stirbt, ohne einen Laut von sich zu geben. Wenn es noch einen Weg gibt, dann hätte an dessen Anfang zu stehen: daß wir die unhörbare Klage vernehmen und daß sie uns erschaudern läßt.

Noch haben wir die Eichen. Noch steht dem Bild der sterbenden Eiche, das sich immerhin aus den Statistiken ablesen läßt, das Bild der lebenden Eiche gegenüber, des mächtigen Baumes, der Mehl und Tinte und Kaffee und Masteicheln geben kann, dessen Rinde heilt und gerbt und dessen Holz, noch immer, für Schiffe und Häuser und Fässer gut ist, und auch, um Wärme zu geben, der Eiche, die Gallwespen ernährt samt deren Hintersassen und in deren Holz der Glengoyne Single Highland Malt Scotch Whisky reift. Das ist die Eiche als Mikrokosmos, Beispiel für die Zusammenhänge der Welt, die immer auch Abhängigkeiten sind. Leben in der Würde ist nur dort möglich, wo die Abhängigkeit weder zynisch ausgespielt noch selbstherrlich aufgekündigt, vielmehr als Zusammenhang begriffen und respektiert wird. Die Eiche, ihr Leben, ihre Gaben und ihre Gefährdung sind dafür nur Bilder – und diese selbst nur Ausschnitte aus einem großen Bild.

Schöne Bilder der Angst

Die Geschichte einer Obsession im Atomzeitalter

Die Geschichte handelt von Wanzen und von der Kunst, von der Schönheit des Schrecklichen und der Symmetrie in der Natur, von Atomstrahlen und arroganten Zoologen, von Vor-Urteilen aller Art –

– und von *Cornelia Hesse-Honegger,* einer Zürcherin von Mitte Fünfzig, die diese Geschichte erlebt und aufgeschrieben und die Bilder gemalt hat, die ein Teil der Geschichte sind. Es ist ein großes und schönes Buch daraus geworden, das den Titel trägt: *„Heteroptera“.* Von seinem angsteinflößenden Untertitel wird noch die Rede sein.*

Heteroptera – das ist der wissenschaftliche Name für die Insektenordnung der Wanzen. Die allbekannte, wiewohl kaum jemals mehr anzutreffende Bettwanze gehört dazu, sodann allein in Mitteleuropa achthundert weitere Arten. Sie leben in Gärten und Wäldern, im und am Wasser, im Gebirge und in Wiesen und nähren sich stechend und saugend von Pflanzen und Tieren. Und die meisten verspritzen, wenn sie sich angegriffen fühlen, ein charakteristisch riechendes Sekret, das an das Aroma von Korianderblättern erinnert und oft als unangenehm empfunden wird.

„Für die meisten Leute stinkt dieses Sekret“, schreibt Cornelia Hesse, aber „... für mich ist es ein herrlicher Duft.“

*) Cornelia Hesse-Honegger, Heteroptera. Das Schöne und das Andere oder Bilder einer mutierenden Welt. Frankfurt/M., 1998.

Was jeder bestätigen wird, der Korianderblätter als apartes Gewürz zu schätzen weiß.

Cornelia Hesse wuchs auf in einem Haus, in dem der Umgang mit Kunst zum täglichen Leben gehörte: Beide Eltern Maler und Graphiker, die Kinder begabt und vom Beispiel angeregt, Vorbilder rundum im Haus und in den Büchern,– ein prägendes Vorbild jene Maria Sibylla Merian, die vor dreihundert Jahren die Pflanzen- und Insektenwelt, vor allem die von Surinam, erforschte und malte und die für ihre herrlichen Kupferstich-Bücher berühmt wurde.

„Ich wollte – irgendwie – so werden wie sie: eine forschende Malerin oder eine malende Forscherin" – so hat Friedrich Schnack die Merian beschrieben.

Zunächst aber: Schulzeit in Zürich, New York und Paris, den Arbeitsorten der Eltern; 1960 ein Vorbereitungsjahr an der Kunstgewerbeschule in Zürich und dann der Beginn einer dreijährigen Lehre als wissenschaftliche Zeichnerin am Zoologischen Museum der Universität Zürich. Schon während dieser Lehrzeit entstehen beeindruckend schöne und präzise Illustrationen für wissenschaftliche Werke. Zwischendurch: ein längerer Arbeitsaufenthalt an der Zoologischen Station von Neapel, einer ehrwürdigen Institution zur Erforschung des Meereslebens, wo außer vielen berühmten Zoologen auch Ernst Jünger gearbeitet hat. Den neuen Erfahrungen zu Aufgaben und Möglichkeiten wissenschaftlichen Zeichnens und Malens folgt ein Jahr freien künstlerischen Arbeitens in Paris.

„Damit, sagte ich mir, ist nun deine Lehrzeit zu Ende. Ich war 20 und wollte auf eigenen Füßen stehen."

Fortan arbeitet Cornelia Hesse in einem Zwischenreich zwischen Kunst und Wissenschaft. Wissenschaftliches Zeichnen, so wie sie es versteht, ist eine unvorstellbar zeitraubende Präzisionsarbeit, die noch das allerletzte unter der Lupe erkennbare Detail wiedergibt, „mit fotografischer Genauigkeit“, ist man versucht zu sagen, – aber das Entscheidende an diesen Bildern ist gerade, daß sie mehr als fotografierende Wiedergabe sind, nämlich die viel genauere, künstlerisch imaginative Erfassung und Darstellung etwa von räumlichen Verhältnissen, von Transparenz, von Farbkontrasten und Farbnuancen, die das Foto gar nicht zu leisten vermag. Man weiß nur, was man gezeichnet hat, war ein alter Spruch der Biologielehrer aus der Zeit, als Biologie noch Naturgeschichte hieß und das Zeichnen als Wahrnehmungstechnik betrieben und gelehrt wurde. So überrascht es nicht, daß Cornelia Hesse, zeichnend, die Wissenschaftler, in deren Auftrag sie tätig war, auf Details aufmerksam machen kann, die jenen entgangen waren. Und später wird es ihr widerfahren, daß man ihren gezeichneten Illustrationen zunächst Fotografien für die Veröffentlichung vorzieht, daß sie dann aber eben diese Fotografien retuschieren muß (oder darf), damit sie der Wirklichkeit besser entsprechen. Die Genauigkeit der Fotografie ist eine Illusion und wird es auch dann noch bleiben, wenn sie digital und manipulierbar geworden ist.

Im Zwischenreich zwischen Kunst und Wissenschaft, das hieß: Bilder von Meerestieren und Spinnen, vor allem aber von Mutanten der Fruchtfliege *Drosophila melanogaster*. Die Fruchtfliegen sind die Haus- und Arbeitstiere der Vererbungsforscher, weil sie leicht zu halten sind und, fast durchsichtig, ihre großen Chromosomen deutlich vorzeigen. Mit Giften und Strahlen verändern die Forscher das Erbmaterial der Tiere und sehen zu, was dabei herauskommt: Hasenscharte, Wolfsrachen, fehlende Augen, Geschwüre, Flügel, die aus den Augen wachsen – ein Horrorkabinett der Mißgestalten, an denen sich die Zuständigkeit einzelner Gene für je bestimmte körperliche Vollzüge studieren läßt.

Von Wanzen ist immer noch nicht die Rede. Wohl gibt es Kunststipendien, Ausstellungen, Studienreisen, erste Veröffentlichungen in der Zeitschrift DU und ein Wandbild in der Kantonsschule Rämibühl. Die Zoologen freuen sich über gute Illustrationen, die Kunstfreunde stehen staunend vor Bildern, welche die Natur akribisch genau wiederzugeben scheinen und doch auf eine rätselhafte und anrührende Weise *mehr* sind als getreue Abbilder.

Zu Zeiten der Maria Sibylla Merian hätte man ganz unbefangen von „Kunst“ gesprochen, während man sich heutzutage eher irritiert fühlt von der Verbindung von Kunst und Wissenschaft. So erlebte Cornelia Hesse, daß ein Kunstkritiker anläßlich einer Ausstellung ausführlich begründete, warum die Bilder mutierter Fruchtfliegen nicht in eine Ausstellung gehörten, während das Museum für Gestaltung in Zürich es ablehnte, ihre Bilder in eine Ausstellung von wissenschaftlichen Illustrationen aufzunehmen …

1972 – Cornelia Hesse ist 28 – zieht sie mit ihren Kindern aufs Land in die Nähe von Zürich, und nun kommen die Wanzen in die Geschichte. Im Garten und in den Wiesen sammelt sie die schönen Tiere und malt sie. Herrliche Bilder entstehen, von einer delikaten, manchmal metallischen Farbigkeit; die Leiber und Flügel, die Köpfe und Fühler der Tiere wirken wie kostbare Kleinode. Cornelia Hesse malt die Wanzen für sich selbst, beschäftigt sich auch mit Fliegen, malt Dutzende von borstigen Fliegenrücken.

„Fliegen sollten für mich zu einer ungeahnten Entdeckung werden. – Ich entdeckte die Farbe Schwarz in den verschiedensten Tönungen des Regenbogens. Silber- und Goldpulver glitzern auf der ordinärsten Schmeißfliege.“

Welche Herausforderung dies für eine Malerin bedeuten muß, mag man ermessen, wenn man weiß, daß die Farben der Insekten häufig nicht, wie das Bild der Malerin, durch transparente Lasurfarben oder deckende Pigmente entstehen, sondern durch Lichtbrechung an hauchdünnen Substanzschichten, wie die Farbspiele eines Ölflecks auf einer Wasserlache. Das sind himmlische, ätherische Farben, die etwas Geheimnisvolles haben und in die Unendlichkeit eines unirdischen Raumes weisen.

Zwischendurch malt Cornelia Hesse auch wieder mutierte Fruchtfliegen für wissenschaftliche Arbeiten, wirkt als Mal- und Zeichenlehrerin und beteiligt sich hie und da an Kunstausstellungen.

Bis – 1986 – in Tschernobyl ein Atomreaktor explodiert und halb Europa mit seinem giftigen Aushauch verseucht. Wir erinnern uns: Da schlachtete man in Lappland abertausende von Rentieren, in München durften die Kinder nicht draußen spielen, und vor dem Verzehr von Pilzen und Nüssen wurde gewarnt. Die Strahlen von Tschernobyl drangen überall hin und verflogen nicht, sondern wurden gespeichert, in Früchten und Tieren und in der Erde. In einer Welt, die nicht anders aussah als zuvor, war nun Vieles gefährlich und bedrohlich geworden.

Bei Cornelia Hesse schießen die Stichworte zusammen zu einem großen Thema, das sie fortan beschäftigen wird, nein, das sie ganz in Besitz nimmt:

Mutierte Insekten kannte sie, wußte also um die schädigende Wirkung von Strahlen. Nun kommt Tschernobyl und das Bewußtsein, daß solche Strahlen nicht nur im Labor vorkommen, sondern daß der strahlende Fallout sich über die ganze Welt legt, also auch über die Wanzen, die sie nun schon so lange studiert.

Atomstrahlen, Wanzen, Mutationen – Cornelia Hesse hat ihr Lebensthema gefunden, und jetzt geht sie auf die Suche, begabt mit dem scharfen Blick der wissenschaftlichen

Zeichnerin und Malerin, die noch die feinsten Differenzen in Farbe und Gestalt wahrnimmt. Sie ist erfüllt von der Gewißheit, daß sich just in diesem schmalen Bereich der Heteroptera die lautlose, unheimliche Wirkung der Strahlen zeigen muß und zeigen wird.

1987 unternimmt sie, ein Jahr nach Tschernobyl, auf eigene Faust eine Reise nach Schweden, in die von der radioaktiven Tschernobyl-Wolke am heftigsten betroffene Region, aber auch ins Tessin, wo der Regen die Tschernobyl-Wolke tagelang „ausgewaschen“ hatte. Und sie wird fündig, malt in Hotelzimmern rastlos die Deformationen, auf die sie allenthalben trifft und sieht ihre Befürchtungen bestätigt:

„Beim Betrachten (der Wanzen) wurde mir fast schlecht. Eine Wanze hatte das linke Bein merkwürdig verkürzt, andere hatten Fühler wie unförmige Würstchen und bei einer Wanze wuchs etwas Schwarzes aus dem Auge. Obwohl ich theoretisch davon überzeugt war, daß sich die Radioaktivität auf die Natur auswirkt, konnte ich mir das doch nicht konkret vorstellen. Nun, da diese armen Tierchen unter meinem Mikroskop lagen, war ich erschüttert. Das Schreckliche, das ich gefunden hatte, verfolgte mich noch im Schlaf.“

Gewissermaßen nebenher macht Cornelia Hesse Entwürfe für wunderschöne Stoffe, die ihr von Textil- und Couture-Firmen abgekauft werden, aber während Yves Saint Laurent ihre Stoffe verwendet, während Elton John auf einer Europa-Tournee ihre Marienkäfer ausführt, während in Modezeitschriften über ihre Dessins berichtet wird, malt sie trostlos defekte Wanzen, stellt die Bilder aus, referiert darüber, und ihre Botschaft von der zerstörenden Wirkung der Atomstrahlen wird zum Thema für Zeitungen und Zeitschriften.

Aber wenn diese Botschaft durch Kunst vermittelt und in

Galerien ausgestellt wird, taucht unweigerlich die Frage auf, was es denn ist, das die Galeristen und die Besucher beeindruckt – das schrecklich Schöne oder die Botschaft, die vor den Risiken der Erzeugung von Atomenergie warnen soll?

Staunen und Bewunderung gelten wohl vor allem der meisterhaften Darstellung, der ungekannten Präzision, den faszinierenden Farben, und in der Ästhetik des Schrecklichen vertieft das Bewußtsein vom lebensbedrohlichen Wesen dieser Mißbildungen noch das Erlebnis. Das rosarote Geschwür im Auge der Blattwanze, das einem Himbeersahnehäubchen ähnelt -- *wäre* es als Himbeersahnehäubchen gedacht, so bliebe es hübsch, verlöre aber all den Schrecken, den es jetzt, im Nachfühlen, enthält und der wahrhaftig *genossen* werden kann, wie auch all die anderen Mißbildungen ihre eigene Ästhetik haben dadurch, daß sie die Symmetrie zugleich auflösen und als das Verlorene bewußt machen. Es bleibt zweifelhaft, ob das große Staunen nicht geradezu verhindert, daß die Radioaktivität als etwas Bedrohliches wahrgenommen wird: es sind ja nur Wanzen, urtümliche, lautlose Wesen unter den Blättern, und der Weg von den Wanzen zum Menschen ist weit.

Und außerdem: Kann man denn, wenn man in Schweden, dort wo die Tschernobyl-Wolke durchgezogen ist, deformierte Wanzen findet, so schlankweg sagen, daß dies die Folge jener Wolke sei?

Wir stellen diese Frage noch etwas zurück und folgen Cornelia Hesse auf ihren weiteren Reisen:

1988 sammelt sie Wanzen in der Umgebung schweizerischer Atomkraftwerke. 1989 fährt sie nach Sellafield in England, wo es eine Atommüll-Aufbereitungsanlage gibt, die früher Windscale hieß und in Sellafield umgetauft wurde, um das Andenken an einen verheerenden Atomunfall zu verwischen, der sich dort im Jahre 1957 zugetragen hat. Auch hier, wo übrigens noch heute viel strahlender Müll aus ganz Europa verarbeitet wird, findet sie, was sie sucht – deformierte Wanzen.

1990 besucht sie das Gebiet um Tschernobyl, bekommt eine Ahnung von den menschlichen Tragödien, die sich noch immer dort abspielen, wie die jenes kleinen Mädchens, dem die Mutter alle halbe Stunde den Urin aus einer künstlich angefertigen Scheidenspalte pressen muß – und findet wieder defekte Wanzen. So auch im Jahr darauf, als sie in die Vereinigten Staaten fährt, nach Harrisburg, wo zwölf Jahre zuvor ein Reaktor des Atomkraftwerks Three Mile Island beinahe explodiert wäre, obwohl doch westliche Atomreaktoren eigentlich gar nicht explodieren können.

„Bisweilen glaubte ich fast selbst, nur Hirngespinsten hinterherzujagen. Suchen, mehr wissen wollen, wurde zur Obsession."

Die Ausstellung von Cornelia Hesses Bildern geschädigter Wanzen bekommt den eindeutigen Titel „Nach Tschernobyl" und macht seit 1994 die Runde durch Europa, während die Malerin ihre Studien in der Schweiz, in Deutschland und in den Vereinigten Staaten fortsetzt, immer im Umkreis von Atomanlagen, immer mit dem selben Ergebnis.

Die Wissenschaftler aber, die sie mit ihren Funden aufzustören versucht, zeigen sich unbeeindruckt. Mißbildungen, so sagen sie, kommen immer wieder vor und können die unterschiedlichsten Ursachen haben: Mechanische Störungen, also Verletzungen während der Entwicklung vom Ei zum Insekt zum Beispiel, oder Chemikalien aus der Landwirtschaft. Der Nachweis, daß eine bestimmte Mißbildung eine eindeutige Ursache hat, ist nicht leicht zu führen.

Ein Wissenschaftler rechnet gar vor, welche immensen Strahlenmengen nötig sind, um im Laboratorium auch nur eine winzige Steigerung der Mutationsrate zu erzielen. Freilich läßt er unerörtert, ob die im Labor benutzten Strahlenarten so ohne weiteres mit dem teuflisch gemixten Fallout von Tschernobyl vergleichbar sind und ob es nicht einen Unterschied macht, ein Lebewesen mit Röntgenstrahlen zu traktieren oder ihm Strontium-90 ins Futter zu mischen und damit strahlende Partikel in seinem Körper zu deponieren.

Und dann fordern die Fachleute schnippisch von Cornelia Hesse, sie möge ihre Annahmen doch bitteschön an Erkundungen in „Referenzbiotopen" prüfen und nicht immer nur bei Atomanlagen sammeln. Der Vorschlag ist nicht unberechtigt, und Cornelia Hesses Empörung über diese Zumutung zielt in die falsche Richtung: Referenzbiotope, sagt sie, also Vergleichsgegenden, in denen die Welt noch in Ordnung ist, gibt es gar nicht, denn Radioaktivität weht seit Jahrzehnten über die ganze Welt. Dabei vergißt sie, daß sie selbst über ein Jahrzehnt lang in einem Referenzbiotop, nämlich in ihrem ländlichen Refugium, Wanzen gesammelt und gezeichnet hat. Das war *vor* Tschernobyl.

Im übrigen wäre die Forderung nach einem Referenzbiotop, die Cornelia Hesse so empörend findet, ganz leicht zu erfüllen, indem man sie ein wenig relativiert: Wenn man, wie die Autorin, fast ausschließlich und gezielt in der Umgebung von Atomanlagen sammelt, dann wäre ja schon eine etwas weiter weg gelegene Gegend – sagen wir: ein Wäldchen in Westfalen – ein Vergleichsbiotop. Fände sie dort die gleichen Mißbildungen, bliebe immer noch die Vermutung statthaft, daß die Radioaktivität sich eben allenthalben ausbreitet. Träfe sie dort aber auf weniger Mißbildungen, dann würde das ihre Annahme stützen, daß auch die kleinen Emissionen, etwa die der schweizerischen Atomkraftwerke, schädigende Wirkung tun. So bleibt es erstaunlich, daß Cornelia Hesse keine Anstrengungen unternimmt, der verständlichen Forderung nach Vergleichsbeobachtungen nachzukommen (wenn man von ein paar Sammeltagen in Graubünden absieht), und stattdessen lieber in die Wüste von Nevada fährt, wo sie in einiger Nähe des früheren Atomtestgeländes erwartungsgemäß fündig wird.

Recht hat Cornelia Hesse freilich darin, daß solche Untersuchungen gar nicht Sache einer Malerin sein sollten, vielmehr, wenn denn ein begründeter Verdacht besteht, von den Fachleuten übernommen werden müßten. Genau damit trifft sie einen Kernpunkt – nämlich die Fahrlässigkeit (wenn es denn nicht kalkulierbare Absicht ist), mit der man von Anbeginn des atomaren Abenteuers die Frage nach der biologischen Wirkung kleiner Dosen Radioaktivität vernachlässigt hat.

„Die Atomtechnokraten haben den Genetikern quasi ein wissenschaftliches Tummelfeld eröffnet, aber keiner geht hin! Wollte es niemand riskieren, herauszufinden, daß solche ‚absolut zu vernachlässigenden' schwachen Strahlendosen doch einen starken Effekt auf die Natur haben könnten?"

Zwar hat man sich in den Vereinigten Staaten nicht gescheut, die gräßlichsten Menschenversuche an Kindern, Sträflingen und Immigranten vorzunehmen. Da ist in den letzten Jahren viel Unrat aus den Archiven gequollen. Aber da wurden hohe Dosen appliziert. Was die niedrigen Dosen angeht, hat man sich stets darauf beschränkt, Schwellenwerte zu benennen, unterhalb derer keine biologischen Schäden zu erwarten seien. Diese Schwellenwerte, die übrigens trotz der Stellen hinter dem Komma keineswegs mathematisch errechnete, also verläßliche, sondern durchgehend auf Schätzungen beruhende Zahlen sind – hat man immer wieder herabgesetzt. Derzeit, im Jahre 53 nach Hiroshima, sind sie auf einem Stand, von dem die Umweltministerin sagte, die Erfahrungen von Tschernobyl seien darin eingeflossen, während atomkritische Wissenschaftler mit Gründen fordern, sie um den Faktor 10 zu senken. Da gibt es ganz offensichtlich Unsicherheiten, die eigentlich *vor* dem Beginn der großtechnischen Erzeugung von Atomkraft hätten ausgeräumt werden müssen.

Hier legt Cornelia Hesse den Finger auf eine schwärende Wunde, und ihre spektakulären Bilder sind zumindest ein *Symbol* dafür, was da an Risiken, an Bedrohungen beiseite geschoben oder hinter scheinbar peinlich genauen Schwellenwerten versteckt wird.

Cornelia Hesse fordert aber nicht nur – ganz zu Recht – weitere Untersuchungen, und sie fordert auch nicht nur, die Erzeugung von Atomenergie zu unterlassen, wenn man noch nicht genau weiß, was dabei eigentlich passieren kann, sondern sie geht einen Schritt weiter: Sie trägt ihre begründeten Vermutungen als Gewißheiten vor.

Sie läßt in allem, was sie sagt und schreibt, keinen Zweifel daran, daß sie vollkommen davon überzeugt ist, mit ihren Wanzenbildern nachgewiesen zu haben, daß radioaktive Strahlung, auch in kleinen Dosen, zu gräßlichen Schädigungen und zu lebensgefährlichen Mißbildungen führt. Ihre Ausstellung heißt „Nach Tschernobyl" und der Untertitel ihres Buches lautet: Das Schöne und das Andere oder Bilder einer mutierenden Welt.

Bilder einer mutierenden Welt, das Geschwür im Auge der Wanze als Zeichen für eine Entwicklung, die längst begonnen hat. Was wir an den Heteroptera beobachten, könnte in einigen Generationen dem Homo sapiens bevorstehen, – das ist Cornelia Hesses Credo und daran ändern auch salvatorische Klauseln nichts, wie die gegen Ende des Buches:

„Von wem oder was auch immer verursacht, die Schäden sind da."

Das wäre als Fazit ein bißchen dünn, und tatsächlich entspricht es auch nicht Cornelia Hesses wirklichen Überzeugungen von einer Welt, in der sowohl die Wanzen geschädigt sind als auch das Ganze mit allen Lebewesen einer Zukunft in schauderhaftem Mutationschaos entgegengeht.

Beinahe erscheint es tragisch, daß Cornelia Hesse sich da im Grunde des gleichen Fehlers schuldig macht, den sie ihren Gegnern so übel ankreidet: Wo die anderen, also die Protagonisten der Atomenergie und die an Hesses Funden nicht interessierten Wissenschaftler behaupten, sie sähen gar nichts, behauptet sie, sie sähe etwas - und beide können nichts wirklich beweisen. Cornelia Hesse gibt als Gewißheit aus, was sie im besten Falle plausibel machen kann, aber aus etwas „Plausiblem" lassen sich nur begründete Warnungen und ebenso plausible Forderungen nach weiterer Forschung ableiten, nicht aber die Behauptung, diese Welt sei dabei zu mutieren.

Wer eine Vermutung als Gewißheit ausgibt, bürdet sich selbst die Beweislast auf – und kann daran leicht scheitern. Natürlich ist das eine strategische Frage, und Cornelia Hesse hat sich nun einmal für *ihre* Strategie entschieden. Nur darf sie sich dann nicht wundern, wenn selbst jene, mit denen sie das Ziel gemeinsam hat, zusammenzucken bei dem Gedanken, mit ihr in einen Topf geworfen zu werden.

Ein paar Tafeln in Cornelia Hesses Buch zeigen nur allzu deutlich, wie schnell man, vom Vor-Urteil beherrscht, mit banalen Fehlern in die Unglaubwürdigkeit abrutschen kann.

Cornelia Hesse bildet auf einer Tafel ihres Buches eine Reihe von meisterhaft aquarellierten Efeublättern aus dem Tessin ab, die sie „verunstaltet" findet und, da sie aus dem Jahre 1987 stammen, ohne jedes Zögern zu „Zeugen der Katastrophe" ernennt.

Es sind in der Tat merkwürdig verzerrte, in ihren Konturen aus jedem Efeu-Schema schlagende Blätter, doch haben sie nicht das geringste mit der Tschernobyl-Wolke zu tun. Vielmehr gehören sie zu einer Efeuart, die den wissenschaftlichen Namen *Hedera helix* ‚Pedata' trägt und den Botanikern seit weit über 100 Jahren als ganz besonders gern und geradezu übermütig abändernde Form des ohnehin variationsfreudigen Efeus bekannt ist. Der Reigen absonderlicher Blattgestalten, den Cornelia Hesse „schrecklich" findet, nur weil sie dahinter das Wirken der Radioaktivität vermutet, würde sich wahrscheinlich ihrer Bewunderung erfreuen, wenn sie wüßte, daß er eben nicht „Zeugen der Katastrophe" zeigt, sondern Zeugnisse der unbändigen Spielfreude des Efeus.

Die Heterophyllie, die Verschiedenblättrigkeit vieler Pflanzen, kann den naiven Betrachter ganz schön in die Irre führen, und Cornelia Hesse ist dem Irrtum, hier handle es sich um Mißbildungen, nicht zuletzt deshalb aufgesessen, weil sie der Ansicht ist, alle Blätter in der „gesunden" Natur seien symmetrisch, das Unsymmetrische künde von Krankheit und Unordnung. Das ist eine rührende, aber unzutreffende Vorstellung, zu deren Begründung sie sich ganz zu Unrecht auf Linné beruft.

Die gleiche Fehldeutung wiederholt sich auf einer Tafel mit den Blättern der ebenfalls gern abändernden Stiel-Eiche, die zwar in der Tat nicht so symmetrisch sind wie das idealisierte Eichenblatt auf schweizerischem Kleingeld, die aber schon vor Tschernobyl von jeder ausgewachsenen Stiel-Eiche sackweise zu beschaffen gewesen wären.

Eine überraschende Naturferne wird hier sichtbar, die Herrschaft eines eingebildeten Gedankens über die Wahrnehmung, die uns im Garten oder im Wald Asymmetrisches zuhauf sehen läßt, notfalls das Begonienblatt auf der Fensterbank.

Die Bedenkenlosigkeit, mit der hier äonenalte Formen der Natur als Ergebnisse der Tschernobyl-Katastrophe deklariert werden, bietet freilich dem Verdacht zusätzliche Nahrung, daß es auch die Schäden bei den Wanzen immer schon gegeben hat und daß sie ganz andere Ursachen haben könnten als die Radioaktivität. Es ist bitter wenig, was Cornelia Hesse anführen kann, um ihre Behauptung von einer mutierenden Welt einigermaßen glaubhaft zu begründen. „Nach Tschernobyl" ist als Zeitbestimmung unangreifbar, als Bild für einen Kausalzusammenhang indessen tollkühn. Gleichwohl liegt just mitten in diesem Dschungel von Irrtümern und Voreingenommenheiten auch eine Erklärung und Rechtfertigung für alles, was Cornelia Hesse über ihre Wanzen und Blätter und über die Strahlen schreibt:

Denn all dies ist zu sehen vor dem Hintergrund einer Atomindustrie, deren Geschichte sich von allem Anbeginn schreiben ließe als eine Geschichte der übelsten Täuschungen und Selbsttäuschungen, eine Geschichte von Lüge und Vertuschung und Verharmlosung, von Fehlinformationen und Expertenhochmut. Oft genug kam man (und kommt man) der Wahrheit genau dann am nächsten, wenn man einfach das Gegenteil dessen annimmt, was die Fachleute verlauten lassen.

In solchem Klima gedeihen Angst und Mißtrauen, und die Laien machen sich selbst auf den Weg, mit unzureichenden Werkzeugen und Informationen, um zu ermitteln, woran sie sind. Wo die Experten nein sagen, wittern sie ein heimliches Ja, sie tappen im Dunkeln, und wer im Dunkeln tappt, gerät leicht früher oder später in einen Zustand der verzweifelten Sorge, in dem nicht mehr nur die schiere Rationalität regiert. Und eben jene Irrtümer und kühnen Schlußfolgerungen, ja, noch der Wahn und die Panik, denen die Experten mit Hohn oder Verachtung begegnen, sind doch Mahnmale dafür, daß auch sie, die Experten, in den entscheidenden Punkten nichts Genaues wissen, weder über die Wirkung kleiner Dosen Radioaktivität, noch über die möglichen Folgen der sogenannten Störfälle, die bei großtechnischer Nutzung der Atomenergie einschließlich der mißlingenden Entsorgung ihrer Abfälle von jeher zu erwarten gewesen sind, tatsächlich vorfielen und mit Sicherheit auch in Zukunft vorfallen werden. Die Vermutung ist statthaft, daß, längst bevor uns genetische Unbill ereilt, weit banaleres und direkteres Unheil droht.

Da auch die Experten nicht wissen, was sich ereignen wird und wo und mit welchen Folgen, hat noch die abenteuerlichste Vermutung jedenfalls dies als Realitätsgehalt: daß sie mahnend das Klima der wohlbegründeten Angst und der absoluten Ungewißheit symbolisiert, in dem nichts für unmöglich gehalten wird – aber in der Tat auch nichts für unmöglich erklärt werden kann. Und wenn in Cornelia Hesses Bildern und Schlußfolgerungen nichts anderes real wäre als nur die Angst, die darin zum Ausdruck kommt, so wäre eben dies Rechtfertigung genug, weil diese Angst aufs genaueste die bedrohende Ahnungslosigkeit aller Beteiligten spiegelt und alle Risikoberechnungen als Gaukelwerk überführt.

Ein Richter in jenem, von einem Atomunfall heimgesuchten Harrisburg hat seinerzeit die bemerkenswerte Entscheidung getroffen, bei der Genehmigung technischer Aktivitäten dieses Ausmaßes dürfe die psychische Belastung durch Angst nicht außer Acht gelassen werden, weil bekannt sei, daß eine Beeinträchtigung der Seele Schaden für den Körper nach sich ziehe. Es gab ein Minderheitsvotum bei diesem Urteil, wonach die Berücksichtigung der Ängste der Bevölkerung zur Verhinderung technischer Großvorhaben und damit zum Zusammenbruch der Wirtschaft führen müsse. Das ist wohl wahr – aber wenn es wahr ist, dann heißt es umgekehrt, daß diese Wirtschaft, so wie sie funktioniert, sich geradezu darauf gründet, daß sie die Ängste ignoriert, die sich an ihr Funktionieren knüpfen. Grund genug, die

Ängste wenigstens öffentlich zu machen, herauszuschreien, damit nicht zu allen Lügen noch diese käme: daß das nächste Tschernobyl ganz überraschend passiert sei. Jeder Tag, an dem es *nicht* geschieht, ist eine Überraschung, und niemand braucht sich seiner Angst zu schämen.

Editorische Notiz

Die hier vorliegenden Texte sind zum größten Teil vom Westdeutschen Rundfunk gesendet und in der Jahresschrift SCHEIDEWEGE veröffentlicht worden, einige in gekürzter Form auch in der Wochenzeitung DIE ZEIT.

Manche Stücke beziehen sich auf Anlässe, die mehr oder weniger weit zurückliegen, doch wurde darauf verzichtet, solche Bezüge zu tilgen oder zu aktualisieren. Nicht um die Anlässe geht es hier, sondern um das, was daraus zu folgern war.

„Einiges über die Eiche" ist dem Buch „Der neugierige Gärtner" entnommen. © 1998 Deutscher Taschenbuch Verlag, München. Wir danken dem Verlag für die Genehmigung zum Abdruck.

Über den Autor

Jürgen Dahl, geboren 1929. Ausbildung in Buchhandel und Verlag. Selbstständiger Buchhändler von 1955–64. Seither freier Schriftsteller. Von 1971–2000 Mitredakteur der „SCHEIDEWEGE. Jahresschrift für skeptisches Denken". Zahlreiche Arbeiten für den Westdeutschen Rundfunk und für Zeitschriften. Schwerpunkte vor allem: Ökologie, Wissenschaftskritik, Energie- und Gesundheitspolitik, Botanik und Garten.

Buchveröffentlichungen u. a.:

Makkaronisches Poetikum. Langewiesche-Brandt, 1962

Reisen nach Nirgendwo. Karl Rauch, 1965

Der Anfang vom Ende der Autos. Langewiesche-Brandt, 1972

Auf Gedeih und Verderb. Kommt Zeit, kommt Unrat. Zur Metaphysik der Atomenergie-Erzeugung. Langewiesche-Brandt, 1977

Limericks & Clerihews. Langewiesche-Brandt, 1981

Wildpflanzen im Garten. Gräfe und Unzer, 1985

Vom Geschmack der Lilienblüten. Deutscher Taschenbuch Verlag, 1995

Der unbegreifliche Garten und seine Verwüstung. Klett-Cotta, 2. Auflage 1995

Die Verwegenheit der Ahnungslosen. Klett-Cotta, 2. Auflage 1996

Der neugierige Gärtner. Deutscher Taschenbuch Verlag, 2. Auflage 1999

Nachrichten aus dem Garten. manuscriptum, 1999

Aufschlüsse. Drei Versuche zur Geologie. manuscriptum, 2000

Der Tag des Astronomen ist die Nacht. manuscriptum, 2000

Mein geliebtes Heu. Notizen zum Herbarium. manuscriptum, 2000

Die Graue Edition

SFG-Servicecenter
Fachverlage GmbH
D – 72127 Kusterdingen

Herausgegeben von Prof. Dr. Walter Sauer und Dr. Dietmar Lauermann in Zusammenarbeit mit der Prof. Dr. Alfred Schmid-Stiftung, Zug/Schweiz.

Band 1
Walter Sauer (Hrsg.): Vom Wesen des Erzieherischen.
Ein Lesebuch
1981, 181 Seiten, ISBN 3-906336-01-8

Band 2
Walter Sauer / Dietmar Lauermann (Hrsg.): Grenzen des Intellekts – Herausforderung durch den Geist. Ein Lesebuch
1982, 258 Seiten, ISBN 3-906336-02-6

Band 3
Rolf Tietgens: Die Regentrommel.
Bilder und Gesänge der Indianer
1983, 120 Seiten, 72 Fotos, ISBN 3-906336-03-4

Band 4
Walter Sauer / Dietmar Lauermann: Borris Goetz
oder der Weg eines Malers durch seine Zeit
1986, 271 Seiten, 131 Abbildungen, ISBN 3-906336-04-2

Band 5
Helmut Pabst: Der Ruf der äußersten Grenze.
Aufzeichnungen aus dem Kriege – Rußland 1941-1943
1987, 291 Seiten, ISBN 3-906336-05-0

Band 6
Franz Vonessen: Krisis der praktischen Vernunft.
Ethik nach dem „Tod Gottes"
1988, 318 Seiten, ISBN 3-906336-06-9

Band 7
Alfred Schmid: Von der Natur der Liebe.
Schau und Bekenntnis
1991, 144 Seiten, ISBN 3-906336-07-7

Band 8
Franz Vonessen: Die Herrschaft des Leviathan.
Sieg und Selbstzerstörung des Fortschritts
1996, Neuausgabe, 488 Seiten, ISBN 3-906336-99-9

Band 9
Walter Sauer (Hrsg.): Verlassene Wege zur Natur.
Impulse für eine Neubesinnung. Ein Lesebuch
1992, 394 Seiten, ISBN 3-906336-09-3

Band 10
Franz Vonessen: Signaturen des Kosmos.
Welterfahrung in Mythen, Märchen und Träumen
1992, 383 Seiten, 12 Abbildungen, ISBN 3-906336-10-7

Band 11
Herbert Kessler (Hrsg.): Sokrates – Gestalt und Idee.
Sokrates-Studien I
1993, 202 Seiten, 10 Abbildungen, ISBN 3-906336-11-5

Band 12
Gerd-Klaus Kaltenbrunner: Johannes ist sein Name.
Priesterkönig, Gralshüter, Traumgestalt
1993, 495 Seiten, ISBN 3-906336-12-3

Band 13
Franz Vonessen: Das Unglaubliche der Wahrheit.
Leib und Seele im Zerrspiegel des Zeitgeists
1994, 406 Seiten, ISBN 3-906336-13-1

Band 14
H. Kessler (Hrsg.): Sokrates – Geschichte, Legende, Spiegelungen.
Sokrates-Studien II
1995, 296 Seiten, 15 Abbildungen, ISBN 3-906336-14-X

Band 15
Leopold Ziegler: Der europäische Geist – Die neue Wissenschaft.
Zwei vergessene Schriften
1995, 227 Seiten, ISBN 3-906336-15-8

Band 16
Wolfram Schommers: Das Sichtbare und das Unsichtbare.
Materie und Geist in der Physik
1995, 359 Seiten, 39 Abbildungen, ISBN 3-906336-16-6

Band 17
Gerd-Klaus Kaltenbrunner: Dionysius vom Areopag.
Das Unergründliche, die Engel und das Eine
1996, 1385 Seiten, ISBN 3-906336-17-4

Band 18
Herbert Kessler (Hrsg.): Sokrates – Bruchstücke zu einem Porträt.
Sokrates-Studien III
1997, 275 Seiten, ISBN 3-906336-18-2

Band 19
Günther Bittner / Volker Fröhlich (Hrsg.): Lebens-Geschichten.
Über das Autobiographische im pädagogischen Denken
1997, 293 Seiten, ISBN 3-906336-19-0

Band 20
Wolfram Schommers: Zeit und Realität.
Physikalische Ansätze – Philosophische Aspekte
1997, 585 Seiten, 45 Abbildungen, ISBN 3-906336-20-4

Band 21
Jens Soentgen: Splitter und Scherben.
Essays zur Phänomenologie des Unscheinbaren
1998, 256 Seiten, ISBN 3-906336-21-2

Band 22
Franz Vonessen: Das kleine Welttheater.
Das Märchen und die Philosophie
1998, 480 Seiten, ISBN 3-906336-22-0

Band 23
Katharina Steinert: Jahreskreise
in Bildern und Sinnbildern
1998, 205 Seiten, 105 Abbildungern, ISBN 3-906336-23-9

Band 24
Michael Hauskeller: Auf der Suche nach dem Guten.
Wege und Abwege der Ethik
1999, 238 Seiten, ISBN 3-906336-24-7

Band 25
Herbert Kessler (Hrsg.): Das Lächeln des Sokrates.
Sokrates-Studien IV
1999, 358 Seiten, ISBN 3-906336-25-5

Band 26
Siegfried Gohr (Hrsg.): Johannes Dörflinger.
Eine Bildmonographie
1999, 409 Seiten, 358 Abbildungen, ISBN 3-906336-26-3

Band 27
Hans von Savigny: Die Invasion der Schnecken.
Erzählungen · Dramen · Gedichte
2000, 689 Seiten, ISBN 3-906336-27-1

Band 28
H.-P. Dürr / F.-A. Popp / W. Schommers (Hrsg.): Elemente des Lebens.
Naturwissenschaftliche Zugänge – Philosophische Positionen
2000, 395 Seiten, 39 Abbildungen, ISBN 3-906336-28-X

Band 29
G. Altner / G. Böhme / H. Ott (Hrsg.): Natur erkennen und anerkennen.
Über ethikrelevante Wissenszugänge zur Natur
2000, 308 Seiten, ISBN 3-906336-29-8

Band 30
Franz Vonessen: Platons Ideenlehre.
Wiederentdeckung eines verlorenen Wegs
2001, 483 Seiten, ISBN 3-906336-30-1

Band 31
Herbert Kessler (Hrsg.): Sokrates-Studien V
2001, ISBN 3-906336-31-X, in Vorbereitung

Band 32
Jürgen Dahl: Bitteres Lachen im grünen Bereich.
Essays und Glossen eines Skeptikers
2001, 316 Seiten, ISBN 3-906336-32-8

Begrenzt lieferbar
Alfred Schmid: Traktat über das Licht.
Eine gnostische Schau
1957, 283 Seiten, ISBN 3-906336-00-X